AF461725

GLOSSAIRE

DE

L'ANCIEN DROIT FRANÇAIS

Ce Glossaire est extrait et fait partie de la nouvelle édition des *Institutes Coutumières* d'Antoine Loysel, publiée chez les mêmes libraires, par MM. Dupin et Laboulaye.

DE L'IMPRIMERIE DE CRAPELET, RUE DE VAUGIRARD, N° 9

GLOSSAIRE

DE

L'ANCIEN DROIT FRANÇAIS

CONTENANT L'EXPLICATION

DES MOTS VIEILLIS OU HORS D'USAGE

QU'ON TROUVE ORDINAIREMENT
DANS LES COUTUMES ET LES ORDONNANCES
DE NOTRE ANCIENNE JURISPRUDENCE

PAR M. DUPIN

Ancien Bâtonnier de l'Ordre des Avocats
Procureur général à la Cour de cassation, membre de l'Institut, etc.

ET

M. ÉDOUARD LABOULAYE

Avocat, membre de l'Institut

PARIS

VIDECOQ PÈRE ET FILS	AUGUSTE DURAND
LIBRAIRES	LIBRAIRE
1, PLACE DU PANTHÉON	3, RUE DES GRÈS

1846

GLOSSAIRE

DE

L'ANCIEN DROIT FRANÇAIS,

CONTENANT L'EXPLICATION DES MOTS VIEILLIS OU HORS D'USAGE QU'ON RENCONTRE LE PLUS ORDINAIREMENT DANS LES MONUMENTS DE NOTRE ANCIENNE JURISPRUDENCE.

AVERTISSEMENT.

Donner un dictionnaire complet de notre ancienne langue juridique serait une entreprise de longue haleine, à laquelle nous n'avons pas même songé. Notre but, beaucoup moins ambitieux, a été de réunir, dans un lexique de peu d'étendue, les mots et les locutions qu'on trouve communément dans les Coutumes ou les Ordonnances, de façon à mettre la lecture de ces pièces curieuses à la portée des personnes les moins familières avec notre vieux langage et nos anciennes institutions. Aujourd'hui que le goût de l'histoire se réveille parmi nos jurisconsultes, rien ne nous a semblé plus immédiatement utile qu'un pareil travail. Le temps n'est pas éloigné où les ASSISES, BEAUMANOIR, DE FONTAINES, etc., prendront dans la bibliothèque de nos magistrats et de nos avocats la place qui leur appartient parmi les sources de notre législation, et bientôt, sans doute, l'étude de ces anciens *seigneurs de lois* sera un des principaux éléments de toute éducation complète. Cette étude d'ailleurs est assez attrayante pour récompenser de quelques difficultés premières, difficultés faciles à surmonter avec un peu d'attention, et que notre glossaire rendra, nous l'espérons, encore plus légères.

Le *Glossaire du Droit français* de RAGUEAU et LAURIÈRE a fait le fond de notre travail. Nous y avons joint tout ce que nous ont fourni d'intéressant les dictionnaires de NICOD, de COTGRAVE, et de MÉNAGE, le *Trésor des Antiquités gauloises* de BOREL, *les Terms de la Ley* de RASTALL, curieux lexique du droit anglo-normand, dont Laurière seul a fait usage en France, le *Law dictionary* de COWEL qui complète RASTALL, et enfin le *Glossaire de la langue romane* de ROQUEFORT. En outre nous avons recueilli un assez grand nombre de mots dans des publications nouvelles, inconnues par conséquent de nos prédécesseurs, telles que la nouvelle édition des Assises de Jérusalem, le Philippe de Navarre, le Roisin, coutumier lillois qui ne manque pas d'importance, le Pierre de Fontaines, texte tout nouveau donné par M. Marnier, le Miroir de Souabe, et quelques autres coutumes récemment imprimées. En somme, nous n'avons rien négligé pour rassembler le plus grand nombre possible de mots et d'acceptions juridiques, et notre glossaire, malgré son peu de volume, et la concision de ses explications (1) est plus riche dans sa spécialité que la plupart des dictionnaires du vieux langage français, comme on pourra facilement s'en assurer par la plus superficielle comparaison.

Borné par l'espace et le temps, nous n'avons pu songer à reproduire toutes les formes orthographiques, que la variété des dialectes ou l'arbitraire de l'écrivain a pu donner à un même mot. Il faudrait plusieurs in-folio pour reproduire, même incomplétement, cette diversité qui va à l'infini, puisqu'il s'agit d'une époque dans laquelle chaque province de France, et on pourrait dire chaque canton, avait son dialecte particulier, sa prononciation spéciale, et une orthographe aussi variable que sa prononciation. Il nous a donc fallu prendre, souvent au hasard, une ou quelques-unes des formes du mot, supposant que le lecteur saura reconnaître dans le mot que nous avons adopté, celui dont la forme ou l'acception l'embarrassent. Apprendre au lecteur à se reconnaître au milieu de ces mille modifications qui rendent souvent méconnaissable le substantif le plus facile, c'est ce que la lecture et l'usage feront mieux que toutes les règles et tous les grammairiens; voici seulement quelques conseils pratiques, et qui, tout en n'ayant aucune valeur scientifique, ne seront peut-être pas sans utilité.

Le premier soin, quand on veut se familiariser avec un de nos anciens auteurs, c'est d'étudier son dialecte; nous entendons par dialecte certaines formes, certaines terminaisons qui indiquent de façon constante quelques parties du discours, telles que le pronom, le substantif, certains temps du verbe, etc., et permettent ainsi de les reconnaître et de les ramener promptement à la langue d'aujourd'hui. C'est ainsi, par exemple, que les nombreux substantifs qui finissent en *eur* dans notre langue se terminaient en *or, our, eor, eour,* dans l'ouest et le midi de la France, en *eux, ères, ières* dans le nord; ainsi que nos infinitifs en *er*, en *ir*, en *oir*, étaient souvent

(1) Pour le lecteur qui désire de plus longs détails, nous avons indiqué le mot latin du Glossaire de Ducange, sous lequel on trouvera réunies toutes les explications désirables. Ce mot latin (compris entre parenthèses) étant non point l'étymologie, ou la traduction latine du mot français, mais un renvoi à Ducange, on comprendra pourquoi c'est quelquefois un verbe qui se trouve joint à un substantif, ou un substantif qui explique un verbe.

remplacés dans certaines provinces par des infinitifs en *erre*, *eir*, *ier*, *oyer*, etc. Une fois au fait des terminaisons que revêt le substantif ou l'infinitif, le lecteur saura bientôt deviner le mot de notre langue caché sous la forme hors d'usage. *Donor*, *donour*, *donéor*, *donéour*, *donères*, *donnière*, seront pour lui le mot DONNEUR; *jugières*, *jugiers*, *jugère*, *jugeor*, le mot JUGEUR OU JUGE; *querer*, *querre*, *quérir*, un même infinitif dans trois dialectes différents, comme : *trister*, *tristeir*, *tristoyer*, trois formes du verbe ATTRISTER. Une seule page analysée avec attention donnera la clef des terminaisons et des formes particulières au dialecte suivi par l'auteur, et, sans recourir au dictionnaire, permettra de reconnaître les mots les plus essentiels, les substantifs, les verbes, et surtout les pronoms souvent difficiles à distinguer, non seulement parce qu'ils se prononcent et s'écrivent de vingt façons différentes (1), mais encore parce qu'ils se combinent et se confondent quelquefois avec le mot qui les suit (2).

Une fois au courant des formes du dialecte, formes qu'un glossaire ne peut indiquer qu'imparfaitement et confusément, le lecteur ne sera plus arrêté que par des difficultés d'orthographe qui l'empêcheront de ramener le mot qui l'embarrasse, soit à quelqu'un des mots restés dans notre langue, soit à quelque mot ancien écrit dans le glossaire avec une orthographe sensiblement différente. En ce cas, voici comment, par un procédé tout machinal, il sera possible de résoudre la difficulté.

Il faut d'abord se persuader qu'au moyen âge il n'y avait point de règles orthographiques; autrement dit, qu'on écrivait en général comme on prononçait. Toutes les fois donc que la prononciation d'un mot n'est pas altérée, peu importe la manière dont ce mot est écrit dans le livre, et la manière dont il est imprimé dans ce glossaire; c'est toujours la même chose. *Talant*, *tallant*, *talans*, *talanz*, *talens*, *talent*, *talenz* sont des formes différentes d'un même vocable, dont une seule, *talent*, est restée dans la langue moderne. Ainsi en est-il de *ré*, *rei*, *reis*, *reiz*, *réz*, roi, de *demaigne*, *demaiene*, *demaine*, *demainne*, *demengne*, formes diverses du mot *demaine* ou *domaine*. Par une conséquence du même principe, on ne doit faire nulle attention aux lettres parasites, ou qui ne modifient pas sensiblement la prononciation, telles que les *e* muets, les lettres doubles et même certaines diphthongues; nos

(1) Exemple : *Son*, *sa*, *ses* se trouve sous la forme *se* — *sei*, fem. *seie*, — *ses* au singulier des deux genres. — *seu*, fem. *seue*. — *si* — *soé*, fem. *soe*, *soie* — *sos* — *soue*, fem. — *Suen*, fem. *sue*.

(2) Exemples : *Same*, *samie*, son âme, son amie. *Mante*, *tante*, *sante*, *ma ante* ou ma tante, *ta ante* ou ta tante, *sa ante* ou sa tante. *Jamaste*, j'aimerais. *Taum tille*, ton aumaille, tes bestiaux

pères doublaient volontiers la plupart des consonnes et même des voyelles, exprimant sans doute par cette orthographe un accent qui s'est perdu. C'est ainsi que *gagner* s'écrit en différents dialectes *gaagnier, gaaugner, gaaingnier, guaingner,* et que *âgé* se trouve sous les formes *aagé, aagié, aagiés, aagiez, aaigé, aaigié, eagé, eagiez*, etc. Un peu d'usage permettra bientôt de se retrouver dans cette apparente confusion.

Quant aux mots qu'on ne pourra reconnaître par le retranchement ou l'addition des lettres muettes (nous disons l'addition, car quelquefois, quoique plus rarement, on retranche des lettres qui se prononcent faiblement dans la langue moderne, et l'on trouve écrit, par exemple, *resnablement* pour *raisonnablement*, et *réon* pour *rayon*), voici un tableau à l'aide duquel on pourra souvent ramener la forme orthographique suivie dans le livre, à celle qu'on a adoptée dans le glossaire :

A se trouve souvent au commencement d'un mot, comme euphonique ou augmentatif. *Acacher, aceindre, acclore, apaier, apenser, aconvenancer,* CHERCHEZ : cacher, ceindre, etc.

AA = A (1), AI, AE, EA. *Aage*, âge ; *aamplir*, aemplir ; *maaing*, méaing ; *raambrer*, raembrer.

A = E. *Ambler*, embler ; *aau*, eau ; *vandue*, vendue ; *chaptel*, cheptel, *amblaver*, emblaver.

= O *Pramesse*, promesse ; *appresser*, oppresser.

AI = A. *Aigié*, âgé ; *couraige*, courage ; *raicheter*, racheter.

AL = AU. *Falseté*, fausseté ; *malvais*, mauvais ; *palmée*, paumée ; *realme*, réaume ou royaume.

AU = A. *Gaugner*, gagner ; *laurme*, larme.

= AL ou AR. *Maufaiteur*, malfaiteur ; *aubre*, arbre ; *saucler*, sarcler.

AULE = ABLE. *Taule*, table ; *diaule*, diable ; *coupaule*, coupable ; *désiraule*, désirable ; *resnaule*, raisonnable.

C = CH. *Acater*, acheter ; *escange*, échange ; *cief*, chief ou chef ; *coses*, choses ; *escarcement*, escharsement ; *ciffre*, chiffre.

= G. *juce*, juge ; *cresse*, graisse ; *clas*, glas.

= K. *Cane*, kane, mesure de liquides.

= S. *Largèce*, largesse ; *rescouce*, rescousse ; *apencer*, apenser.

CH = C. *Forche*, force ; *larrechin*, larcin ; *chatels*, catels.

= G. *Granche*, grange ; *carchier*, charger.

= Q ou K. *Vesche*, vesque, veske ou évêque.

(1) Le signe **AA = A** signifie ici *remplacez* **AA** *par* **A**, ce qui ne veut pas dire que telle forme est plus correcte que l'autre ; mais simplement que, le mot s'écrivant de ces deux manières, l'explication donnée pour l'une vaut pour l'autre.

CI = TI, SI. *Torcion*, extorsion.

D est souvent euphonique : *desserpiller*, esserpiller ; *ademplir*, aemplir ; *advenant*, avenant ; *adjourner*, ajourner. Disparaît facilement devant R : *venredi*, vendredi ; *venra*, viendra ; *vorroit*, voudrait.

= T, *Reséandise*, reseantise.

E = A. *Menoir*, manoir ; *menière*, manière ; *teche*, tache.

= AI. *Malves*, mauvais ; *per*, pair ; *reson*, raison.

EI = AI. *Mein*, main ; *meindre*, maindre, de *manere*, demeurer.

= OI. *Meindre*, moindre ; *lei*, loi.

EIR = ER dans les infinitifs. *Infirmeir*, infirmer.

EL = EAU ou EU. *Mesel*, meseau, meseuz ; *lambel*, lambeau.

EM, EN, l'*IN* des Latins, est souvent augmentatif. *Emboiser*, boiser ou tromper ; *enarrher*, arrher, donner des arrhes ; *enconvenancer*, convenancer.

= IM. *Emportant*, important ; *emmatriculer*, immatriculer.

ERES, IÈRES. Forme du nominatif dans les dialectes du Nord. *Acateres*, acheteur ; *accuseres*, accusateur.

EU = U. *Preudhomme*, prud'homme ; *seurcot*, surcot ; *seurcroit*, surcroît ; *recreu*, recru.

F = U ou V. *Malfez*, mauvais ; *vefve*, veuve.

G = J. *Gachère*, jachère ; *giu*, jeu.

GUA = GA. *Guarder*, garder ; *guarnison*, garnison.

H s'ajoute et se retranche facilement. *Habandon*, abandon ; *aeriter*, aheriter ou adheriter ; *éritage*, héritage ; *cercher*, chercher.

I est euphonique au commencement des mots *iawe*, eau ; *ice*, ce ; *iest*, est ; *iestre*, estre ; *itel*, tel.

= E ou EI. *Minu*, menu ; *ordine*, ordène ou ordre ; *iretage*, héritage ; *millour*, meilleur ; *pignier*, peigner.

= J. *Maieur*, majeur ; *veniance*, venjance ou vengeance.

IE = E. *Chief*, chef ; *cieux*, ceux ; *legier*, léger ; *lierer*, lever.

J = G. *Jehine*, gehenne ; *jaiant*, géant ; *jenoiller*, genouiller.

K = C. *Kabal*, cabal ; *koillir*, cueillir ; *kointise*, cointise.

= CH. *Kerkier*, cherchier ; *cloke*, cloche ; *kien*, chien.

= QU, KI, QUI. *Kil*, qu'il ; *joska*, jusqu'à.

L = R. *Paller*, parler ; *maller*, marler ou marner.

O = AU. *Otel*, autel ; *otretel*, autre tel.

= OU. *Corage*, courage ; *doer*, douer ; *fornir*, fournir ; *oblie*, oublie ; *ovrer*, ouvrer.

= U. *Jostice*, justice ; *sor*, sur.

OE = OUE. *Roe*, roue ; *noer*, nouer.

= EU, OEU. *Oefs*, œufs ; *noef*, neuf ; *cœr*, cœur.

= UE. *Moer*, muer.

OI = AI, EI ou E. *Livroison*, livraison ; *malvois*, mauvais ; *oroison*, oraison ; *recoiter*, receiter ou recéler ; *oirre*, erre.
= I. *Oissues*, issues ; *toisserant*, tisserant ; *loien*, lien ; *noier*, nier.
OU = O. *Coumme*, comme ; *ousier*, osier ; *louier*, loyer ; *fourconseiller*, forconseiller.
OUE = OI. *Reserrouer*, réservoir ; *ratouere*, ratoire.
PAR, POR ou POUR sont augmentatifs. *Paracherer*, *parfournir*, *porchasser*, *poursuirre*, *pourquerre*, c'est achever, fournir complétement, chasser, suivre avec acharnement.
QU = C. *Quider*, cuider ; *quaresme*, carême ; *quer*, cœur.
= CH. *Oquoison*, ochoison ; *marquié*, marchié.
R au commencement des mots est augmentatif. *Rengreger*, *reconroyer*, *il raffiert* : quelquefois il est simplement euphonique : *Radveu*, adveu ; *restoubles*, estoubles.
= L. *Marancolie*, mélancolie ; *merlier*, mellier.
S s'ajoute ou se retranche avec une grande facilité devant les consonnes. *Esbattre*, ébattre ; *eschoite*, échoite ; *lesdangier*, ledanger ; *isnel*, inel ; *despens*, dépens ; *coustume*, coutume, etc.
= C. *Justise*, justice ; *parservoir*, percevoir ; *rainsel*, rainceau (rameau).
SI = CI ou TI. *Infoursiat*, infortiat.
TI = CI. *Nontier*, noncier.
U = F. *Relieu*, relief ; *caitiu*, caitif ou chétif.
= O. *Urrer*, ovrer ; *umbrage*, ombrage ; *ume*, homme ; *purtraire*, portraire ; *purchase*, porchas.
= OU. *Manburnie*, manbournie.
= V. *Rouer*, rover ; *prouer*, prover (1) ; *rouoisons*, rovoisons ou rogations.
= EU. *Liu*, lieu ; *aburrement*, abeuvrement.
UE = EU, OEU. *Muese*, la Meuse ; *muete*, meute ou émeute ; *muers*, mœurs ; *cuer*, cœur.
UN = ON. *Livraisun*, livraison ; *raisun*, raison.
V = B. *Vachelle*, bachelle ou bachelette ; *vasquine*, basquine.
= G. *Vaignage*, gaignage ; *varenne*, garenne ; *vait*, guet.
W = G. *Warder*, guarder ; *nawaires*, naguères ; *werpir*, guerpir ; *rewarder*, regarder.
X = S. *Poxance*, puissance ; *dixmes*, dismes ; *dextrier*, destrier.
Y = I. *Ylle*, ile ; *ymage*, image ; *ydoine*, idoine ; *lyce*, lice.

(1) Dans les anciennes éditions I et J, U et V ne sont point distingués ; dans les éditions modernes c'est souvent une faute d'impression qui a conservé une lettre au lieu de l'autre.

GLOSSAIRE

DE

L'ANCIEN DROIT FRANÇAIS.

A

A, avec. *A tout*, avec tout.

Aage, aainsneche, etc. V. **Age, ainsnesse**.

Abandon ou abandonnement (*abandonium*), délaissement; acte par lequel on se dessaisit d'une chose ou d'un droit. *Abandon de biens par un père à ses enfants*. — *Contrat d'abandonnement*, acte par lequel un débiteur délaisse tous ses biens à ses créanciers.

— (*Abandum*), prise de gage (*in bandum res missa*). V. **Bandon**.

Abandonner, littéralement : *donner à ban*, c'est délaisser une chose à qui voudra la prendre. V. **Ban** et **Bandon**.

Abatre, rabattre, diminuer, supprimer. *Li cousts* (les frais) *doivent être abatus* (Beaum). — *Coustumes abatues, ban abatu*.

Abdication (*abdicta*), abandon volontaire et définitif, renonciation absolue. *Abdiquer son rang, sa charge*. — *Abdiquer ses biens*, les délaisser sans espoir de retour, renoncer à son droit de propriété.

Abeiance, droit en (*Abeyantia*), c'est un droit qui est suspendu, du verbe *béer* (cout. anglonorm.). *Tenir aucun en abay*, tenir quelqu'un en suspens.

Abenevis (*benevisum*), emphytéose, et non point abonnement comme l'a cru Laurière.

Abevrer, abeverir, abovrer, abuvrer (*abevragium*), abreuver. *Abeuvrage*, droit de mener les bestiaux à une fontaine; — impôt sur les boissons. — *Abeuvrement* (Ass.), torture par l'eau. — V. **Past**.

Abiannéurs ou abiennéurs, séquestres ou dépositaires dans la coutume de Bretagne.

Abigeat (*abigeatus*), crime de celui qui vole des bestiaux en les chassant devant lui.

Ab intestat, succession, celle d'une personne morte sans testament. *Héritier ab intestat*, celui qui est appelé par la loi à la succession d'une personne morte sans testament.

Ab irato, par une personne en colère, *testament, donation ab irato*.

Ablader, ablaier (*abladiare*), emblaver, ensemencer en blé. *Ablais* (*abladium*), blés coupés qui sont encore sur le champ.

Aboile, abeille. — **Aboilage, abeillon** (*abollagium*), droit seigneurial sur les abeilles et leurs produits.

Abolir, casser, annuler, abroger. *Abolir une coutume, des impôts*. *Lettres d'abolition*, lettres de grâce qui détruisent entièrement la condamnation et ses effets, ou qui effacent toute trace de l'accusation intentée. (*Institutæ actionis peremptio*.)

Abondant, d', de plus, en outre.

Abonder plus grande somme, c'est déclarer dans le contrat une somme supérieure au prix réel de vente pour empêcher le retrait lignager.

Abonnage, abommage, abonnement, abournement, stipulation à forfait.

— Bornage. Limitation.

Abonner, abosmer, abourner (*abonare*), composer, stipuler un droit fixe. *Se borner par accord de ce qu'on doit payer. Taille* ou *queste abonnée* : Taille fixe, à la différence de la taille arbitraire, dont la quotité dépend de la volonté du seigneur. *Serfs abonnés, loyaux aides abosmés, roncins de service, fiefs abonnés.*

ABONNER, ABOSMER, ABOURNER, borner.

ABOUT (*abbotum, adboutamentum*). « Fundus, dit Du Cange, creditori « designatus per suas vicinitates « et continia, ut in hunc creditor « speciale jus postea acquirat. » Assignation hypothécaire et hypothèque. — *Abouter*, assigner par manière d'about. (Carpentier.) — *Abous* ou *habous* de l'Algérie, biens affectés au service des mosquées, des écoles.

ABOUTISSANS (*abuttare*), qui touchent par un bout. *Les tenans et aboutissans d'un héritage*, sont les fonds qui tiennent et confinent par un bout à cet héritage.

ABRÉGER SON FIEF, le diminuer, en aliéner ou amortir une partie.

ABROGER, annuler, anéantir une loi, un usage, une coutume.

ABSCONS (*absconsa*), caché, secret. V. ESCONDRE.

ABSENT, celui qui est hors de son domicile, et dont on n'a point de nouvelles.

ABSOLUTION A CAUTELLE OU SOUS CAUTION (*absolutio ad cautelam*), absolution sous condition qui se donne par le supérieur légitime à celui qui se prétend injustement excommunié.

ABSTENTION, renonciation tacite d'un héritier qui ne s'immisce point dans les affaires de la succession.

ABUS, entreprise injuste de la puissance ecclésiastique sur les droits de la puissance séculière.

ABUS, APPEL COMME D', recours contre les actes des personnes ecclésiastiques en cas d'usurpation ou d'excès de pouvoir.

ACAPTES, RÉACAPTES, ARRIÈRE ACAPTES (*accaptare*), droits de relief dus par l'emphytéote à chaque mutation.

ACARER (Esp., *cara*, visage), littéralement, mettre face à face, confronter. *Acarement* (*accarratio*), confrontation.

ACASER, donner une terre à rente ou à cens.

ACAT, ACCOIT, ACQUET, ACHAPT, achat. *Acater* (*acatare*), acheter. *Acatères, acateur, achepteur*, l'acheteur.

ACCAPIT, emphytéose.

ACCENSE, ADCENSE, ACCENSEMENT, ADCENSEMENT, ACCENSISSEMENT (*accensa, adcensa*), héritage donné à cens ou à ferme, *contrat de fief* dans les coutumes normandes. *Accense, acensie*, fermage.

ACCENSER, ACENSIR (*adcensare, assensare*), donner à cens, — prendre à cense ou ferme.

— abonner. *Droit de gite accensé, accensement de tailles.*

ACCEPTANCE, ACCEPTATION, action d'agréer, de recevoir ce qui est offert ou déféré; *acceptation d'une donation, d'une succession, d'une communauté, d'un transport, d'une lettre de change.*

ACCESSION est l'acquisition de la chose qui s'unit ou s'incorpore à la chose dont nous sommes déjà propriétaires. — C'est la chose incorporée, ou l'incorporation elle-même.

ACCESSOIRE (*accessorium*), ce qui est une suite, une dépendance de la chose principale.

ACCINS ET PRÉCLOTURES, principales dépendances du manoir seigneurial. V. VOL DU CHAPON.

ACCISE (*accisia*), impôt.

ACCOISER, apaiser, terminer. *Accoiser le débat.*

ACCOMPAIGNER, S' (*associare*), se mettre en compagnie, en société, en communauté.

ACCORDER, convenir, consentir. *Accordailles*, fiançailles, signature du contrat.

ACCROISSEMENT est le droit qui appartient aux cohéritiers ou colégataires, de prendre ou de retenir la part de celui qui refuse ou ne peut accepter.

ACCRUE (*accessa*) est l'augmentation d'une chose par l'adjonction d'une autre. Ainsi les alluvions, les atterrissements sont des *accrues*. Les *accrues de bois* (Troyes, 117) sont l'espace de terre qu'un bois a gagné en croissant hors de ses limites.

ACCUSEMENT, accusation.

ACCUSÈRES, ACCUSEUR, accusateur.

ACERTAINER, informer d'une façon certaine.

ACHAISON, ACHOISON, ACOISON, ACHOISE (*occasio*), cause, occasion.

A petite achaison
Se saisit le loup du mouton.

— querelle, procès, accusation.

Cil a moult tous ses hons laidement démenés
De plaiz et d'achesons domagiés et grevez.
(*R. de Rou.*)

ACHAISONNER, AQUOISONNER, occasionner.
— actionner, inquiéter, accuser, vexer. *Acoisoné*, accusé.

ACOILLIR, ACUILLIR, accueillir.
— se charger d'une chose, prendre sur soi, tenir compte.

ACOINTS, ACOINTÉS, amis, familiers. *Les acointés de la cour* (Ass.), ceux qui suivent les audiences.

ACOUCHER, se coucher. *Acoucher, malade*.

ACOUSTUMANCE, habitude, coutume, usage.

ACQUERRE, ACQUESTER, ACQUÉSER, acquérir. *Acquesteur*, acquéreur.

ACQUEST, AQUEZ (*acquestus*), acquisition. — Immeubles qui nous sont venus par toute autre voie que de succession, ou de don en ligne directe.

ACQUIESCEMENT, adhésion à un acte, un jugement, une demande.

ACQUIT (*acquitatio*), quittance, décharge mise au bas d'un compte ou d'un titre négociable.

ACQUITTANCE (*acquietantia*), délaissement, abandon.

ACRÉANTER. V. CRÉANTER.

ACRÉER, ACROIRE (*accredere*), faire crédit.

Or regny je Dieu, se j'accrois
De l'année drap.
(*Pathelin.*)

Acréor, (Ass.). Prêteur, créancier. V. CROIRE.

ACTE (*instrumentum*), écrit constatant un fait ou une convention; *acte authentique, acte sous seing privé*.
— tout ce qui se fait en justice. *La cour donne acte. Acte judiciaire*.
— action; *faire acte d'héritier*.

ACTEUR, ACTOUR (*actor*), demandeur en justice. — Auteur.

ACTIF, ce qui appartient à une personne, déduction faite de ce qu'elle doit, ou de son *passif. Dettes actives*, créances.

ACTION (*actio*), demande, poursuite judiciaire; droit de poursuivre en justice ce qui nous est dû. *Actionner*, poursuivre.

ACTORNÉ. V. ATTORNÉ.

AD, à; *adee*, à ce; *adeeque*, afin que; *adcase*, à cause.

ADAMAGIER, ADAMER (*addamnare*), endommager; *adamagié*, qui a éprouvé un dommage.

ADE, exempt, affranchi (Roisin).

ADEMPLIR, AEMPLIR, accomplir.

ADENERER (*denarius*), mettre à prix.

ADES, ADIÈS (ital. *adesso*, dès ce moment, aussitôt, toujours.

ADEVANCIER, prévenir, *præoccupare*.

ADEXTRER (*addestrare*), se tenir à la droite, — se rendre adroit, *s'adextrer aux armes*.

ADHÉRITER (*adhæredare*), mettre en possession, ensaisiner, investir, saisir de.

ADHÉSION, consentement, acceptation, acquiescement. *Demande en adhésion*, action formée par un des époux pour obliger l'autre à reprendre la vie commune.

ADIRER (*adirare*), égarer. *Lettres de change adirées*. — Rayer. *Son nom est adiré de l'estat des officiers*.

ADITION D'UNE SUCCESSION, acceptation d'une succession. (*Ire ad hereditatem*.)

ADJACENCE (*adjacentia*), proximité, voisinage, *lieux adjacents*.

ADJOUR, ADJOURNEMENT, assignation à comparaitre en justice à un jour donné.

ADJOURNER (*adjornare*), faire jour, assigner.

ADJOUSTER, ADJOUXTER (*adjustitiare*), approcher, assembler, ajuster.

ADJUDICATION, vente ou bail fait aux enchères publiques; *adjudicataire*, celui en faveur duquel a été prononcée l'adjudication.

ADJURÉ, celui qui s'est obligé par serment. — Juré.

ADJURER (*adjurare*). V. CONJURER.

ADMALLER (*admallare*), appeler en justice.

ADMINICULE (*adminiculum*), moyen qui aide à la preuve; — preuve imparfaite.

ADMINISTRATION, gestion des affaires et des biens d'autrui; *administration du mari, du tuteur, du curateur; administration d'une succession, d'un hôpital, d'un couvent.*

ADMINISTRER, gérer. — Fournir; *administrer des titres, des preuves, des témoignages.*

ADMISSIBLE, recevable. *Preuves admissibles.*

ADMODIER, AMOIER (*admodiare*), donner à ferme moyennant partage des récoltes. *Admodiateur*, celui qui donne à ferme.

— abonner. *Taille admodiée* (*amoissonata tallia*).

ADMOISONER, ADMOISEINEIR, amodier.

ADMONNESTER, avertir, reprendre, — ordonner sous peine d'excommunication. *Admonition,* avertissement.

ADMORTISSEMENT. V. AMORTISSEMENT.

ADNUITIER, METTRE A NUISTER, c'est séquestrer les biens du débiteur pendant un certain nombre de nuits, passé lesquelles on procède à la vente.

— faire nuit.

ADONC, ADONCQUES, dès lors, alors, ainsi.

ADOUBER (*adobare*), équiper, armer. *Appareillés et adoubéz comme serjanz champions.* As.

ADRACIER, ADRECIER, ADRECHIER (*addretiare*), redresser, rectifier, — rendre justice, faire droit.

Et se il a le tort, bien li adrecera
Hautement en sa court, si com il li plaira.
(Perceval.)

ADRAS, ADRÉS, droits, amendes, dommages, intérêts dans les coutumes messines.

ADROIT, jugement, sentence.

ADULTÉRER, falsifier les monnaies.

ADUNER. V. AUNER.

ADVENANT. V. AVENANT.

ADVENTIF, ADVENTICE (*adventitius*), qui vient du dehors. *Biens adventices* (*advenimentum*), biens venus par toute autre voie que la succession directe. *Biens adventices* dans la coutume d'Auvergne sont les paraphernaux.

ADVERSE PARTIE, c'est la personne contre qui on plaide.

ADVEST (*advestitura*), investiture, ensaisinement.

ADVESTIR, mettre en possession.

ADVEU. V. AVEU.

ADVISER (*advisare*), consulter, délibérer. — Avertir.

ADVOUÉ, ADVOUERIE, ADWOUSON. V. AVOUÉ, AVOUERIE.

ADVOUTRERIE. V. AVOUTRERIE.

ADWESTURES, grains, récoltes sur pied.

AÉ. V. AGE.

AEMPLIR, accomplir, remplir. *Aemplement*, accomplissement.

AERDRE, AHERDRE (*adhærere*), attacher, joindre, saisir. *Aert*, il saisit, il s'attache.

AESMER, AASMER, estimer. *Aesmance*, estime, opinion, valeur.

AESNIE (*Aesnecia*), ainesse.

AFAITIER, AFETER (*afeitare*), parer, arranger, instruire. *Afaitié*, habile, exercé. *Champion afaitié* (Ass.).

AFEUR. V. FEUR.

AFFAIRE, entreprise, spéculation financière, convention, marché; — procès, contestation civile ou criminelle.

AFFAN. V. AHAN (ital. *affanno*), AFFANNER (*affannare*), fatiguer, travailler.

AFFÉAGER, inféoder, donner en fief (*afficavagium*).

AFFECTER, obliger une chose au paiement d'une dette.

AFFÉRER, AFFÉRIR, convenir, être sortable. *Affiert moult que les riches homes apreignent lettres* (Ass.). — *Part afférente,* part qui revient à chaque héritier. — *Afférue,* portion.

AFFERMER, donner à ferme.

— affirmer.

AFFEURER ou AFFORER (*afforare*), mettre à prix, taxer, estimer. *Affeurer selon le cours du marché* (Ord. de la ville). *Afferage, afforage, aforement* (*afforagium*), prix de la mercuriale, prix légal.

AFFICHE ou AFFIXE (*affixio*), placard apposé dans un lieu public pour rendre quelque chose connu de tout le monde. *Affiches à la quarantaine*, affiches qui se posaient quarante jours avant l'adjudication par décret.

AFFIER (*affidare*), donner sa foi.

Par tel convenans vous li affierez
Quel lendemain du jour qui ci vous est mandés
Renderez le chastel.

Affier, affirmer, certifier, promettre par serment. *Affiage* (*affidamentum*), sûreté, assurance. *Affirmation*, assurance donnée par serment. *Affidavit*, serment dans les coutumes anglo-normandes. — Fiancer. *Affiance, affiailles*, fiançailles.

Affies, **affides** (*affidati*), amis, parents, recommandés. *Affidée*, fiancée.

Affilier (*adfiliare*), adopter. *Affiliation*, adoption.

Affiner, finir. *Affiner un compte*.

Affinité, alliance, espèce de parenté que le mariage produit entre un des conjoints et les parents de l'autre conjoint.

Affins (*adfines*), alliés, parents.

Affoler (*affolare*), blesser. *Qui navre autrui ou affole, il lui doit rendre ses damages* (Beaum.). *Affolure*, blessure.

— devenir fou.

Affouer (*affocare*), faire du feu. *Droit d'affouage* (*affocagium*), droit de prendre du bois de chauffage dans une forêt.

Affoys, promesses. V. **Affier**.

Affranquer (*affrancare*), affranchir, racheter, dégager, amortir.

Affrayrement (*affrayramentum*), association, communauté.

Afiert. V. **Afférir**.

Agait, **aghais**, **agaitance**. Voyez **Aguet**.

Agard. V. **Esgard**.

Agastis, dégât causé par les bestiaux. *Action d'agastis*.

Age, **aé**, **aaige** (*ætas*), âge. *Age parfait, droit âge*, majorité. *Faire preuve de son aage* (Ass.), prouver sa majorité. *Agié, eagié*, majeur. *Agier, agéer*, émanciper; *sous agié, merme d'age*, mineur; *estre en non age*, être en minorité. — *Bois aagié*, bois bon à être coupé.

Agencement (*agentiamentum*), donation à cause de noces; augment de dot.

Ager, **agrier**, **agrère** (*agrarium*), droit de champart ou terrage.

Aggraver et **reaggraver**, excommunier.

Aghais, **marché a**; c'est un marché à terme, dont il faut *guetter* l'échéance.

Agir, poursuivre en justice. *Agir civilement, criminellement*.

Agnation, parenté par les mâles.

Agrément, accord, ratification.

Aguet, **aguay**, surprise, embûche, piége. *Aguetter*, guetter.

Aguet apansé, **empensé**, **pourpensé**, ou **guet-apens**; c'est la préméditation. *Murtre si est*, dit Beaumanoir, *quand aucun tue autrui en aguet apensé*.

Ahaitir, **Se** (Ass.), se prendre à quelqu'un, le poursuivre, l'accuser.

Ahan (ital. *affanno*), peine, fatigue, travail. *Terres ahanables*, terres de labour. *Ahans*, terres nouvellement défrichées. *Ahanier*, laboureur.

Ahaner (*ahanare*), peiner, fatiguer, labourer.

Aherdre. V. **Aerdre**.

Aheriter. V. **Adhériter**.

Ahit, **hast** (all. *ahteid*), dans le *Miroir de Souabe*, c'est la mise au ban de l'Empire.

Aideours (*consacramentales*), jureurs, témoins. — Soutien.

« Je de cestui jour en avant serai ton « féel aideour, et deffendeor de ta per- « sonne. » (Assises.)

Aides (*aidæ*), subsides. *Cour des aides*.

Aides, **aive**, **ayuwe**, **loyaux aides**, **aides chevels**, **aides aux quatre cas** (*auxilium*), redevances payées au seigneur ou au roi en certains cas.

Aigue, eau. *Aiguerie*, réservoir. *Aiguet*, petit canal.

Ains, **ainçois**, avant, mais, au contraire. *Ains que*, avant que.

Ainsné (*ante natus*), aîné. *Qui ains naist, ains paist*.

« Fuir vaine gloire et vantance, ennorer « ses ainsnez, aimer ses mainsnez. » (Régle de Saint-Benoît.)

Ainsnesse, **ainsnéage** (*ainescia*), droit d'aînesse. *En villenage il n'y a point d'aainsnèche*. (Beaum.)

Aisance, **aisement** (*asancia, aisantia*), droit d'usage. — Servitudes, dépendances.

— facilité, utilité, convenance. *S'aisier*, s'aider, user.

Aisceau, **aissil** (*ascia*), bardeau, petites planches avec lesquelles on couvre les maisons, en guise de tuiles. En Nivernois, *aiscionnes*.

Aistringer. V. **Estrangier**.

Aiude, **aiuwe**. V. **Aide**, **Ayuwe**.

Albergement (*albergamentum*), bail emphytéotique en Dauphiné.

Albergue (*albergo*), droit de gite. — Logis. *Alberger*, héberger.

Aléatoire, ce qui dépend du hasard.

Aléauter, aleuter, S' (*adlegiare*), se justifier. *Aléauter et defendre quelqu'un.* (Ass.)

Aleier, aleger, alegir, S' (*adlegiare*), se purger par serment, se justifier.

Aleu, franc-alleu, aloes, alloet, aluel, aluef, aloy (*alodis*), terre franche, propriété qui n'est tenue de personne.

Aleutiers, alloués (*alodiarii*), propriétaires d'alleus.

Alibi, ailleurs. *Prouver son alibi*, c'est prouver qu'on n'était point présent sur les lieux où le crime s'est commis. « *Chercher des alibi* « *forains*, faire des incidents frus-« tratoires, jeter plusieurs appella-« tions frivoles. » (Nicod.)

Aliénation, alientement, toute manière de transmettre à autrui la propriété de ce qui nous appartient.

Alignager, prouver la parenté. *Bien alignagé*, bien apparenté.

Allégiance (*alligantia*), lien du serment par lequel on promet fidélité, aide, secours.

Allodial, qui a la nature d'aleu. *Héritage allodial; allodialité.*

Alloué, aloez (*allocatus*), procureur. *Quand homme qui s'appelle alloué ou procureur d'autrui, se plége, etc.* (A. C. de Bret. 90.)

Allouer, aloer (*allocare*), louer, approuver, accorder. *Comptes alloués.*

Alluvion. V. Alvets.

Almoigne. V. Ausmone.

Aloy (*alleium*), titre légal de la monnaie.

Altresi (Esp. *otrosi*), *item*, aussi.

Alues, aluex, alleu.

Alumelle, lame d'épée, de couteau, etc.

Alvets, avuelz, alluvion (*allucio*, *incrementum latens*), accroissement qui se forme imperceptiblement et s'ajoute peu à peu au fonds riverain. *En très fonds et en alvets.*

— acquisition par accroissement.

Alviner un étang, c'est le peupler de poisson nouveau ou *alvin*.

Amander. V. Amender.

Amaser, amasuer, amaisonner (*admasare*), donner à ferme un héritage bâti ou *amaisié*.

Ambedeux, ambedui, andeux, andui (*ambo*), tous deux.

Amenagement, ordre suivi pour l'exploitation d'une forêt. *Observer, garder, suivre l'aménagement d'une forêt.*

Amende, amandise, amendance (*emenda*), peine pécuniaire.

— réparation, *amende honorable*.

— faute.

> Se ung borgeoiz fait une amende,
> Soixante solz on lui demande

Amender (*emendare*), payer l'amende; réparer le tort fait.

— corriger, d'où *amendement*.

— améliorer, augmenter, profiter, *amender d'une succession*.

Amenrir, amenuer, amermer (*minorare*), amoindrir, affaiblir, diminuer.

Amercement (*amerciamentum*), amende arbitraire.

Amercier, condamner à l'amende.

Amesurement (*admensuratio*), estimation, limitation faite par justice.

— tempérance, modération.

Ameublir, donner à un immeuble la qualité de meuble à l'effet de le faire entrer dans la communauté. *Clause d'ameublissement*, stipulation par laquelle on fait entrer des immeubles en communauté en leur donnant fictivement la qualité de meubles; c'est le contraire de la clause *d'immobilisation*.

Amiable compositeur, arbitre dispensé de juger selon la rigueur du droit. V. Compromis.

Aministreur, administrateur.

Amis, prochains amis, amis charnels, parents.

Amistée, amitié (*amicitia*), commune jurée (Roisin).

Amodier, amodiation. V. Admodier.

Amoilléré, légitimer. *Enfans sont amoilléré par le mariage fait enprès.*

Amoisonner. V. Moison.

Amont, au haut, au faite, en montant. *Tant amont qu'aval*, tant en montant qu'en descendant.

AMONTER, monter, s'élever, toucher à.

AMORTIR (*admortizare*), éteindre, anéantir un droit, une charge. *Amortir une rente, un héritage, la foi et l'hommage. Héritage amorti*, bien affranchi des droits féodaux ou utiles qui le grevaient.

AMORTISSEMENT (*admortizatio*), c'est l'indemnité payée au seigneur pour obtenir l'extinction des droits et profits qui lui appartiennent sur l'héritage qu'on veut affranchir.

AMPARLIER (*amparlarii*), avocats.

AMPLAIDIER ou EMPLAIDIER, plaider, actionner.

AMPLIATION, extension, augmentation d'un bénéfice, *obtenir des lettres d'ampliation*.
— Copie d'une première expédition, double d'une quittance.

AMPRENDRE ou EMPRENDRE, entreprendre. *Amprise*, entreprise.

AMUCER (*amicire*), cacher. V. MUCER.

ANATOCISME, stipulation qui fait produire intérêt à des intérêts capitalisés, ce qui n'est pas permis.

ANCELLE (*ancilla*), servante.

ANCESSEURS, ANCHISSEURS, ANTÉCESSEUR, AUNCESTRES (*ancessor, antecessor*), ancêtres.

> Pour remembrer des ancessours
> Les fez, et les diz, et les mours,
> Doit-on les livres et les gestes,
> Et les estoires lire as festes.
> (*R. de Rou.*)

ANCESSERIE, ANCESSORIE, ANCHISERIE, ancienne et noble race.

ANCIENS HÉRITAGES, sont les propres de succession, les héritages venus en ligne directe.

ANEMI, LI (*inimicus*), l'ennemi, c'est-à-dire le diable.

AN ET JOUR (*annus et dies*), c'est le temps régulier après lequel la saisine est acquise. — C'est aussi un délai de prescription très-fréquent.

ANNATE (*annata*) ou DEPORT, est le revenu d'un an que le pape prétendait lui appartenir de tous les bénéfices dont il donnait provision, apparemment pour lui tenir lieu du relief qui est dû au seigneur féodal à chaque mutation.

ANNICHILER, ANOIANTIR, réduire à néant.

ANNOTATION DE BIENS, saisie des biens du contumax.

ANNUITÉS, capital ou rente qui se paie par années.

ANTAIN, oncle; ANTE (angl. *aunt*), tante.

ANTAN, l'autre année, l'an dernier. « *Anténoises* sont bestes d'antan, « c'est-à-dire de plus d'un an « d'aage. » (Nicod.)

ANTICHRÈSE, nantissement d'une chose immobilière.

ANTICIPER, FAIRE ANTICIPER UN APPELANT, c'est assigner l'appelant à bref délai, demander jugement avant le terme donné par la loi.

ANTIDATER UN ACTE, c'est mettre à un acte une date antérieure à sa passation.

ANTINOMIE, opposition, contrariété de deux lois; loi contre loi.

ANUIT (*hac nocte*), cette nuit, c'est-à-dire aujourd'hui. (Nos ancêtres comptaient par nuit. V. ADNUITIER.

AOUZ (*aostagium, augustaticum*), août, moisson.

> Je vous paîrai, dit la cigale,
> Avant l'août, foi d'animal,
> L'intérêt et le principal.
> (La Fontaine.)

Aouster, faire l'août, c'est-à-dire la moisson. (Anjou, 499.) *Aoustage*, rente qui échoit en août.

APAIER (*apacare*), payer, satisfaire, contenter. — Régler.

APAISIER (*appeysamentum*), se réconcilier, faire la paix. Voyez APATISER.

APANAGE, APPENNAGE, EMPANAGE (*apanamentum*), c'est la portion donnée aux fils puînés, ou filles, pour *leur soutenance*, comme dit De Fontaines. Il se dit surtout des biens attribués aux fils de France, à titre de dotation. *L'apanage d'Orléans*, aujourd'hui réuni à la couronne.

APANER, APANAGER (*apanare*), littéralement donner du pain, nourrir. *Apaner une fille*, la doter.

APARAGÉE ou EMPARAGÉE, FILLE, fille qui s'est mariée avec un époux de sa condition et de son rang, *quæ cum pari nupsit.* V. PARAGE et AVENANT MARIAGE.

APARAGEOR. V. PARAGEAUX.

APATISER, pactiser. APASTIS. PASTIS (*apatisatio*), pacte, traité, contribution, rançon.

APAUTER, louer, engager, sous-inféoder. (Ass.) *Apaus*, bail.

APEL, APELLATION. V. APIAUS.

APENSER, APENCER (*appensare*), réfléchir, préméditer. *Apences de dire leur avis.* Ass. *Jour d'apensement*, jour d'avis (*consultandi tempus*).

APERS, manifeste. *Larrechins apers* (*furtum manifestum*). *En apert*, publiquement.

APERT, savant, connaisseur, expert. *Apertise*, science, expertise.

APIAUS, APPEAUX (*appellatio*), appel. Voie par laquelle on demande au juge supérieur la réformation de la sentence du juge inférieur. La demande se dit *appel* ou *appellation*, le demandeur *appelant*, et le défendeur *intimé* ou *appelé*.

— Provocation en duel. *Apiaus de murtre, d'omecide, de traison.*

APOSTILLE, note marginale.

APOSTOILLE, L' (*apostolicus*), le pape.

APOSTRES, « lettres que le juge, du« quel il est appelé, baille à l'appe« lant, adressant au juge par-de« vant lequel sortira l'appel. »

(Nicod.)

APPARAISSANT, visible, évident.

APPARÇONNIER, S', se mettre en communauté.

APPAREILLÉ, équipé, préparé, prêt à. *Appareillé de payer.*

APPARIER (*colligere*), associer.

APPARITEUR, sergent, huissier.

APPAROIR, FAIRE, exhiber, faire preuve. *Il appert*, il est évident, il résulte.

APPARTENANCES ET DÉPENDANCES (*pertinentiæ*), tout ce qui tient à un heritage, tout ce qui en fait partie. On dit aussi *appendances.*

APPELÉS, ceux qui doivent recevoir une substitution.

APPELLATION, appel. *Folles appellations*, appel téméraire. *Frivoles appellations*, appel frustratoire. *Appellation déserte*, appel sur lequel l'appelant ne suit pas.

APPLEGEMENT (*applegiamentum*), c'est la caution donnée pour obtenir mainlevée d'une saisie prétendue injuste, en attendant la decision judiciaire. — Par suite, ce mot d'*applégement* est pris dans le sens de complainte. *Contrapplégement* est une opposition à l'applégement ou complainte de celui qui veut rentrer en possession d'un héritage.

APPLEGER, APPLÉGIER, donner plége ou caution. Cautionner.

APPOINTEMENT (*appointamentum*), jugement interlocutoire par lequel le juge, pour s'éclairer, ordonne que les parties écriront et produiront sur les *points* de fait ou de droit qui n'ont pu être suffisamment éclairés à l'audience.

— accord, traité.

APPORT (*apportum*), ce qu'on met en société. — Les biens et créances que les époux apportent en se mariant.

APPORTIONNER (*apportionamentum*), partager. *Apportion*, portion.

APPRÉCIATION, APPRÉCY, expertise, prisée.

APPRÉHENSION, prise de possession.

APPROPRIANCE ou APPROPRIEMENT, c'est le nom de la saisine dans la coutume de Bretagne.

APPROUVER (*approbare*), prouver.

APPURER, épurer, mettre à jour, liquider. *Appurer un compte*, c'est le débattre, l'arrêter, le clore.

APRISE (*apprisia*), enquête, information.

AQUIAUDER, accueillir. (Ass.)

ARAISONNER, ARAISNER, ARAINER (*aresniare*, *arrationare*), proposer ses raisons, haranguer, parler, accuser, citer en justice. *Être araisonné*, être interrogé. (Ass.)

ARBITRATEURS, ARBITRES (*arbitrator*), simples particuliers qui ont reçu de la loi ou de la volonté des parties le droit de juger un différend. *Arbitrage*, juridiction et jugement des arbitres. *Arbitrer*, estimer, liquider : *arbitrer les dépens, les dommages-intérêts.*

ARCHE (*arca*), coffre, caisse. *Archive*, coffre où l'on met les papiers publics.

ARDRE, ARDOIR (*ardere*), brûler. *Art-on*, on brûle.

ARER (*arare*), labourer.

Arme, âme. *Sur le péril de s'arme.*

Arramir (*adramire*), promettre, jurer. *Aramir bataille*, promettre le duel.

> Molt les oyssiez arramir,
> Serement faire, et foy plevir
> Que par morir ne li faldront.
> (Constitution de Charlemagne.)

— rassembler, convoquer, réunir.

Arreer. V. Arrois.

Arrements (*arramenta*), errements.

Arrenter (*arrentare*), donner à rente. *Arrentement*, bail à rente.

Arreres, **arrérages** (*areragium*), termes échus, *arriérés*, d'une rente, pension, ou redevance quelconque.

Arrest (*arestum*), dernier et souverain jugement contre lequel il n'y a voie d'appel.

— saisie, *briser l'arrêt du seigneur. Arrest de meubles*, saisie-gagerie.

Arrhes (*arra*), ce qui est donné comme signe, gage ou dédit de l'exécution du marché.

Arrière-ban. V. Ban.

Arrière-fief, c'est le fief tenu médiatement, à la différence du *proche fief* ou *plain fief*, et comme dit Auxerre, 52, c'est le fief servant qui tient d'un autre fief servant.

Arrière-vassal, *sous-vassal*, celui qui tient un arrière-fief, mouvant par moyen de quelque fief supérieur.

Arrois (*arraiatio*), ordre, ligne. *Aroyer, arayer, arréer* (*araiare*), mettre en ordre, ranger en bataille.

Arroyées, **Terres.** V. Roie.

Ars (*ardere*), brûlé.

> Mal s'est chauffé qui tost s'est ars.

Arsin, **Arson** (*arsura*), incendie. *Droit d'arsins*, c'est le droit donné à la commune par nos coutumes du Nord, de mettre à feu la maison de certains condamnés. V. *le Glossaire du D. F.*, h. v.

Articles, **Faits et** (*articulus*), ce sont les conclusions de la demande, les points sur lesquels porte le procès. *Articuler les faits*, les exposer, en donner le détail.

Articles de mariage, projet des clauses et conditions du contrat.

Ascendants (*ascensores*), parents dont on descend en ligne directe, le père, la mère, les aïeux, etc.

Asile, lieu de sûreté dont il n'était pas permis de tirer les criminels qui s'y étaient réfugiés. Les églises autrefois étaient un lieu d'asile.

Assaillir de plet (*assaillare*), attaquer en justice.

Assassinat (*assassinatus*), meurtre, homicide commis avec préméditation.

Assaut (*assultus*), attaque. *Assaulter*, assaillir, attaquer.

Assenement, **assene**, **asseing** (*assenatio*), assignat ou hypothèque. *Bezans assénés.* — Douaire, ou assignat fait à la femme sur les biens du mari. (*Assenamentum.*)

— Saisie féodale, mainmise.

— Désignation, vue et montrée.

Assener, assigner.

Assens, **assentement** (*assensio*), consentement, accord, aveu. *Assentir*, consentir, donner son approbation. *Être d'assent*, être d'accord.

Asseoir (*assedare*, *assetare*), imposer la taille. — Etablir une rente sur des immeubles ; hypothéquer. *Asséable*, imposable ; *asséeurs*, répartiteurs d'impôts.

Assérir, asseoir. *Assérir bournes*, placer des bornes.

Assesseurs sont ceux qui aident le juge ou le président de leurs conseils, ou qui le remplacent au besoin. *Conseillers assesseurs, lieutenant assesseur.*

Assiette (*assieta*), assignat, hypothèque. *Assiette de tailles*, c'est le rôle de contributions, la quote-part attribuée à chaque contribuable par les répartiteurs.

Assiette de coupes de bois, c'est la désignation de la partie de la forêt destinée à être coupée.

Assignal ou **assignat** (*assignare*), affectation d'un héritage au paiement d'une redevance quelconque. *Rentes par assignat.*

— déclaration d'emploi fait par un mari sur ses propres pour les deniers dotaux de sa femme.

Assignation, exploit, citation en justice. V. Adjournement.

— En termes de finances, c'est une délégation de paiement sur un fonds ou une recette déterminés.

Assignation sur la douane, sur les tailles, sur la capitation, etc. C'est en ce sens qu'on a nommé *assignats* le papier-monnaie de la révolution, au remboursement duquel étaient affectés les domaines nationaux.

Assigner, Assiner (*assignare*), indiquer, déterminer. *Assigner jour, lieu, temps.*

— attribuer, donner. *Argent assigné.* V. Assignat.

Assises (*assisiæ*), sessions, cour de justice. *Assises du bailli, du sénéchal, Cour d'assises.*

— établissements, lois, ordonnances. *Assises du royaume de Jérusalem. Assise du comte Geoffroy.* V. Dupin, not. bibliog., p. 675, éd. 1832. *Assise parée*, loi certaine. *Briser l'assise*, échapper à la loi. *Fournir l'assise*, se conformer aux prescriptions de la loi.

— impôt, amende établie par la loi.

Association, union de plusieurs personnes dans un but convenu. — Communauté.

Assurance, Contrat d', contrat par lequel l'*assureur* garantit, moyennant une prime, certains risques auxquels la personne ou les biens de l'assuré peuvent être exposés. *Assurances maritimes, assurances contre l'incendie, assurances sur la vie.*

Assurer (*assecurare*), donner sûreté, garantir judiciairement. *Assurement* (*assecuramentum*), promesse de ne point se faire de guerre privée. V. le chap. 59 de Beaumanoir.

Astine, Ataine, Atine (*atia*. En anglais, *hate*), querelle, haine. *En l'abbaye sont défendues toutes ataines*, dit la règle de Saint-Benoit. *Ataineux*, fâcheux. *Atayneuses paroles*, injures.

Atarger, Atargier (*attargare*), retarder.

Atendue de conseil, délai accordé au défendeur pour consulter.

Atenir, S', s'abstenir.

Atermoier (*adterminare*), fixer le jour, donner terme. *Atermoiement*, contrat par lequel les créanciers donnent un délai à leur débiteur.

Atraire, attirer, amener.

Atrempement, modérément, et aussi modération. *Atrempement avenant*, modération convenable. *Attrempance*, tempérance, modération.

Atremper, modérer, accorder, régler.

Attaches, affiches. *Attacher*, inscrire (Ass.).

Atteindre, juger, convaincre.

« Li champions est récréant par deux « manières, l'une par dire : je me rends « récréant et coupaule, et atains du fait. » (Ass.)

Attemptat, entreprise faite contre l'autorité des lois ou de la justice. *Attenter au préjudice de l'appel*, passer outre, nonobstant l'appel. — Excès de pouvoir. — Prise de possession violente.

Attiner, quereller, provoquer. V. Astine.

Attourné (*atturnatus*. En anglais, *attorney*), mandataire, procureur; *ad turnum, id est ad vicem alterius constitutus*, dit Spelmann.

Attourner, disposer, préparer, — nommer un procureur.

Attraières ou estrayères (*attractus*), biens laissés par des aubains ou étrangers.

Attraire, attirer.

Aubaineté, Aubenage (*aubenagium*), ou droit d'aubaine, droit prétendu par le fisc sur les biens que des étrangers décédés ont laissés en France.

Aubains (*advenæ, aubani*), étrangers.

Aucun, quelque. *Aucunement*, en quelque façon. *Aucunes fois*, quelquefois, parfois.

Audience (*audientia*), séance du tribunal. *Demander audience, poursuivre audience.*

— lieu des séances. *Audiencier*, huissier qui fait la police de l'audience.

Audroit. V. Endroit.

Augment, augmentation. *Augment de fief. L'augment de dot* est l'avantage que le mari fait à la femme, en cas qu'elle survive, avantage à prendre sur ses biens, et proportionnellement à la dot qu'il a reçue. *Augment coutumier, conventionnel.* Le *contre-augment* est un gain nuptial et de survie, en vertu duquel le mari survivant retient une portion de la dot de sa femme.

AUMAIL (*animalia*), gros bétail. *Bêtes aumailles. Aumaulx.*

AUMONES FIEFFÉES. V. FRANCHE AUMONE.

AUMOSNE, testament. *Aumosnier*, légataire.

— peines pécuniaires, amendes qui profitent aux hôpitaux et aux pauvres.

AUNER (*adunare*), assembler, réunir en corps.

AUTEL, AUTRETEL, tel, autant. « Le « sousétabli (le mandataire), a « autel pouvoir comme ledit Pierre « se il estoit présent. » (Beaum.)

AUTEUR (*auctor*), celui dont on tient une chose ou un droit.

AUTHENTIQUE, revêtu des formes solennelles. *Acte authentique* est celui qui a été reçu par des officiers publics, et qui fait foi jusqu'à l'inscription de faux.

AUTHENTIQUES, LES. Extraits des Novelles insérées dans le Code par les glossateurs, et qui ont eu force de loi comme cette compilation. *Peine de l'authentique*, c'est la peine infligée à la femme adultère par l'authentique, *sed hodie, ad legem Jul.* Cod. *de adulteriis. Authentiquer une femme*, c'est lui appliquer la peine de l'authentique, c'est-à-dire la mise au couvent.

AUTORISER, c'est consentir à un acte qui ne peut être fait sans notre approbation. *Autorisation maritale.*

AUTORITÉ, pouvoir légitime auquel on doit soumission. *Autorité de la loi, du juge, autorité paternelle.*

AUTRETANT, autant. *Autresi* (esp. *otrosi*), aussi. *Autretel*, semblable.

AVALER (*avalare*), aller à val, c'est-à-dire descendre. *Lignage avalant*, ligne descendante. *Avallage*, droit perçu à la descente d'un fleuve ou sur la mise en cave des vins. *Aval*, souscription mise *au bas* d'une lettre de change, par laquelle on en garantit le paiement.

AVANCEMENT D'HOIRIE (*avansamentum hæreditatis*), ce qu'un ascendant donne par avance, par anticipation, à ses enfants pour les établir. Donation faite sans dispense de rapport, et seulement à valoir sur la succession future.

AVANCIER, devancier.

AVANCIERES, procureur fiscal, promoteur.

AVANT FAIRE DROIT, jugement interlocutoire. *Avant que procéder*, ordonnance de non lieu.

AVANTAGE (*avantagium*), donation, libéralité, don entre époux.

AVARIE (*averagium*. En anglais, *average*). Toute espèce de dommage faisant ou pouvant faire l'objet d'une assurance.

AVENAGE, droit que les vilains paient aux seigneurs dont ils s'avouent.

— droit sur les avoines.

AVENANT, convenable, régulier, légitime. *Avenant court*, juridiction compétente.

AVENANT BIENFAIT, PART ADVENANTE (*avenimentum*), c'est la légitime des enfants. *Advenanter*, partager.

AVENANT MARIAGE (*maritagium rationabile*). « Avenant mariage, dit « la coutume de Normandie, si est « se li maris est convenable per- « sonne selonc son lignage et ses « possessions. »

AVENEMENT, JOYEUX (*adventus jocosus*), impôt extraordinaire payé au roi lorsqu'il monte sur le trône.

AVENTURE (*adventura*). Les biens caducs ou confisqués dévolus au seigneur.

> Lors iert receveur des rentes
> Des aventures et des ventes
> Par Paris, par Senlis, par Rains.
> (*Guill. Guiart.*)

AVERER, AVÉER (*adverare*), prouver, vérifier. *Appel en avèrement.*

AVERS. V. AVOIR.

AVERTIN, folie, vertige.

AVETTES, AVILLYES, abeilles.

AVEU (*advocare*). Reconnaissance d'un supérieur. *S'avouer bourgeois du roi, serf de tel seigneur.*

— reconnaissance de la seigneurie féodale. *Professio fidei, cum quis se vassallum profitetur, et feudum suum a superiore agnoscit.*

— ET DÉNOMBREMENT. V. DÉNOMBREMENT.

— reconnaissance de la vérité d'un fait, d'une dette, d'une convention. *Aveu de maternité. Aveu judiciaire*, aveu fait en justice.

AVIS, conseil, consultation. *Jour d'avis.* « Le défendeur comparant « en personne, ou par procureur, « aura advis de quarante jours, et « puis aura vue. » (G. Cout.) *Avis de parents.* Conseil de famille. — Division, partage.

AVITINS, BIENS (*aviatica hereditas*), propres. *Biens avitins, vulgairement dits pappoaux*, dit la coutume d'Acs.

AVOIR, AVERS (*averium*), les biens, les facultés. *Punir de corps et d'avoir. Ploiger corps pour corps, avoir pour avoir.*

— Dans les coutumes anglo-normandes, *avers* se prend aussi pour le bétail, les animaux domestiques.

AVOITRE. V. AVOUTIRE.

AVOUERIE, ADVOISON, ADWOUSON, VOUERIE (*advocatia*, *avoeria*), protection, bail, tutelle, droit de patronage.

— droit payé au seigneur à raison de sa protection.

AVOUER, S' (*avoare*), se reconnaître client, vassal, serf, etc.

AVOUÉS, AVOYERS (*advocati*), gardiens, tuteurs.

— vidames, patrons du temporel des abbayes et monastères ou des villes et communautés.

AVOUÉS, AVOYERS, mandataires représentant aussi bien en champ clos qu'en justice. Champions, procureurs.

AVOUTIRE, AVULTRERIE (*adulterium*), adultère. *Avoultre*, bâtard. *Li avoutres*, dit Beaumanoir, *sont chil qui sont engendrés en femmes mariées, d'autrui que de leurs seigneurs.*

Luxure confond tout là où elle s'aoultre,
Car maint droit héritier déshérite tout [oultre
Et hérite à grand tort maint bastard, [maint advoultre.
(Codic. de J. de Mehun.)

AYANTS CAUSE. Ceux auxquels les droits d'une personne ont été transmis à titre singulier. Ce mot est opposé à héritier ou successeur universel.

AYDES, AYUWES (*auxilium*). V. AIDES.

— contrat, instrument authentique dans les coutumes du Nord.

B

BACELE, chastellenie.

BACHELIERS, BACHELORS (*baccalarii*), jeunes écuyers qui aspirent à chevalerie et à bannière, comme *bas chevaliers.*

— étudiants qui ont obtenu dans une faculté le premier des trois degrés qui s'y confèrent.

— Jeunes gens. *Bachelette*, jeune fille.

BACON, lard, jambon. *Un bacon de porc.*

BAGUES ET JOYAUX, présents mobiliers faits à la future épouse, par le mari ou ceux qui la dotent. — Dans quelques coutumes du Midi c'est aussi un gain de survie.

BAIL, BAILLIE, BAILLISTERIE, BAILLIAGE (*balia*, *bajulia*, *bajulatio*), puissance, garde, tutelle, puissance maritale, régence. *Chose qui est en ma baillie*, chose qui est en ma puissance. *Dieu qui a tout en baillie.*

— A FERME, A LOYER, location d'un héritage. *Bailleur*, celui qui donne à bail.

BAIL, BAYLE, BAUX, BAILLISTRE, BAILLISSEUR (*bajulus*), gardien, tuteur, protecteur, régent, maire.

BAILLER, donner, fournir. *Bailler caution*, *bailler des contredits. Bailleur de fonds*, prêteur.

BAILLI, BAILLIF (*ballivi*), officier chargé de l'administration et de la justice.

BAILLIAGE ou BAILLIE (*baillivia*), étendue de la juridiction du bailli, ressort. *Bailliefiérée* (*ballivia feodata*), juridiction inféodée.

BALEVRE, BANLIEURES, BANLEVRES, mâchoire inférieure. « Voulons « que celuy ou celle qui de Dieu « ou de la Vierge Marie dira mal, « ou jurera le villain serment, « pour la première fois, soit mis « au pillory au jour de marché « solennel, et puis que lon lui « fende la lèvre de dessus avecque « un fer chaud, si que les dents

« lui apparent; et pour la tierce
« fois tout le banleuvre. »
(*Grand Cout.*)

BALIVEAUX, arbres réservés lors de la coupe du bois taillis, et qui doivent croître en futaie. *Ballivage*, compte ou marque des baliveaux.

BAN, BANNÉE (*bannum*, ital. *bando*), édit, proclamation. *Crier au ban, la cloche au ban* ou *bancloque. Bans de mariage* (*banna*).

— droits seigneuriaux qui s'annonçaient à cri public. *Ban de bierre* (*bierbannum*). *Ban de vendange.* « Item, dit une vieille coutume, « mondit seigneur a droit de ban, « en sorte que nul ne peut ven- « danger sans son consentement. » *Banvin, ban à vin*, monopole que le seigneur s'attribuait pour être seul à vendre son vin pendant un certain temps.

BAN et ARRIÈRE-BAN, convocation à cri public de tous ceux qui doivent le service militaire.

BAN, BANNIE (*bannum*, 2), est encore l'amende qui sert de sanction aux injonctions de l'édit.

BAN, TERROUERS et FINAGE (*bannum*, 3), BANNIE, BANALITÉ, c'est le territoire d'une ville, d'un pays; l'étendue de la juridiction et des droits du seigneur. *Seigneur banier, sergent banier.*

BANAGE, BANIE, BANALITÉ, droit de contraindre les sujets à venir moudre à un moulin, cuire à un four, etc., en payant un prix ou une redevance. *Moulin banal, taureau bannier.*

BANDON, cri public. *Vendre gage a bandon.* (Ass.)

— Liberté, licence. *Bailler trop de bandon à quelqu'un.*

BANLIEUE (*banleuca, banum leugæ*), c'est la lieue autour de la ville, le territoire dans lequel le seigneur de la ville a droit de ban et justice.

BANNERET, CHEVALIER (*banerettus*), est celui qui a droit de lever bannière. (*Miles vexillatus.*)

BANNIR (*bannire*), publier, proclamer. *Ost banni, contrat banni, espave bannie. Banissement. bannies*, publications.

— citer par proclamation publique. *Ajourner, assigner à ban; le ban de l'évêque.*

BANNIR, exiler; *mettre au ban* ou *bannir*, c'est interdire au condamné le ban ou territoire de la ville, de l'empire. *Bandits*, bannis.

BANQUE, commerce et trafic d'argent par escomptes, traites ou remises de place en place; *faire la banque. Banquiers*, ceux qui font profession de se livrer à des opérations de banque.

BANQUEROUTE, faillite provenant de faute grave ou de fraude. *Banqueroute simple, banqueroute frauduleuse.*

BANS, BIENS, BIANS, ARBANS (*bienna*), corvées, tant d'hommes que de bêtes. *Biennables*, corvéables.

BAPTISER POSSESSION CONTRAIRE, c'est déclarer, alléguer possession contraire à celle prétendue par le demandeur. *Baptiser le temps*, fixer le délai.

BARAT, BARATERIE (*baratarıa*), vol, tromperie, fraude. *Qui barat quiert, baraz lui vient.*

BARDEAU (*scindula*). V. AISCEAU.

BARETEURS (*baraterii*), trompeurs, chicaniers. *Bareté*, trompé. *Barateressement*, frauduleusement.

BARGUINER (*barcaniare*), marchander. (*Bargain*, en anglais, achat, marché) et au figuré être incertain.

BARON ou BERS (*baro*, homme dans les lois barbares), grand vassal, seigneur de fief tenant immédiatement du roi.

— mari. « Femme sans le congé de « son baron ne se peut mettre en « cour pour appeler. »

BARONNAGE, BARNAGE, BERNEZ (*barnagium*), les vassaux, la cour du roi. *Le roi et son barnage.*

— droit payé au seigneur par les vassaux de la baronnie.

BARONNIE (*baronia*), seigneurie, terre où il y a toutes justices.

BARRAGE, BARRIÈRE, DROIT DE (*barragium*), droit de transit, ainsi nommé de la barre qui traverse le chemin pour empêcher le passage.

BARREAU est le lieu où l'on plaide, ainsi appelé de la barre qui sépare les avocats des juges.

— corps des avocats. *Consulter le*

barreau; — profession d'avocat, *suivre le barreau*.

BARRES, BARROYEMENS (*barræ*), exceptions, défenses. *Barroyer* (*barrare*), proposer ses défenses, plaider. — Saisie dans les cout. suisses.

BASOCHE était la communauté des clercs du Parlement de Paris.

BASTARDS, ENFANS DE BAS (*bastardus*), enfants illégitimes. *Bastardie, bastardage* (*bastardia*), naissance illégitime.

BATAILLE (*batalia*), escadron. *Mener la première bataille*.
— combat, guerre publique. *Bataille campal, estour champal*.
— duel judiciaire. *Gages de bataille* sont les objets (ordinairement les gants) que les plaignants remettaient au seigneur de la cour pour déclarer qu'ils acceptaient le duel. *Tourner garens par gages de bataille* (Ass.), c'est récuser les témoins en offrant le duel.

BATONNIER, chef de l'ordre des avocats.

BAUT, S'IL, s'il baille ou donne.

BAUX (*bajulus*). V. BAIL.

BEDELS, BEDEAUX (*bedelli*), sergents, huissiers, valets d'église.

BÉER, désirer, appéter, vouloir.

BEFFROY, BERFROY OU BANCLOQUE (*belfredus*), tour de la cloche du ban. Avoir beffroi était un privilége des villes de communes.

> La bancloche retentit et sonna
> Et la quemugne à tant s'appareilla
> (Duc. V° Campana.)

BEHOURT (*bohordicum*), joute, lutte à la lance. C'est aussi le nom du premier dimanche de carême. *Behourder, boorder*, jouter, lutter. V. QUINTAINE.

BÉNÉFICE, en général est un don ou privilége accordé à quelqu'un par une loi ou par un contrat. *Bénéfice d'inventaire*, privilége accordé par la loi à l'héritier qui fait dresser inventaire, de n'être pas tenu des dettes de la succession au delà des biens qu'il y trouve. *Bénéfice de division* : Exception au moyen de laquelle le débiteur coobligé, mais non solidaire, force le créancier à diviser son action. *Bénéfice de discussion* : Exception qui oblige les tiers détenteurs et cessionnaires à discuter d'abord les biens du débiteur principal. *Bénéfice d'âge*, dispense de l'âge exigé pour remplir une fonction.

BÉNÉFICE ECCLÉSIASTIQUE (*beneficium*), portion de biens de l'Église assignée à un ecclésiastique sa vie durant, comme rétribution de ses services. *Bénéfice simple, bénéfice à charge d'âmes*.

BENÉIR, BÉNOIER, bénir. *Benéison*, bénédiction.

BER, baron. *Bernage*, baronnage.

BERNIER. V. BREN.

BERSER, BROSSER (*bersare*), chasser, courir à travers les bois.

BERTESCHE. V. BRETESCHE.

BESTORNER, tourmenter, altérer.

> Convoitise qui fait les avocats mentir,
> Les drois bestorner et les tors consentir.

BEVRAGE (*biberagium*), vin du marché, pot-de-vin.

BEZANTS, FIEF DE, fief de bourse ou de deniers. Le bezant est une monnaie d'Orient.

BIANS. V. BANS.

BIÉ, BIEF, canal qui conduit l'eau à un moulin. — Fossé pour saigner les prés ou clore les champs.

BIENFAIT, AVENANT (*benefactum*), légitime.

BIENS, toutes choses qui se trouvent dans le domaine de l'homme. *Biens meubles, immeubles, substitués, vacants, biens paternels, adventices, dotaux, paraphernaux*.

BIENTENANT, possesseur légitime, et dans un autre sens, possesseur, détenteur.

BIERS OU BER, berceau.

> Ce qu'on apprend au ber
> Dure jusques au ver.

BIFFER, rayer, effacer une écriture.

BIGAME, celui qui a deux femmes légitimes en même temps.

BILAN, état passif et actif des affaires d'un négociant.

BILLET, engagement, promesse sous seing privé.

BILLETS A ORDRE, sont des billets par lesquels le souscripteur s'oblige à payer au créancier ou à son ordre une certaine somme échéant à une époque déterminée.

BLAIRIE, BLERIE OU BLADADE (*blairia*) est un droit qui appartient au seigneur haut-justicier (ou blayer), pour la permission de pâture qu'il accorde aux habitants sur les terres dont les blés sont coupés.

Blanc, espace non rempli dans les actes.

Blanc-bois. V. Bois-mort.

Blanc seing, signature mise au bas d'un papier blanc, destiné à recevoir un acte au-dessus.

Blasmer une sentence (*blasphemare*), c'est la déclarer fausse et mal rendue, c'est *fausser le jugement*. *Blâmer le dénombrement fourni par le vassal*, c'est le déclarer incomplet.

Boban, orgueil, luxe, faste.

Li chaperon partis, longue robe vergie
Sont li aornement dont bobande Clergie.

Bohorder. V. Behourt.

Boisdie, **boise**, **bois**, **boidie** (*baudia*), fraude, tromperie, vol, artifice. « Barat ne *boidie* ne doit « aler avant en jugement ne au« tre part. » — « Renonçant à toute « exception de déception, de « fraude, *de boisdie*, de tricherie, « de paor, de machination, de cir« cumvention. » — *Boiser* (*bausiare*), tromper. *Boisdivement*, frauduleusement. *Boiseor*, *boissières*, trompeur.

Bois-mort (*buschus mortuus*), et **Mort-bois**. « *Mortbois* est tenu et « réputé bois non portant fruits « (à la différence du bois vif et « portant fruits), et *boismort* est « bois cheu, abattu, ou sec debout « qui ne peut servir qu'à brûler. »

Boisselée, la mesure de terres qu'ensemence un boisseau de grains.

Bon, mandat de paiement, billet de très-courte échéance.

Bon plaisir (*beneplacentia*), consentement, agrément.

Bondage, servitude dans les coutumes anglo-normandes.

Bonnes (*bonna*), bornes. *Bonnage*, bornage.

Bonnier (*bonnarium*) est une mesure de terre d'une contenance limitée ou bornée.

Bons hommes ou **prudhommes** (*boni homines*), jurés de la commune, experts.

Borde, **bordage**, **borderie**, **bourdelage**, **bourdils** (*borda*, 5), petit héritage concédé à charge de services vilains à un tenancier ou *bordier*. *Héritage bordelier*, *seigneur bordelier*. La redevance se nomme *bordage* ou *bordelage*.

Bordereau, c'est le résumé, l'analyse d'un compte ou d'un acte. *Bordereau de caisse*. *Le bordereau de collocation* est l'extrait du procès-verbal d'ordre délivré aux créanciers utilement colloqués : *le bordereau d'inscription hypothécaire* est l'état des créances pour lesquelles on requiert inscription.

Bornage, plantation de bornes ou limites entre deux héritages.

Bottage ou **boutage**, **boitellage** (*botagium*), droit seigneurial sur la botte ou tonneau de vin.

Bouade, **bovade**, **bohade** (*boada*), corvées de bœufs.

Bouche et les mains, **la**, en matière de fiefs, signifie la foi et hommage. « Symbole d'aimer et « servir quand il n'est pas dû d'ar« gent. » (Guy Coq.)

Bougette, bourse, d'où les Anglais ont pris le mot *budjet*.

Bouller, sceller, plomber. V. Bulle.

Bourgage, **borghezie** (*burgagium*, *burgensatica*), tenure bourgeoise et par conséquent roturière.

Bourgeois (*burgenses*), libres habitants des villes. *Bourgeois du roi* sont ceux qui s'avouent du roi.

Bourgeoise, caution, « qui est d'un « bourgeois solvable et de facile « convention pour pleger un dé« biteur. » On dit dans le même sens : *Main bourgeoise pour faire consignation de deniers*, c'est-à-dire *main solvable*.

Bourgeoisie, **Droit de**, c'est la jouissance des priviléges accordés aux habitants des villes.

— **Devoir de**, redevance payée au seigneur qui protége la ville.

Bourse (*bursa*), argent. *Clameur de bourse* ; *retraire* ou *ravoir par la bourse*, c'est l'action de retrait.

— lieu où s'assemblent les commerçants, capitaines de navire, agents de change et courtiers, pour traiter de leurs affaires.

Boutter, mettre. *Boutefeu*, incendiaire.

Brahaigne. V. Brehaigne.

Bran, **bren** (*bren*), son. *Brennage*, droit seigneurial sur le son, ou redevance en son pour la nourriture des chiens du seigneur. *Bernier*, celui qui nourrit les chiens.

Branc, **brance**, épée. *Branc d'acier*.

Branche ou **branchage**, en généalogie, est une portion des descendants d'une famille qui a une origine ou souche commune. Mon aïeul, voilà une souche, mon père et mon oncle, voilà deux branches.

Brandon (*brando*, 2), bâton garni de paille. *Brandonner*, saisir et arrêter les fruits pendants par les racines, et en signe de la saisie, ficher en terre un bâton garni de paille, ou brandon.

— torche faite d'une branche de pin. Flambeau, tison.

Bras séculier, puissance civile.

Bref, **briés** (*breve*), lettre, écrit, acte. *Bref du pape, bref de cession*. V. **Bulle**.

— dans le droit anglo-normand, c'est une formule d'action. *Le livre de la Natura brevium de M. Fitz Herbert*.

Brehaigne (*bruna*), stérile. *Bréhaigneté*, stérilité.

Bretesche (*brestachea*), forteresse, fortification. *Un château bien bretesché*.

Breuil (*brolium*, *broilum*), bois taillis, parc, buisson.

Brevet, expédition en bref à la différence de l'acte grossoyé. *L'acte en brevet* est un acte passé par-devant notaire dont il ne reste point de minute. *Procuration en brevet*. — *Écrire par brevet*, abréger.

— Acte non scellé par lequel le roi accorde un titre, une pension. *Brevet de général*, *brevet de pension*, *officier à brevet*.

Bris, rupture, effraction. *Bris de prison*, *de clôture*, *de scellés*.

Broche, broc, robinet, fausset.

Buer, blanchir le linge. *Buanderie*, blanchisserie. *Buresse*, blanchisseuse.

Buffe ou **buffet**, soufflet.

Buies (*boia*), fers, ceps, ferrements.

Bulle (*bulla*), c'est un sceau (*la bulle d'or*); et par extension, l'acte auquel le sceau est apposé.

Bulles, lettres du pape, scellées. V. **Bref**.

Bureau, tribunal. *Mettre le procès sur le bureau*, déposer les pièces pour que les juges délibèrent et prononcent.

Bursal, Édit, loi qui établit un impôt.

C

Ça, **de piéça**, **ça en arrière**, ci-devant.

Cabal (*cabale*), capital, fonds de marchandises.

Cabotage, navigation de cap, de port en port, le long des côtes, à la différence de la *navigation au long cours*, qui traverse l'Océan.

Cadastre, **catastre**, **capdastre** (*capitastrum*), papier terrier.

— registre public qui sert à l'assiette de l'impôt foncier. Ce registre contient en détail la quantité, la qualité, la valeur des fonds de chaque commune, et le nom des propriétaires. Dans les cout. anglo-normandes : *Domesday Book*.

Caduques, **Dispositions**, **legs caducs** (*caduca*), sont des dispositions qui, bien que régulières en la forme, se trouvent sans effet, et finissent par tomber (*cadere*) d'elles-mêmes.

Cahier des charges, acte qui règle les conditions d'une adjudication publique.

Cahiers, demandes et remontrances faites au prince par les assemblées du clergé, ou les pays d'états.

Caiere, **chayére**, chaire, chaise.

Caire, tomber, choir. *Caïs*, tombé.

Caire, **Chiere** (esp. *cara*), visage.

Caitif. V. **Chétif**.

Caitivoison. V. **Chétivoison**.

Calenge, **calonge**, **chalenge**, **chalunche** (*callengia*, *calumnia*), demande en justice, action.

— Retrait lignager. (Ass.)

Calenger, **calumpnier**, **chalen-**

GIER (*calumniari*), demander, actionner, retraire, revendiquer, quereller, reprocher.

Cambage (*cambagium*), droit qui se lève sur la bière. *Cambe*, bière. *Cambier*, brasseur.

Cambiste, agent de change, banquier.

Canceller (*cancellare*), bâtonner, raturer, effacer.

Cange (*cambium*), échange. *Cangier*, échanger. *Cangeur*, changeur, banquier.

Canon (*canon* 1), rente, pension. *Canon emphytéotique*.

Canons (*canones*), lois de l'Église. *Droit canon* ou *canonique*.

Cantonnement, espèce de partage qui fait cesser le droit de l'usager sur la forêt entière par l'abandon d'une part en toute propriété.

Caorsins (*caorcini*) ou **lombards**, banquiers, usuriers.

Capacité, habileté, aptitude. *Capacité de succéder, de contracter, de donner, de recevoir, de se marier*.

Capital (*cabale*), c'est le sort principal, le fonds d'une rente qui produit des arrérages, le principal d'une dette qui produit des intérêts. *Payer le capital et les intérêts*.

— **Crime**, est celui qui mérite peine de mort.

Capitation, imposition personnelle, imposition par tête.

Capitouls, échevins ou premiers magistrats municipaux de Toulouse.

Capitulaires, lois rendues par les rois de la première et de la seconde race.

— décisions prises par les assemblées régulières, ou chapitres.

Captation, tous moyens déshonnêtes par lesquels on cherche à provoquer la bienveillance d'autrui, et à lui suggérer l'idée de quelque libéralité. *Legs captatoire*; legs provoqué par la captation.

Carence (du latin *carere*), manquement, absence de biens. *Le procès-verbal de carence* constate qu'il n'y a rien à saisir ou à inventorier.

Carole (*charolare*), danse, concert, assemblée.

Cartel, acte de défi, appel en duel.

Cartulaire, chartulaire ou **cachereau**, livre terrier, registre qui contient les titres de propriété, les priviléges, etc., d'une église, d'une communauté. *Officier chartulaire* est celui qui a la garde du registre.

Cas (*casus*), événement. *Cas incertain*, *cas d'aventure*, ou *fortuit*.

— *royaux et prévôtaux*, ou *privilégiés*, crimes réservés à la juridiction du roi et de ses officiers à la différence du *cas* ou *délit commun* qui peut être de la compétence des juges inférieurs.

Cas de saisine et de nouvelleté, complainte.

Casal (*casale*), ferme, métairie.

Caseaux (*casales*), censiers.

Casement, chasement (*casamentum*), censive.

Cases, Hommes, chasiers (*homines casati*), censiers, vassaux.

Cassation, arrêt qui annule un jugement, un acte ou une procédure, pour cause de violation de la loi.

Casser un acte, l'annuler. *Casser un mariage*, c'est le déclarer nul et sans valeur.

Castoier, chastoier, instruire, conseiller, corriger. *Castoiement*, instruction, avis, correction.

Casuel, revenu éventuel, irrégulier, à la différence du revenu ou traitement fixe. Les offrandes des fidèles, les rétributions des messes, services, etc., font le casuel des curés.

Catels, chatel, catels, cateux, catiex, chasteils (*catallum*), a des significations qui varient suivant les coutumes. Ce sont les meubles dans certains pays (Normandie, ch. 20-24), en d'autres, comme en Flandre, ce mot désigne tout ce qui n'est point *propre*; *les choses immeubles qui ne sont pas héritages*, comme dit Bouteiller.

— capital, avoir. *Catel de sers* (*peculium*) dans l'ancienne traduction des *Institutes*.

— **Droit de meilleur** (*catallum melius*), c'est le droit qu'avait le seigneur de prendre dans la succession du vassal ou du serf le meilleur meuble ou la meilleure tête de bétail, ce que les Allemands nomment *bestehaupt* (*melius caput*).

Catels, jurés, anciens échevins qui, en l'honneur de leur charge remplie, avaient le droit de recevoir et passer tous contrats et reconnaissances mobiliaires.

Cativoison. V. **Chétivoison**.

Cause (*causa*, f.), procès. *Cause civile, cause criminelle. Cause sommaire, cause grasse.*

— instance, *cause d'appel, mettre en cause.*

— motif, raison. *Cause de l'obligation, du legs. Causes et moyens d'appel* ou *d'opposition.*

— **ayans**. V. **Ayants cause**.

Caut, cautet (*cautus*), prudent, adroit, fourbe. *Caut fait*, délit commis traitreusement, à couvert.

Cautelle (*cautela*), adresse, prudence, fourberie.

Caution (*cautio*), assurance, sûreté. Engagement d'un tiers qui garantit au créancier l'exécution de l'obligation prise par le débiteur si ce dernier n'y satisfait lui-même.

— la personne même qui garantit.

— **bourgeoise**, bonne et solvable caution.

— *judicatum solvi*, celle qu'on exige de l'étranger demandeur dans un procès, pour garantir le paiement des frais et des condamnations.

— **judiciaire**, ordonnée par justice.

— **juratoire**, consiste dans le serment fait en justice d'accomplir ce que le tribunal a ordonné.

Cautionnage, cautionnement, l'acte par lequel s'engage la caution.

— le dépôt d'argent qui sert de garantie au cautionné.

Cavage. V. **Chevage**.

Cavillation (*cavillatio*), ruse, finesse. *Cavilleux*, chicanier, fourbe.

Cax, ceax, ceux.

Caymand, mendiant. *Caymander*, mendier.

Cedule, obligation sous seing privé. — Requête. — Permis d'assigner.

Celle (*cella*), c'est la maison, demeurance et mélange de biens de personnes de servile condition.

Cellerier (*cellerarius*), celui qui, dans un monastère, a soin des affaires domestiques et de la dépense ordinaire de la maison, l'économe.

Cens, cense, censuel, censive (*census*), redevance annuelle et seigneuriale, foncière et perpétuelle dont un héritage roturier est chargé envers le fief ou franc-alleu dont il est mouvant. *Cens abonné, cens requérable* ou *portable, cens cottier* (*census codarius*). — Rente, fermage.

— **chef** (*census capitalis*), ou *premier cens, droit cens*, c'est la redevance imposée lors de la concession primitive, à la différence du *surcens, contre-cens* ou *croist de cens*, qui est un second cens consenti au profit d'un tiers par le tenancier.

— **truant ou cens mort; cens stérile** est celui qui ne porte lods ni ventes, ni aucun profit au seigneur censuel.

Cense, censel, censif, censive (*censa*), héritage chargé de cens. — Ferme, métairie.

Cense, rente, intérêts. *Prendre argent à cense.*

Censier, rentier, censitaire, celui qui doit le cens; *seigneur censier, censable* ou *censuel*, celui auquel le cens est dû.

Censir, donner à cens.

Censive, cens, ferme; *héritage tenu en censive.*

— étendue de la seigneurie d'un seigneur foncier.

Ceps (*cippus*), morceaux de bois dans lesquels on serrait les pieds et les mains des prisonniers.

Cercher, cerquier, chercher, enquérir :

> Sont ensanble au conseil allé :
> Assez i ont dit et parlé,
> Lois et decrez cerquent et querent
> Les capitiax recommencèrent.
> (*Rom. de Dolopatos.*)

Cerquemanage (*circamanaria*), bornage; *cerquemaner*, borner; *cerquemaneurs*, arpenteurs.

Certificat, certification, témoignage, attestation par écrit. *Certificat de propriété, de capacité. Certificateur*, celui qui délivre le certificat. *Notaire certificateur.*

Certificateur de caution ou contre-pleige est celui qui affirme judiciairement et à ses risques et périls, la solvabilité de la caution.

Cervoise (*cerevisia*), bière.

Cession, transport d'un droit fait à une autre personne. *Cession de bail, d'actions.* Celui qui transporte le droit se nomme *cédant*, celui en faveur duquel est fait le transport, se nomme *cessionnaire.*

Cession de biens, abandon qu'un débiteur insolvable fait de ses biens à ses créanciers, pour se mettre à couvert de toutes poursuites de leur part.

Chaire, chaise.

Chaitiveté (*captivitas*), esclavage. V. **Chétivoison.**

Chalan, bateau.

Chalenger. V. **Calenger.**

Chaloir, importer. *Il ne m'en chaut*, il ne m'importe. *Ne vous chaille*, ne vous inquiétez point.

Chambellage, **chambellenage**, **cambrelage**, droit qu'en certaines coutumes le vassal payait au seigneur, lors de l'investiture, et que recevait le chambellan.

Chambellan, **camberlan**, **chamberlin** (*cambellanus*), officier qui couche en la chambre du roi ou du seigneur, et qui ordinairement a la garde du trésor. Le prévôt de Paris s'intitulait *chambellan ordinaire du roi*, et à ce titre avait accès à toute heure auprès de la personne royale.

Chambre (*camera*), cour, tribunal. *Chambre des comptes* (*computorum camera*), *du trésor* ou *du domaine*, *des monnaies*. *Chambre ardente* pour la recherche des financiers.

— subdivision des tribunaux, *chambre du plaidoyer* ou *grand'chambre*, *chambre des enquêtes*, *chambre des vacations*, etc.

— assemblée d'un corps, d'une compagnie. *Chambre des avocats*, *chambre du commerce*.

— **chambre aux deniers** (*camera denariorum*), trésor : *chambrier*, *chambellan* (*camerarius*), trésorier.

— **basse ou quoye**, aisances.

Champart, **agrier** ou **terrage** (*campi pars*), c'est le droit qui appartient au seigneur de prendre et d'enlever du champ un certain nombre de gerbes, avant que celui qui tient la terre en champart enlève ce qui doit rester pour lui. *Champarter*, *champartir*, prendre le droit de champart.

Champions (*campiones*), ceux qui se battent en duel judiciaire. Le plus souvent ce mot désigne ceux qui combattent pour autrui ; et en ce sens il est synonyme d'*advoué* ou *garant*.

Champis, bâtards.

Champoyer, droit de vaine pâture à travers les champs non clos, après la récolte.

Champs frais, novales, terres nouvellement défrichées.

Chancelier (*cancellarius*), grand officier chargé de dresser les actes du seigneur et de les sceller. *Chancelier de la reine*, *de l'Université*, *de Sainte-Geneviève*, etc. On dit encore dans le même sens, *chancelier de légation*, *de consulat*. *Chancellerie*, bureaux du chancelier.

— **de France**, chef de la justice et des conseils du roi.

Chandelle allumée, **chandelle éteinte**, forme d'adjudication publique à l'extinction des feux, encore suivie aujourd'hui.

Change, échange.

Chanteau (*cantellus*), morceau ; morceau de pain. Être au même chanteau, c'est-à-dire au même pain, est signe de communauté.

Chantel, **chantelage** (*chantellagium*), impôt sur la vente en détail du vin.

Chaoir (*cadere*), tomber. *chaanz*, tombans, *chauz*, tombé, *chaoiz*, perte.

Chapel de roses est un léger don que les père et mère font à leur fille quand ils la marient, pour lui tenir lieu de sa légitime.

Chapitre, collége de chanoines, réunion de moines (*tres faciunt capitulum.*) *Chapitrer quelqu'un*, le réprimander dans l'assemblée capitulaire.

Chaptel ou **cheptel** (*capitale*, *catallum*), est un bail de bétail dont le profit se partage entre le bailleur et le preneur.

Chapuis, charpentier. *Chapuser*, charpenter.

Charge, office, fonction, commission. *Charge de notaire, charge municipale.*

CHARGE, condition imposée à un contrat. *Vendu à la charge de telle servitude, de telle rente. Charge d'un testament.*

— devoirs dus par les héritages, redevances, servitudes. *Charges réelles.*

CHARGER, accuser. *Charges et informations.*

CHARITÉ (*caritas*, 3), pot-de-vin. Vin du marché.

CHARNAGE, temps où il est permis de manger de la viande.

CHARROI (*carreda, carropera*), service de transport, *corvée de charroi. Charrier,* transporter.

CHARRUAGE, CHARRUÉE (*carruca*), espace de terre que laboure une charrue. — Droit seigneurial sur ce lot de terre.

CHARTE (*carta*), titres ou lettres. — acte écrit constatant les droits reconnus, concédés, ou vendus par les souverains ou les seigneurs, à une corporation, à une communauté, à une province ou une contrée.

CHARTE PARTIE (*chartæ divisæ*), acte d'affrètement rédigé sur un parchemin partagé entre les parties contractantes. V. ENDENTURE.

CHARTRE (*carcer*), prison. *Tenir en chartre privée. Chartrier,* geôlier.

— charte. *Chartrier, trésor des chartres,* archives.

CHASTEL. V. CATEL.

CHASTELAIN (*castellanus*), c'est le seigneur qui a droit d'avoir maison forte, chastellenie et haute justice annexée à sa seigneurie. *Chastellenie,* étendue de la justice du seigneur chastelain. *Juge chastelain,* celui qui rend la justice dans ce ressort.

CHASTELET de Paris, d'Orléans, sont d'anciens manoirs seigneuriaux qui, plus tard, ont servi de palais de justice ou de prison.

CHASTIERES, qui instruit ou qui châtie. « Il est bien mestier que « li maris soit chastières de sa « femme resnablement. »(Beaum.)

CHASTOI, CHASTOIEMENT. V. CASTOIEMENT.

CHASTRONS, CHASTRIS (ital. *castrato*), moutons.

CHAUDE CHASSE, CHAUDE SUITE, poursuite du coupable saisi en flagrant delit. V. RASTALL, v° *Fresch suit.*

CHAUDE COLLE (*calida colera*), CHAUDE MÊLÉE, rixe, querelle.

CHAUFFE DOS, CHAUFFEPANCE, cheminée.

CHEDEUL, catel, avoir, dans le *Miroir de Souabe. Prester de son propre chedeul.*

CHEDEUL, CHEDEAU, CHEDELIÈRES, tuteur.

CHEF, CHIEF, tête, commencement, extrémité, bout. *Venir à chief,* venir à bout. V. CHEVIR. *De chief en chief,* d'un bout à l'autre. *A chief trere,* parvenir à son but, réussir. *Au chef de douze ans,* au bout de douze années.

CHEF MEIX, CHEF METS, CHEF MOIS, QUEMEZ, LIEU CHEVEL, CHEF-LIEU, manoir seigneurial.

CHEF SEIGNEUR, seigneur supérieur, suzerain.

CHEIR, choir, tomber, arriver.

CHEMIER OU CHEMIEZ, CHIEF D'OSTIEX, CAPMAS (*caput mansi*), l'aîné, le chef de la maison.

CHENU (*canus*), blanc, *tête chenue.*

CHEOIR (*cadere*), tomber. *Cheuz*, chute.

CHEPTEL, CHETEL. V. CHAPTEL.

CHESÉ, CHEZAL, CHÉSEAU, CHESEOLAGE, CHEVEDAGE (*casale, casalagium*), habitation, tenure du censier.

— Vol du chapon.

CHÉTIVOISON, CATIVOISON, captivité, prison, d'où *chetif,* et *caitif.*

CHEVAGE, CHEVELAGE, CAVAGE, QUEVAGE, QUEVAISE (*capitale, cavagium, chevalligium*), capitation, droit payé par les vilains à leur seigneur, en reconnaissance de leur sujétion. — Droit annuel que le roi percevait sur les bâtards, épaves ou aubains. — *Chevagier,* qui doit le chevage.

CHEVAL OU ROUCIN DE SERVICE, cheval dû par le vassal en cas d'ouverture de fief, ou en cas de guerre, qu'on nomme aussi *cheval traversant.* Chez les tribus arabes, il y a *le cheval de soumission*

CHEVALERIE (*caballaria*), tenure de chevalier. — Service de chevalier.

CHEVANCE, CHEVISSANCE (*chevan-

cia), les biens d'un homme, les facultés, la richesse. *Honneur te chevance. Querre sa chevance*, chercher fortune. Guy Coquille, cout. de Niv., p. 321, dit : *seigneurie ou chevance.*

Chevance, Attermoiement, accord. V. Chevir.

Chevauchée, **chevauchie** (*cavalcata*), service de cheval. *Anc. cout. d'Anjou* : « Il y a différence « entre host et chevauchie, car « host est pour défendre le pays « qui est pour le proffit commun, « et chevauchie est pour défendre « son seigneur. »

Chevel, capital, principal. *Aides chevels.*

Chevestre, corde, licou. *Le chevestre au col*, d'où *enchevêtrer*, gêner, empêcher.

Chevetain, **chevetaine**, capitaine; *chevetainerie*, capitainerie.

Chevir (*cheviare*), venir à chef, venir à bout.

— composer, capituler. *Chevir à ses créanciers* (Amiot).

— se nourrir, s'entretenir.

Chief, tête, *Chief enclin*, tête baissée.

— bout, extrémité. *De chief en chief*, d'un bout à l'autre. V. Chef, Chevir.

Chière, **chère** (*cara*), visage. *chière lie*, figure joyeuse; *chière morne, mate*, figure triste. « Les « gardes dou champ doivent partir « le soleil, si que il ne soit contre « la chière de l'un plus que de l'au- « tre. » (Ass.)

Chiffre ou **ciffre** (*cifræ*), chiffre, zéro.

Chirographe (*chirographum*), acte sous seing privé. *Créancier chirographaire*, celui qui n'a point de reconnaissance authentique de sa dette; celui qui n'a point d'hypothèque.

Choper (*intersistere et offensare*), buter à ou contre un obstacle. De là *pierre d'achoppement.*

Chose jugée, point décidé par le juge, et devenu inattaquable par les voies ordinaires.

Choser, accuser, blâmer, gronder. *Chosement*, réprimande.

Choses, **coses**, biens, facultés, droits.

— cause, procès.

Chrestienner, baptiser. *Chrestiennement*, baptême.

Chrestienté, Cour de, cour d'Église.

Ci, ici, ce, ces. *Cil*, ce, celui. *Ciex*, ceux.

Circonstances et dépendances, tout ce qui est adjacent ou accessoire à une maison, à une terre, à une seigneurie.

Circonvention, dol, intrigue, manœuvres frauduleuses. *Circonvenir et tromper quelqu'un.*

Cirograiphe. V. Chirographe.

Citadinage (*citadinagium*), bourgeoisie. *Citadin*, bourgeois, homme de la cité.

Citation, **citer**, assignation, assigner.

Citoyen, **Droit**, droit civil. *Cause citoyenne*, cause civile.

Civil, en termes de palais, est la procédure ordinaire, dans laquelle il ne s'agit que d'intérêts pécuniaires, par opposition à la procédure criminelle. *Agir au civil. Civiliser une affaire*, c'est convertir un procès criminel en procès ordinaire.

Claim, **clain** (*clameum, clamor*), demande en justice, action. *Clamer droit, décheoir de clain.*

— Amende.

Clamant, demandeur, par opposition au *plaintif* ou défendeur.

Clame (*clama*), demande, action, citation.

— droits seigneuriaux. *Payer les clames au seigneur.*

Clamer (*clamare*), demander, se plaindre. *S'en clamer à la justice.*

— déclarer, nommer.

Clamer quitte (*clamare quietum*), déclarer quitte, décharger.

Clameur, **clamour**, **clamor** (*clamor*), demande, action, plainte. *Fausse clameur*, demande mal fondée. *Clameur de haro*. Voyez Haro.

Clameur d'héritage, retrait lignager. *Bien clamable*, bien sujet à retrait.

Clause, disposition particulière d'un acte, d'un contrat, qui en explique ou modifie l'effet. *Clause pénale, révocatoire, dérogatoire. Clause irritante*, c'est-à-dire emportant nullité.

Clavaire (*clavarius*), receveur, officier domanial, trésorier.

Clémentines, collection des décrétales du pape Clément VI.

Clerc (*clerici*), tonsuré, homme d'Église, et figurément homme instruit, magistrat.

On dit communément es villes et villages
Que les grans clercs ne sont pas les plus sages.

Après avoit les déesses,
Toutes légistes et clergesses,
Qui sçavoient le décret par cœur.
(*Arrets d'Amour.*)

— notaire, greffier, commis, secrétaire. *Clerc de la ville, clerc des arrêts, Clercs jurés*, commis greffiers.

Clergie, science.

Un poignet de bonne vie
Mieux vault qu'un muy de clergie.

— office de clerc ou greffier.

— **Privilèges de, de cléricature ou de tonsure.** Ce sont les privilèges qui protégeaient, en les soumettant à la juridiction ecclésiastique, les clercs ou tonsurés, ce qui comprenait une foule de gens qui n'appartenaient au clergé que par la tonsure.

Clientèle, ensemble des clients, ou des affaires habituellement fournies par les clients.

Clients, parties à l'egard de leurs avocats, leurs procureurs ou leurs notaires.

Clore, fermer, arrêter. *Clore un compte.* — *Cloyt*, clos, fermé.

Closeau, closet, closerie (*Clausum*), héritage clos. *Closier*, métayer. *Closeaux*, bornes ou limites des communaux.

Closturer, fermer, terminer. *Closture de compte, d'inventaire.*

Co, en composition, exprime l'association, la communauté; du latin, *cum*: *cocréanciers, codétenteurs, codonataires, cohabitants, cofidéjusseurs, cohéritiers, colégataires.*

Code, recueil de lois. *Code Michaut*, ordonnance publiée par Louis XIII en 1629, et rédigée par le chancelier Michel de Marillac. *Code Louis*, ordonnances civiles et criminelles de 1667 et de 1670. *Code marchand*, ordonnance du commerce de 1673. *Code noir*, édit de 1685 touchant la police des îles de l'Amérique française.

Codicille, appendice à un testament antérieur; dispositions additionnelles qui augmentent, modifient, révoquent des dispositions précédentes.

Coens, Cuens, comte.

Coercition, contrainte légitime. *Pouvoir coercitif.*

Cognation, parenté. *Cognat*, parent par les femmes. *Agnat*, par les hommes.

Cognissance, compétence, ressort.

Cohue (*cohua*, *a coeundo*), assemblée, marché. *Cohuage*, droit sur les halles.

Coi, tranquille, secret. *Coiment*, sans bruit. *Coie vérité*, enquête secrète. *Chambre coye*, cabinet d'aisances.

Coins (*conus*), sceaux, monnaies. *Coin du roy.*

Cointe, poli, orné, instruit, sage. *Cointise*, politesse. *Cointoier, cointir*, orner. *Cointement*, poliment, sagement.

Coitivier, cultiver.

Collage, droit de collier. Impôt sur l'attelage servant au labour.

— quantité de terre que cultive un attelage ou collier de bœufs.

Collatéraux, parents qui descendent d'un auteur commun, sans descendre les uns des autres.

Collation (*collatio*, 1°), don d'un bénéfice. *Collateur*, celui qui nomme au bénéfice.

— (*Collatio*, 2°), comparaison de la copie et de l'original, pour s'assurer de la conformité des deux pièces. *Collationner les pièces en présence des parties. Collationner une copie et la doubler avec son original.*

— rapport en partage de succession. V. **Rapport.**

Colle, Collée, coups. V. **Chaude colle.** *Coleors*, querelleurs, batailleurs.

Collecte, levée des tailles ou impôts dans une paroisse. *Collecteur*, celui qui asseoit et lève les tailles.

Collège, corps, société. *Collège des cardinaux, des secrétaires du roy.*

Colliger, recueillir, ramasser.

Collocation, c'est le rang de paiement attribué aux créanciers; *collocation utile.*

COLLUDER, se concerter frauduleusement. *Prævaricari.*

COLLUSION, accord frauduleux entre deux parties au préjudice d'un tiers.

COLOIGNE, quenouille. *Partir par coloigne*, c'est entre sœurs seules héritières, partager la succession également, sans préciput, sans droit d'aînesse.

COLOMB, COLON, COULON, pigeon.

COLOMBIER A PIED (*columbarium*) est celui qui est bâti en forme de tour, et qui a des boulins ou paniers à tenir pigeons depuis le haut jusqu'au rez-de-chaussée, à la différence du *volet* ou de *la fuye*, qui est un pigeonnier superposé à quelque bâtiment inférieur, tel qu'un cellier ou une étable.

COLON PARTIAIRE, fermier qui cultive à moitié fruits, métayer.

COMBAT DE FIEF, contestation entre deux seigneurs qui prétendent la même mouvance, ou se disputent la même censive.

COMBE, vallée, grotte.

COMBRE, pêcherie. V. GORDS.

COMMAND OU COMMANDE, commandement. — Commettant, celui qui a donné à autrui l'ordre d'acheter. *Faire déclaration de command*, c'est déclarer celui pour le compte duquel on s'est porté acquéreur.

COMMANDE, COMMANDISE, COMMENDE (*commenda*, 1). Dépôt. *Prendre en charge et commande. Commende de bestiaux*, cheptel.

COMMANDEMENT, sommation faite par huissier.

— ordres, défenses. *Faire commandement de par la cour.*

COMMANDER (*commendare*, 2), donner en garde, recommander. « Qui « se viaut partir dou pays, ou en au- « cune manière laissier son lié, il « le deit commander au seignor. » (Ass.)

— DROIT DE (*commendatio*, 3). Taille que paient les personnes de condition servile en reconnaissance de la protection seigneuriale (*quasi commendati*).

— DONNER EN (*commenda*, 4). C'est donner comme en garde des biens d'églises ou d'abbayes à des laïques ou à des ecclésiastiques séculiers qui ne peuvent en être titulaires. *Commanderies*, bénéfices des Templiers et des chevaliers de Malte.

COMMETTRE SON FIEF, c'est le confisquer, c'est-à-dire le perdre par confiscation.

COMMINATOIRE, clauses ou peines qui menacent, mais qui ne sont pas exécutées rigoureusement.

COMMIS OU COMMISE (*commissio*, 2). Confiscation du fief. *Droit de commise, danger de commise, tomber en commise.* V. CONFISQUER.

COMMISSAIRE (*commissarius*), personne chargée momentanément d'une fonction publique.

— séquestre, dépositaire judiciaire.

COMMISSION, pouvoir donné à temps, délégation. *Commettre commissaire pour informer et faire enquête. Commission rogatoire*, mandat adressé par un tribunal au juge d'un autre tribunal, quand il convient de mettre à exécution dans ce dernier ressort quelque mandement, décret ou appointement de justice, d'informer de quelque fait, etc.

COMMITTIMUS (*committimus*), DROIT OU PRIVILÉGE DE, privilége accordé par le roi aux officiers de sa maison, et à quelques personnes ou communautés, de plaider en première instance aux requêtes du palais ou de l'hôtel de Paris, en matière personnelle. *Lettres de committimus.*

COMMODAT (*commodatum*), prêt à usage.

COMMUER, changer une peine en une autre plus douce.

COMMUN, LE, le peuple, la commune, la communauté.

COMMUN, COMMUNISTE. Qui possède par indivis, copropriétaire. *Le mari et la femme sont uns et communs en biens meubles et conquêts immeubles.*

— JUGEMENT DÉCLARÉ, est le jugement déclaré exécutoire contre plusieurs personnes qui ont figuré dans l'instance.

COMMUNAGES, communaux.

COMMUNAUTÉ. Association de personnes, qui résulte non point d'un contrat, mais d'une cohabitation, d'une copropriété ou d'intérêts communs.

COMMUNAUTÉ DE BIENS ENTRE CON-

JOINTS, RÉGIME EN COMMUNAUTÉ. Société de biens entre époux, établie par la loi ou le contrat de mariage.

COMMUNAUTÉ CONTINUÉE. C'est la communauté existant entre le mari et la femme, qui, après la mort de l'un des conjoints, se continuait entre les enfants mineurs issus du mariage, et l'époux survivant, quand ce dernier n'avait point fait inventaire des biens communs.

COMMUNAUTÉ RELIGIEUSE, confrérie, couvent.

COMMUNAUTÉ TAISIBLE OU TACITE (*communio*, 3). Communauté qui existe entre plusieurs personnes par le mélange des biens, et surtout par le fait de la cohabitation et vie commune au même pot, pain et sel. Les communs se nomment aussi *parsonniers*.

COMMUNAUX (*communale*). COMMUNES (*communia*, 2), terres qui appartiennent à une paroisse ou communauté d'habitants, et que le seigneur du lieu ne peut s'approprier.

COMMUNE, FEMME, celle qui est mariée sous le régime de la communauté.

COMMUNE RENOMMÉE, PREUVE PAR. C'est la voix publique qui sert de preuve en plusieurs occasions.

COMMUNES, COMMUNITES (*commune*, 2), sont les villes qui ont obtenu par charte une libre administration municipale. *Communiers*, habitants ou officiers de la commune.

COMPAGERIE, COMPAGNIE. Société, communauté, assemblée.

COMPAGNIE D'HÉRITAGES, communauté d'héritages.

COMPAGNIES SOUVERAINES, juges en dernier ressort. Parlement. *La cour en bonne compaignie*, toute la cour assemblée. (Nicod.) En grosse compagnie. Boileau.

COMPAIN, COMPANS, COMPOING (*companium*), compagnon, associé, communier.

COMPARER, COMPERER (*comparare*), acheter, payer, récompenser.

> Folie qui a corte durée
> Après est si cher comparée.
>
> (*Helinand.*)

Ne le compère; ne l'achète pas.

COMPAROIR, COMPARAITRE, se présenter sur une assignation devant la justice ou devant un officier public. *Comparuit*, certificat de comparution. *Demander comparuit et congé*.

COMPARTIR, partager. V. PARTIR.

COMPATIBLES, CHARGES OU BÉNÉFICES qui peuvent se cumuler.

COMPENSATION, COMPENSE, extinction simultanée de deux dettes liquides entre deux personnes qui se trouvent mutuellement créancières et débitrices l'une de l'autre. *Compenser les dépens*, c'est condamner chacune des parties au paiement des dépens qu'elle a faits.

COMPERSONNIERS. V. PARSONNIERS.

COMPÉTENCE est le droit qu'a le juge de connaître d'une affaire civile ou criminelle. *Le juge compétent* est celui à qui la loi donne le pouvoir de juger le litige.

COMPLAINTE (*complainta*), plainte. *Complaignant*, plaignant. Complainte se dit principalement de l'action possessoire par laquelle le possesseur d'un héritage, ou droit réel, se plaint du trouble apporté à sa jouissance, et demande à être maintenu dans sa possession. *Former complainte, se complaindre*. — *Demander le fournissement de la complainte*, c'est demander que la chose litigieuse soit séquestrée judiciairement. *Fournir la complainte*, établir le séquestre.

COMPLANT (*complantum*), bail de longue durée, espèce d'emphytéose, à charge de planter le terrain d'arbres et particulièrement de vigne. *Complanterie*, héritage donné à complant.

COMPOSITION, accord, traité par lequel on fait à quelqu'un grâce ou remise de quelque chose.

COMPROMIS (*compromissum*), acte écrit par lequel on soumet à des arbitres désignés la décision d'un litige. V. AMIABLES COMPOSITEURS. *Compromettre*, faire un compromis.

COMPTABLES sont ceux qui, ayant manié des deniers particuliers ou publics, sont obligés de justifier de l'emploi de ces deniers, sitôt que leur gestion est finie, comme tuteurs, procureurs, curateurs, fermiers des impôts, etc.

Compte, état de la recette et de la dépense des biens qu'on a eus en maniement. *Apostiller un compte*, marquer d'une note ou apostille les articles à justifier. *Solder* ou *clore un compte*, convenir des articles qui le composent, et en arrêter le reliquat. *Affirmer un compte*, c'est jurer qu'il est exact et véritable.

Compte courant, celui que deux négociants en relation d'affaires tiennent de leur *doit* et *avoir* mutuel.

Compulsoire ou lettres de compulsoire, commission que décerne le juge pour contraindre quelque officier public à délivrer les titres dont les parties se veulent aider en production.

Comte (*comes*), gouverneur de ville sous les deux premières races, seigneur féodal sous la troisième.

Conclusions ou fins, demandes dont les parties sollicitent l'adjudication en justice. *Conclusions préparatoires, définitives.*

— **des gens du roi**, avis et réquisitions du ministère public.

Concordat, accord entre le saint-siége et le gouvernement, pour régler les rapports de l'Église et de l'État. Concordat de 1516, entre Léon X et François Ier. Concordat de l'an IX, entre Napoléon et Pie VII.

— accord, transaction. — Traité entre le failli et ses créanciers.

Concueillir, cueillir, colliger, réunir.

Concurrence est une égalité de droit, d'hypothèque ou de privilége sur une même chose.

Condamine (*condamina*), espèce de fief, domaine.

Condamnation, dans les affaires civiles, est la sentence qui fait déchoir une partie de ses prétentions, *subir condamnation*. *Passer condamnation*, c'est se désister de ses prétentions. — En matière criminelle, c'est le jugement qui prononce une peine contre l'accusé.

Condition, clause insérée dans un acte, qui fait dépendre la validité de l'acte d'un événement futur et incertain. *Condition suspensive, résolutoire, casuelle, potestative.*

— clause, charge d'un marché. *Condition expresse, tacite.*

Condition (*conditio*), redevance payée par les serfs. *Gens de condition*, *conditionnés* (*conditionales*), serfs.

Conditionner un héritage, le charger d'usufruit ou de quelque autre servitude.

Conducteur (*conductor*), locataire.

Conduire, mettre en possession. *Conduiseur*, curateur; chargé de procuration.

Conférer, rapporter en partage de succession.

Confermence, conferment (*confirmatio*), confirmation.

Confès, confessé. *Mourir repentant et confès.* Le *déconfès* est celui qui meurt sans confession et sans testament, car l'un n'allait point sans l'autre.

Confesser (*confessare*), avouer, déclarer. *Confesser un dépôt. Confession*, déclaration, reconnaissance de la vérité d'un fait.

Confins des héritages sont les extrémités où les héritages finissent et se touchent.

Confirmer un acte, le ratifier, l'approuver une seconde fois pour couvrir quelque nullité.

Confiscation, attribution au fisc des biens d'un condamné, de marchandises prohibées, etc.

Confiscation de fief ou commise, est la réversion du fief servant au fief dominant, par suite du désaveu ou de la félonie du vassal.

Confisquer, forfaire ou commettre son fief, le perdre par sa négligence ou sa faute. *Confisquer* est ici verbe neutre et signifie *perdre par confiscation.*

Conflit, c'est la concurrence de deux juridictions qui se disputent le droit de connaître d'une affaire, ou qui toutes deux prétendent la refuser. *Conflit de juridiction, conflit d'attribution.*

Confortemain, commission du roi, obtenue en chancellerie par le seigneur féodal ou censier, pour *fortifier* la saisie du fief servant ou de la censive, et empêcher le vassal ou censier d'enfreindre la mainmise ou saisie seigneuriale. (Blois, a. 39.)

CONFRAIRIE (*confraternitas*), communauté, association religieuse.

CONFRONTATION, mise en présence de l'accusé et des témoins.

CONFRONTATION D'ÉCRITURES, comparaison d'écritures.

CONFUS, qui n'est point séparé ni divisé.

CONFUSION D'ACTIONS ET DE DROITS, ou CONFUSION simplement, anéantissement du droit par la réunion dans la même personne des qualités de débiteur et de créancier.

CONGÉ, permission, dispense. *Congé d'accorder. Congé d'adjuger*, autorisation de vendre aux enchères. *Congé d'élire, congé d'entrée.*

— ou CONGÉ DÉFAUT, jugement rendu contre le demandeur qui ne suit pas sa plainte. *Congé faute de se présenter, faute de venir plaider, faute de conclure. Le défaut se donne à l'acteur, et le congé au défendeur.*

— mise en demeure de reprendre ou de quitter la chose louée.

CONGÉABLE, DOMAINE, tenure usitée en Bretagne, et dont le possesseur doit se dessaisir à la volonté du seigneur bailleur, à la charge par ce dernier de rembourser au tenancier ses améliorations.

CONGÉER, CONGIER (*congeare*), remercier, expulser, exiler.

CONGRÈS, preuve juridique qui se faisait autrefois dans les procès de mariage quand on en prétendait la nullité pour raison d'impuissance. Cette preuve, aussi immorale que ridicule, fut abolie par arrêt du Parlement de Paris du 18 février 1677.

CONILS, CONINS (*conillus*), lapins.

CONJOINTS, mari et femme.

— ceux qui sont compris dans une même disposition. *Légataires conjoints.*

CONJURER (*conjurare*, 2), citer, semondre. *Conjurer ou gager ou semondre le seigneur de sa foi*, Ass.), c'est le sommer de remplir ses obligations envers le vassal. *Conjurement*, sommation du bailli ou du prévôt. *Semondre et conjurer de toy les hommes du fief*, c'est convoquer le jury féodal, les pairs du fief, ou *cour de conjure.*

CONNESTABLE (*comestabuli*), premier officier des armées après le roi. « Dans l'ost le connestable « doibt estre chevetaigne après le « roi. » (Assises.) *Connestablie*, dignité du connétable. — Régiment. — Juridiction militaire des maréchaux de France.

CONNEXION, CONNEXITÉ, liaison de plusieurs affaires qui rend nécessaire de les joindre pour prononcer un jugement commun.

CONNOISSANCE DE COUR (*cognitio placiti*), juridiction. *Se mettre en l'esgart* ou *connoissance de cour*, se mettre en jugement. *La court esgarde* ou *connoist*. V. ESGARD.

CONOILLE (*conucula*), quenouille. V. COLOIGNE.

CONOISTRE (*cognoscere*), connaître, juger. *Gens à ce connoissans*, experts.

CONQUEST, CONQUERRE, CONQUISE (*conquestus*), acquisition, et plus spécialement acquisition faite par les conjoints constant le mariage. *Conquester, conquérir, conquerre*, acquérir. *Conquéreur, conquéreor*, celui qui le premier a mis le fief dans la famille.

CONROI (*conredium*), compagnie, ordre, appareil. *Conroyer*, arranger, disposer, prendre soin. V. ARROY.

CONSANGUINITÉ, parenté du côté du père. *Frères consanguins*, fils d'un même père, mais non d'une même mère.

CONSAULS, CONSOLS, échevins, consuls, conseillers.

CONSAUS, CONSEIL, CONSOIL (*consilium*, 1), avis, délibération. *Jour de conseil*. V. AVIS.

— tribunal. *Conseil des affaires du roi, secret d'État, étroit, privé, grand conseil.*

— assemblée municipale ou de famille. *Conseil de ville, conseil de discipline, de famille. Conseil judiciaire*, personne sans l'avis de laquelle un incapable ne peut faire certains actes.

CONSEILLERS, membres d'un conseil ou d'un parlement.

CONSENS, consentement. *Consenteres*, complice.

Conservateur de l'enregistrement, des hypothèques, officier chargé de l'administration des formalités hypothécaires, etc. *Conservateurs des priviléges des universités*, juges et gardiens des priviléges de l'Université. *Conservateurs des priviléges des foires* ou *gardes des foires*, juges consulaires. *Conservation de Lyon*, tribunal qui jugeait de toutes affaires, même criminelles, concernant le commerce; telles que banqueroute frauduleuse, etc.

Consignation, dépôt de deniers dans une caisse publique quand il y a impossibilité de se libérer valablement. *Consignation d'amende*, dépôt d'une amende possible, préalable ordinaire de certains procès.

Consievir, consuir, poursuivre, atteindre.

Consignation de dot. V. **Assignal.**

Consolidation, réunion de la nue propriété et de l'usufruit dans une même main.

Consors (*comportionarii*), associés, complices, voisins. — Parties qui ont des intérêts semblables dans une affaire.

Constant, durant, pendant. *Constant le mariage.*

Constater, établir un fait, le rendre constant et certain.

Conster, être constant, être certain. *Il conste*, il est constant.

Constituer, assigner, créer, établir une rente.

— **procureur**, établir un procureur chargé de représenter en justice le constituant. *Constitution de procureur.*

Constitut, déclaration qu'on détient une chose sans en avoir la propriété ni la possession civile. *Posséder à titre de constitut et de précaire.*

Constitution, Contrat de, acte par lequel on établit une rente ou une hypothèque sur son fonds.

Constitutions, lois, ordonnances, chartes. *Constitutions féodales* (*libri feudorum*).

Consuls (*consules*), officiers municipaux dans le Midi. V. **Consaus.**

— **juges**, juges de commerce.

Consultation, avis motivé d'un avocat, d'un jurisconsulte. *Consulter*, donner des consultations. *Avocat consultant.*

Contend, contention, contestation, contest, contençon (*contestus*), discussion, débat, procès. *Contentieux*, sujet à contestation, litigieux. *Contentier, contester, contendre*, avoir contend ou différend, débattre.

Conteur, contéor, contières, avocat « Contéor est que aucun esta- « blit pour conter pour lui en « cort. » (Anc. cout. de Norm.)

Continuation de communauté. Voir **Communauté.**

Contractuel, qui dérive d'un contrat. *Institution contractuelle*, institution d'héritier faite dans un contrat de mariage.

Contradicteur légitime, celui qui a qualité pour surveiller un acte, un inventaire, le partage d'une succession, etc.

Contradictoire, Jugement, jugement rendu en présence de toutes les parties ou de leurs représentants.

Contrainte, violence légitime qui se fait par les ordres de la justice. — Actes ou jugements qui autorisent cette voie d'exécution. *Contrainte par corps*, droit de faire emprisonner le débiteur.

Contraire. Les parties sont *contraires en faits* quand elles proposent des faits opposés, et le juge ordonne d'informer sur la *contrariété.*

Contrait, contrat, contraux (*contractus*), toute convention faite entre deux ou plusieurs personnes, par laquelle une ou plusieurs parties s'obligent envers une ou plusieurs autres à donner, à faire ou à ne pas faire quelque chose.

Contrariété d'arrêts, opposition entre deux décisions suprêmes, concernant les mêmes parties, ayant le même objet, et appuyées sur les mêmes moyens.

Contrat judiciaire, accord des parties devant le juge.

Contrat pignoratif, prêt usuraire, coloré des titres de vente et de relocation.

Contrat de mariage, acte qui précède la bénédiction nuptiale (aujourd'hui l'acte civil), et qui contient les conventions faites, quant au régime des biens durant le mariage.

CONTRAT DE MARIAGE se dit aussi pour l'acte solennel par lequel le mari et la femme se prennent pour époux, et se promettent la foi conjugale.

CONTRAT D'ABANDONNEMENT, D'ATERMOYEMENT, DE CONSTITUTION. V. ABANDON, ATERMOIER, CONSTITUTION.

CONTRAVENTION, inobservation d'une loi, d'une convention. Infraction légère de quelque règlement.

CONTRE-AUGMENT, CONTRE-ÉCHANGE, CONTRE-PLEIGE, etc. V. AUGMENT. ECHANGE, PLEIGE.

CONTREBATTRE, contester. (Ass.)

CONTREDITS, écritures fournies par une des parties, pour combattre les assertions ou dits de la partie adverse. *Bailler contredicts.*

CONTRE-LETTRE, CONTRE-PROMESSE, acte secret, destiné à modifier ou rendre nul un acte ostensible. *Lettre* est pris ici dans le sens de *contrat*.

CONTREMAND (*contramandatum*), c'est une excuse proposée pour faire remettre l'ajournement à un jour certain. *Contremandières* (Ass), celui qui porte l'excuse. *Contremander*, s'excuser. V. Beaumanoir, ch. 11.

CONTRE-MUR, petit mur qu'on adosse contre le mur mitoyen pour que le voisin ne souffre aucun dommage de certaines constructions, telles qu'une fosse, une étable, etc.

CONTREPAINNER, saisir quelqu'un pour le forcer à faire récréance ou restitution des biens qu'il a lui-même indûment saisis.

CONTRE-PAN ou CONTRABOUT, terre qu'on donne pour sûreté d'une rente ou d'un cens dû sur un autre fonds. V. ABOUT et PAN.

CONTRE-SCEL ou PETIT SCEAU est un cachet que l'on applique à gauche des lettres sur un tiret qui attache les pièces ensemble, afin d'empêcher qu'on n'en détache aucune.

second sceau qu'un juge appose sur des effets déjà scellés par un juge d'une autre juridiction

CONTRE-SIGNER, signer l'ordre d'un supérieur, en qualité de secrétaire.

CONTRESTANT, NON, nonobstant.

CONTRESTER, ENCONTRESTER, résister, s'opposer. *Contra stare.*

« Deux manières sont de torffait, li uns « est qui le fait, li autre est qui mie na « contreesté a ciaus qui le font aux au- « tres ; et c'est aussi blasmable cose »
(Brunetto Latini)

CONTRIBUTION, partage, répartition au marc le franc, au sol la livre, au prorata, entre des créanciers ou des débiteurs. *Contribution de dettes d'un défunt entre plusieurs héritiers. Contribution de dettes communes entre les habitants d'une paroisse. Créanciers venant à contribution.*

— Paiement. *Contribution de légitime*, obligation de payer la légitime imposée au frère, dernier avantagé.

— impôt. *Contributions directes*, établies sur les biens et les personnes; *indirectes*, établies sur la consommation.

CONTRÔLE, CONTRE-RÔLE ou DOUBLE REGISTRE qu'on tient des actes de finance et de justice pour en assurer la conservation et la vérité, et empêcher les antidates. Le contrôle des actes civils et de justice est ce que nous nommons aujourd'hui l'*enregistrement*.

— vérification. *Contrôleur*, vérificateur.

CONTUMACE (*contumacia*), c'est le refus que fait de comparaître en justice celui qui est ajourné ou décrété pour cause de crime ou délit. Ainsi la contumace en matière criminelle est ce qu'on nomme *défaut* en matière civile. *Contumace* ou *contumax* se dit aussi de l'accusé qui se dérobe aux poursuites judiciaires.

CONVENANT, COVENANT, CONVENT, CONVENANCE (*convenium*), convention, accord entre deux ou plusieurs parties sur une même chose, dans la vue de s'engager, de contracter. *Covenant vaine lei.*
« Li mestres qui prent aprentiz, il « doit bucher (appeler) aux con- « venances du marché deus des « mestres et deus des valés, por

« oir les convenances faites entre « le mestre et l'aprentiz. »
(*Mestiers de Paris.*)

Convenir, tomber d'accord. *Convenir et appoincter de quelque affaire doubteuse*, transiger. *Convenancé*, convenu.

Convent, couvent. *Prieuré conventuel*, celui dans lequel il y a des religieux, par opposition au *prieuré simple*.

Conversion, changement d'un acte ou d'une procédure en un autre acte ou une autre procédure. *Conversion d'une obligation en une rente constituée. Conversion d'information en enquête*, changement d'un procès criminel en procès civil. On dit dans le même sens aujourd'hui, *conversion de saisie immobilière en vente sur publications judiciaires*.

Convoler en secondes noces, contracter un second mariage.

Convoyer, accompagner.

Copie, écrit qui n'est que la reproduction d'un autre, le double de quelque écriture. *Copie de l'original. Copie de copie. Copie collationnée* est celle qui est certifiée conforme à l'original *Copie figurée*, fac-simile.

Cordouan, cuir de Cordoue. *Cordouanier*, cordonnier.

Cornage, **horngeld** (*cornagium*), droit seigneurial sur les bœufs.

Corps, Prendre au, saisir quelqu'un pour le mettre en prison : *s'obliger corps et bien*, c'est engager sa liberté, si l'on ne satisfait pas à l'obligation qu'on a contractée.

Corps de délit, ensemble de faits et de circonstances qui attestent l'existence d'un délit.

Corps et communautés, corporations soit laïques, soit ecclésiastiques, municipalités, universités, chapitres, colléges, etc.

Corruptele (Ass.), abus, mauvaise coutume.

Cort, cour, tribunal. *Cort de sang*, haute justice.

Corvée, courvée (*corbada*), services vilains (la plupart du temps services agricoles), dus par les serfs et les vilains à leur seigneur.

Cose (*causa*), chose, cause.

Costiers, collatéraux. *Et se l'eschaïte li est venus par costiers.* (Ass.)

Costivement, éducation, culture. *Costiver soi est li premiers connaissement des lois* (De Font.).

Cote, cotise, cotte (*quota*), la part que chacun doit payer d'une dépense — Règlement de la part que chacun doit payer. *Cotte mal taillée. Cotisation. Cotte morte*, succession d'un religieux curé.

— lettre ou numéro d'ordre qu'on met au dos d'une pièce inventoriée ou comprise dans un dossier pour la distinguer et la reconnaître au besoin. *Cote d'inventaire. Coter une pièce.*

Coterie (*cota*), héritage vilain tenu à rente ou à cens. *Gens de cote. Homme cottier*, est celui qui tient en coterie.

Cotier, fief, vilain fief, terre cottière, héritage cottier, tenure roturière. *Cens cottier*, surcens.

Couart ou **couard**, poltron. *Couardise*, lâcheté.

Couchant et levant, être, c'est être domicilié.

Coucher en compte, en recette, écrire en compte, porter en recette.

Couloms, pigeons.

Coulpe, faute. *Battre sa coulpe*, dire son *mea culpa*. *Coupaules*, coupables. *Coupoier*, accuser, inculper.

Cour (*curia*), tribunal. *Cour féodale, cour laie, cour ecclésiastique. Cour des aides, des monnaies.*

— lieu où les juges exercent leur juridiction.

Couronne (*corona*), tonsure. *Couronné*, tonsuré.

Courratier (*corraterius*), courtier.

Lors a estre advocat m'assis
Et courretier et procureres,
Pour ce ne fus-je pas moins lerres.
(*Renart.*)

Courtil, courtieux, cortillage (*curtile*), jardin, enclos.

— héritage donné à cens. *Courtillage*, redevance due par le tenancier ou *courtillier* (*curticularius*).

Cousts, coustanges, costements (*custus*), frais, dépens. *Loyaux coûts*, tout ce que l'acquéreur est tenu de payer outre le prix principal de l'acquisition.

Coustume (*consuetudo*, 1), loi non écrite, usages du pays. (Le recueil de ces ouvrages se nomme aussi *Coutumes* ou *Coutumiers.*) *Coutumes souchères, coutumes d'estoc et ligne*. V. Souchères, Estoc.

— *Consuetudo*, 2), redevance, fermage en nature. *Héritage tenu en coutume. Lever la coustume* (*custumare*). *Coustumes de bled ou de vin.*

Coustumier, homme, serf, vilain, c'est celui qui paie une redevance fixée ou abonnée.

— **homme, femme, fille, personne**, c'est le roturier par opposition au noble. On dit que l'héritage se partage *coutumièrement* entre roturiers, à la différence du fief qui se partage *noblement*.

Coustumiers, hommes, sont quelquefois les anciens praticiens qui témoignent en justice des usages du pays.

Couture (*cultura*), champ cultivé. *Une couture de terre.*

Couturier, tailleur.

Couvrir le fief, c'est empêcher la saisie féodale en faisant foi et hommage pour *ouverture* ou mutation de fief avenue.

Couvrir l'enchère, enchérir.

Couvrir signifie encore empêcher, défendre. On *couvre* une nullité en défendant au fond : la prescription nous *couvre* de la demande d'un adversaire, c'est-à-dire nous en garantit.

Covant, covenant. V. Convenant.

Covine, pensée, intrigue.

Cranter, crant. V. Créanter.

Créance, credence (*credentia*), crédit. *Lettre de créance.*

— chose due. Titre de celui à qui on doit, ou *créancier*. *Abolition des créances et vieilles scédules.*

Créanter, créancer (*creantare*), promettre, donner sa foi, cautionner. *Créand, crand*, garant, garantie. *Créantement*, promesse, caution.

Crediteur, créancier.

Creissance, creissement, croissance, augmentation. — Conclusions nouvelles. (Ass.)

Cremeur, criemeur, crainte. *Crémeur de Diex est le commencement de sapience. Criemer, cremmbre*, craindre.

Crétine, accroissement, alluvion.

Cri public, crie ou **criage** (*crida*), ban, publication à son de trompe. — Vente aux enchères.

Le cri et les armes pleines, c'est le privilége de l'aîné. Chaque maison noble avait son cri de guerre, et l'aîné héritait du cri, des armes, de la devise, etc.

Criée, cri. Publication que le sergent faisait à la porte de l'eglise des biens saisis et exposés en vente. *Crier par quatre quatorzaines.*

Criées et subhastation, vente aux enchères publiques.

Croire, prêter, de *credere*, d'où *créancier*, prêteur. *Chose creue*, chose prêtée. *Creuz*, créance.

Croiser, marquer d'une croix. *Croiser aucuns articles des despens.*

Croistre (*crescere*), augmenter. *Croissement*, augmentation, accroissement. *Croix de cens*, augmentation du cens ou de la rente.

Croist (*crissementum*), produit des bestiaux. *Bail de bêtes à croist et à cheptel*. V. Cheptel.

Crue (*creuta*), accession, accroissement. *Crue des meubles*, est l'augmentation du prix des meubles porté dans l'inventaire, augmentation qui a pour but d'obtenir la juste valeur des objets ordinairement prisés trop bas. A Paris cette augmentation était du quart.

— Augmentation d'impôts, *superindictio*.

Crueus, cruel, excessif. **Cruelment**, excessivement.

Cueillette, levée d'impôts, recettes. *Cueilleur*, collecteur. *Cueilloir*, livre terrier.

Cuens, comte.

Cuer, cœur, courage, chœur.

Cuere ou **ceure** (*cora*), coutume dans les pays flamands. *Coriers, ceuriers, quœriers*, hommes coutumiers.

Cuider, penser, imaginer, présumer. *Tel cuide venger sa honte qui la croist. Ce cuit*, je pense. *Cuider fait souvent l'homme mentir. Cuidance*, présomption.

Cure, soin, garde, surveillance *Cureur, curateur*, celui qui est commis pour régir et administrer les biens d'autrui. *Curatelle*, charge, fonction de curateur.

CURIAUX, notaires et greffiers municipaux.

CUSTODE, garde, gardien, sacristain.

CUVERT, CUIVERT, CULVERT, traître, félon. *Cuivertise*, *cevertage* (*culverta*), perfidie, bassesse, servilité.

D

DABLÉE. V. DEBLAYER.

DAM, DAMAGE (*damnum*, 2), dommage, préjudice, dégât causé par les bestiaux. *Damagier*, causer préjudice.

DAME (*domina*), femme. *Dame ou pucelle.*

— seigneur. *Dame Dex*, Seigneur Dieu.

DAMNÉ, DAMPNÉ, condamné. *Sang damné. Dannement*, condamnation.

DAMOISEL, DAMOISEAU, DAMOISELLE, DEMOISELLE (*domicellus*), fils ou fille de bonne maison.

DAMP, DOMP, don, seigneur.

DANGER, FIEF DE (*dangerium*). V. FIEF.

— TIERS ET (*dangerium*, 2), droit payé au roi pour avoir la permission de vendre certains bois. Les *sergents dangereux* étaient les inspecteurs des bois sur la vente desquels le roi avait le droit de *tiers et danger*.

DARREIN, DERREIN, dernier. *Dariennes voulontés. Darrainement*, dernièrement.

DATAIRE, officier de la chancellerie romaine qui mettait la date sur les suppliques.

DATE (*data*), indication du jour, du mois et de l'année dans lesquels un acte a été passé. *Date certaine*, celle qui est devenue inattaquable par la mort d'une des parties.

DATION n'est pas donation, mais délivrance; paiement, libération. *Dation en paiement.*

DATIVE, TUTELLE. V. TUTELLE.

DAUBER, doubler, redoubler, augmenter.

DÉABLE, DEAUBLE, le diable.

DEAN (*decanus*, en anglais *dean*), doyen.

DEBAIL, cessation du bail ou de la puissance maritale.

DEBAT, contestation. *Debatieres*, celui qui conteste. *Débats*, la partie du procès civil ou criminel qui se porte à l'audience.

DÉBATS DE COMPTE, contestation élevée par celui qui reçoit le compte.

DÉBETS, sommes restées entre les mains des comptables. *Enregistrement en débet*, est celui qui se fait sans paiement actuel du droit, qui sera perçu plus tard.

DÉBIT, ce qu'on doit dans un compte courant.

DEBITEUR, celui qui doit, celui qui est obligé.

DEBITIS (*debitis*), commission royale ou lettres de chancellerie pour exécuter un débiteur par toute l'étendue du Parlement. Pour exécuter dans le ressort d'un autre Parlement il fallait lettres de *pareatis*.

DEBLAYER, DEBLAER, DÉBLAYER (*blada*, *debladare*), couper les blés, faire la moisson. *Desbleds, dablée, deblarure*, récolte.

DÉBOURSÉS, avances faites pour la gestion des affaires d'autrui.

DÉBOUTER, rejeter. *Débouté de son opposition, de sa demande.* Déchu de son opposition, de sa demande. *Débouter un juge*, le récuser.

DEBS, dettes. V. DETTES. DEBTEUR, DETTEUR, débiteur.

DECERNER, donner l'ordre de prise de corps ou de contrainte en matière criminelle ou civile.

DÉCHARGE (*descharga*), libération, quittance, absolution. *Décharge d'un accusé*, *décharge de la contrainte par corps.*

DÉCHEANCE, perte d'un droit, faute de l'avoir exercé à temps, ou d'avoir rempli certaines formalités. On est *déchu de son appel* quand on laisse prendre un *congé* par l'*intimé*.

DECIMALES ou DECIMABLES, CHOSES, biens sujets à la dîme. *Décimateur*, *décimier*, le seigneur qui a droit de percevoir les dimes : ou le fermier qui les lève.

Décimes (*decimæ*), dime ou impôt payé au roi par le clergé.

Decisoire, serment, serment qu'une partie défère à l'autre pour en faire dépendre le jugement de la cause.

Déclaration, manifestation de volonté. *Déclaration au profit d'un tiers.* — Attestation d'un fait. *Déclaration d'accouchement. Déclaration d'héritage par tenans et aboutissans*, c'est la désignation des bornes et des limites d'un immeuble.

— **d'absence**, jugement qui constate l'absence.

— **affirmative**, reconnaissance que doit faire le tiers saisi des sommes qu'il doit à la partie saisie.

— **d'hypothèque**, signification de l'hypothèque au tiers détenteur de l'héritage hypothéqué. — Reconnaissance de l'hypothèque par le tiers détenteur.

Déclinatoire, exception (*declinatoria exceptio*), est celle par laquelle on attaque la compétence du juge devant lequel l'affaire est portée. *Décliner, proposer le déclinatoire*, c'est refuser de reconnaitre la compétence du juge, et demander le renvoi devant une autre juridiction.

Décombrer. V. **Descumbrer.**

Décompte, faire le, c'est déduire et retenir par ses mains une somme due sur une plus grande qu'on doit.

Deconfes (*intestatus*). V. **Confes.**

Déconfiture (*disconficere*), c'est l'insolvabilité, la faillite du non commerçant.

Décret, décrétales, c'est la législation canonique. *Décrétistes* sont les jurisconsultes canoniques.

> « Bien a veu, bien a appris,
> « Que pour leur âme grant peeur,
> « Doivent avoir tuit traiteur,
> « Tuit plédeeur, tuit decrétiste,
> « Tuit avocat, et tuit légiste;
> « Et trestuit cil qui pour avoir,
> « De voir font faus, et de faus voir. »
> (Gautier de Coinsi.)

Décret, ordonnance du juge en matière civile ou criminelle. *Décret d'assigné pour etre oui ; décret d'ajournement personnel : décret de prise de corps. Décréter*, c'est rendre un de ces trois decrets.

Décret, c'est l'ordonnance qui autorise la vente aux enchères, et par suite cette vente même. *Décret d'adjudication. Décret volontaire*, espèce de purge par vente simulée. *Décret forcé*, vente sur saisie immobilière.

Decroire (*decredere*), mécroire. *discrédit.*

Dédit, peine stipulée contre celui des contractants qui se refuse à exécuter son engagement.

Défaillir, manquer. *Femme qui est defalie de son baron*, veuve. (Roisin.)

— mourir.

— ne pas comparaitre sur l'assignation. *Défaillans par quatre défauts.*

Defaut ou **Defaulte** (*defectus*, 4). « C'est, dit Rastall, une offense en « omettant ce qui doit être fait « (défaulte de droit, *defectus justiciæ*, défaut de paiement), et « plus communément est pris pour « non apparence en cour au jour « assigné. » V. **Congé.**

Défenderes, défendeur, celui contre lequel est intentée une demande judiciaire.

Défenses. V. **Deffens.**

Deférer, dénoncer, accuser.

Deffens, deffoys, defenses de droit (*defensa*, 2), exceptions. — Moyens que le défendeur oppose à la demande formée contre lui.

— prohibition. — *Défenses générales* : lettres ou jugement de répit obtenues par le débiteur.

— **terres en** (*defensa*, 3). Terres sur lesquelles la vaine pature est interdite. *Terres sont aucuns temps en deffens*, dit la coutume de Normandie, *et en autres sont communes. Prés défensables. Bois de deffens*, bois vetés (*defensæ forestæ et silvæ*), bois gardés.

Deffermer (*diffirmare*), ouvrir, délier.

Deffier, desafier (*diffidare*), renoncer à la foi. — Provoquer en duel. *Défiaille*, défi.

Defforcier (*deforciare*), forcer, violenter, expulser. V. **Efforcier.**

Definer, finir. *Jugement définitif*, celui qui termine entièrement le procès. *Definaille*, mort.

Deforcer justice, le service (*dif-

forciare rectum, c'est refuser de faire droit ou de rendre le service dû.

Degoust, égout, gouttière.

Dégradation, dommage, détérioration.

— destitution ignominieuse d'une fonction publique. *Dégradation de la qualité de noble* : perte et déchéance de la noblesse.

Dégraver, **dégréver**, décharger, libérer, faire remise.

Degré (*gradus*), rang, distance, ordre. *Degré de parenté*, *degré de substitution*. *Degré de juridiction*. — Grade, *prendre ses degrés dans une faculté*.

Déguerpie, veuve, femme qui vient de perdre son mari.

Déguerpir (*deguerpitor*), délaisser, abandonner, céder la possession. On dit aussi *guerpir*, *guesver*, *werpir*, *esponcer*.

Déhait, maladie, affliction. *Déhaitié*, malade.

Délai, **délaiance**, **délaiement**, retard, temps accordé par la loi ou l'usage. *Délais d'assignation*, *délais de paiement*, *délais pour faire inventaire et délibérer*.

Délaier, délaisser, différer, négliger.

Délaissement, abandon, désistement, renonciation. *Délaissement par hypothèque*, abandon de l'immeuble hypothéqué pour se décharger des poursuites intentées par les créanciers d'un précédent propriétaire.

De léger, **de légier**, facilement.

Déléguer, substituer quelqu'un à sa place. *Juge délégué*. *Délégation de paiement*, l'acte par lequel un débiteur charge un sien débiteur de payer en son lieu et place.

De lez, près, proche de.

Délibation, distraction d'une chose sur la masse des biens d'une succession ou d'une communauté.

Délibéré, examen d'un procès par les juges. *Affaire en délibéré*. — Jugement qui ordonne cet examen.

Délimitation, bornage.

Délinquant, celui qui a commis un délit.

Délit (*delictum*), toute infraction aux lois pénales. *Délit commun*, *délit privilégié*.

Délit (*delectamentum*), joie, plaisir, délices.

Délivrance (en anglais, *livery*), tradition. Mise en possession. *Délivrance de legs*. *Délivrer au plus offrant*, adjuger.

Délivre, libre. *Délivre poeste*, libre puissance. *A délivre*, *délivrement*, librement.

Demaine, **demaigne**, **demesne** (*demanium*), domaine, — pouvoir, autorité.

Demande (*demanda*, 2), action intentée en justice. *Demander*, actionner. *Demandeur*, *demandierres*, celui qui réclame.

Démembrer le fief (*demembrare*), diviser le fief, en détruire l'intégrité par des sous-inféodations. D'un fief en faire plusieurs. V. Dépié.

— une justice, est en créer une avec réserve de ressort.

Démener, conduire, gouverner. *Démenement*, état, condition, conduite.

Demeure, **demeurance**, **demeurée** (*demeura longa*. En anglais, *demurrer*), délai, retard. *Mettre en demeure* : constater le retard. *Péril en la demeure* : danger dans le retard. *Le demeurant*, le restant. *Au demeurant*, au reste, pour le surplus.

— domicile, habitation.

Demi-sang, parenté utérine ou consanguine.

Démission, **démise**, abandon. *Démission de biens*, abandon anticipé qu'un homme fait en son vivant de sa succession au profit de ses héritiers.

Démission de foi, aliénation que fait un vassal d'une partie de son fief, sans retenir à lui la foi de l'ancien vassal.

Deni, **denoi**, refus. *Déni de justice*. *Denoier*, dénier, refuser.

Denier, monnaie. — Taux de l'intérêt. *Rentes au denier vingt* sont celles qui donnent chaque année la vingtième partie du capital ou 5 pour 100 d'intérêt.

Denier a Dieu, arrhes d'un marché. *Deniers d'entrée* : épingles, pot-de-vin, argent payé en sus du prix convenu.

DENIERS, argent. *Deniers clairs et liquides; deniers qui tiennent nature de propre; deniers pupillaires. Deniers francs* ou *francs deniers* sont ceux qui sont exempts de toute déduction ou retenue. *Vendre deniers francs*, c'est mettre à la charge de l'acquéreur tous les frais de vente.

DÉNOMBREMENT, DÉNOMBRANCE (*denombramentum*), déclaration de l'étendue et de l'importance du fief, fournie au seigneur par le vassal, l'état et l'énumération détaillée de tout ce que le vassal avoue tenir du seigneur dominant.

DÉNONCER (*nuntiare*), signifier un acte, — indiquer à la justice qu'un crime a été commis.

DÉNONCIATION DE NOUVEL OEUVRE (*nuntiatio novi operis*), action contre celui qui a commencé sur son fonds une nouvelle construction contre l'ancienne forme de l'édifice et la disposition des lieux.

DENRÉE, DENERÉE (*denarata*), toute espèce de marchandise; tout ce qui se vend à beaux deniers comptants.

DEPAISÉ ou FORPAISÉ, qui est hors du pays. — Exilé, égaré.

DEPARAGER (*disparagare*), marier une fille à une personne de condition inférieure, la mésallier.

DEPARTAGER, faire cesser le partage, l'égalité des opinions qui empêche les juges de rendre jugement.

DÉPARTIR, diviser, partager. *Départir des procès*, partager entre les juges les pièces du procès soumises à leur examen.— *Départie*, séparation. *Département, départissement*, répartition.

—, SE, quitter, abandonner une prétention, un droit, une demande. *se départir de son opposition. Departer de son plea*, changer ses conclusions dans les coutumes anglo-normandes.

DÉPENDANCES (*dependentiæ*). V. APPARTENANCES.

DÉPENS, frais du procès. *Dépens compensés*, frais laissés à la charge de chaque partie. *Dépens reservés*, c'est lorsqu'en prononçant un jugement interlocutoire on garde la question des dépens pour le jugement définitif.

DÉPIER, DEPIÉCER, DEPECHIER, diviser, séparer, desunir.

DÉPIÉ DE FIEF, c'est le démembrement, le morcellement, le *dépècement* du fief par le vassal. *Dépiécer le fief*, c'est le mettre en pièces, et d'un en faire plusieurs.

DÉPLEGER, décharger la caution ou plége.

DÉPORT, délai. *Payer sans déport*, payer sur-le-champ.

— droit du seigneur sur le fief qu'on tarde à desservir.

— ou ANNATES. V. ANNATES.

DÉPORTER (*deportare*), souffrir, supporter. *Se déporter*, s'abstenir. *Déport du juge*, abstention du juge quand il y a quelque raison qui lui défend de prendre connaissance du procès.

DÉPOSITAIRE, celui qui est chargé d'un dépôt.

DÉPOSITION DE TÉMOINS, c'est la déclaration qu'ils font en justice.

DÉPOSSÉDÉ, celui à qui on a ravi violemment la possession.

DÉPÔT, acte par lequel on reçoit en garde la chose d'autrui, à la charge de la conserver et de la rendre en nature. *Dépôt de pièces, d'une sentence*, apport de pièces au greffe ou chez quelque officier public.

DÉPOUILLEMENT, NOUVELLE DESPOUILLE (*spoliatio*), éjection de la propriété, nouvelleté dans le Grand Coutumier.

DÉPOUILLES, DESPUELLES, fruits, récoltes. — Droit seigneurial sur les successions.

DÉPRI (*despropriamentum*), accord fait avec le seigneur ou le fermier d'impôts pour le paiement des lods et ventes, ou des droits de douane. *Dépri*, signifie également la déclaration faite au seigneur ou au fermier. *Faire dépri, déprier.*

DERAISON, DESRÉSON, tort, injustice. V. RAISON.

DÉROGATION, abrogation partielle, modification d'une loi ou d'une convention. *Clause dérogatoire. Déroger à ses droits, à son privilége*, c'est y renoncer.

DÉROGER A NOBLESSE, c'est la compromettre par des actes indignes d'un gentilhomme, notamment par l'exercice d'une honorable industrie.

Derraine, serment fait en justice. V. **Desrainer**.

Desacié, mineur.

Désappointé de sa possession, être, c'est perdre sa possession pendant l'instance. *Desapoincté de son office*, destitué. (Nicod.)

Désarrester, donner mainlevée.

Désatrempé, excessif. *Douaire* ou *don désatrempé*. *Destrempance*, dérèglement.

Désavenant, déraisonnable, non convenable. *Désavenant demande; mariage désavenant* (*maritagium desavenans*). V. **Avenant**.

Desaveu de paternité, refus du mari ou de ses héritiers de reconnaître un enfant né dans le mariage, mais prétendu adultérin.

Desaveu de procureur, refus de reconnaître ce qu'un procureur a fait sans mandat, ou hors des limites de son mandat.

Désavouer (*disadvocare*), refuser de reconnaître pour seigneur celui qui prétend avoir ce droit.

Descendance, filiation, généalogie.

Descendans, tous ceux qui sont nés d'un père commun, enfants, petits-enfants, arrière-petits-enfants, etc.

Descendement, descendue, descente, succession directe, à la différence de l'*écheoite* ou succession collatérale.

Descente sur les lieux, visite qu'en fait le juge.

Desceu, insu.

Desconfés, intestat. V. **Confes**.

Descumbrer (*combri*), décharger, débarrasser, désencombrer, — lever une hypothèque.

Déserter l'appel, ne pas le relever, y renoncer. *Appel désert. Désertion de cause*.

Deservir, « mériter soit bien, soit « mal, d'où vient *dessert*, mérite « soit de bien, soit de mal. » (Nicod.)

Desevrer, desseurer, dessoivre, séparer, distinguer. *Deserrer lo bien dou mal, et lo maul dou bien* (Miroir de Souabe). *Deseurance, desevraille*, privation d'un profit, perte.

Deshaict, « tristesse, marrisson, « content, débat, désordre. *Des-* « *haité*, fâché, ennuyé. » (Nicod.)

Deshérence, défaut d'héritiers. *Le droit de deshérence ou d'eschéance*, est le droit qui appartenait au roi ou aux seigneurs de succéder à ceux qui mouraient sans laisser d'héritiers.

Deshéritance, dépossession. *Déshériter, deshireter*, déposséder. (V. **Adheriter**), et aussi exhéréder, c'est-à-dire priver un successible de tout ou partie de ses droits.

Desistement, renonciation, abandon d'un droit, d'une plainte, d'une action.

Desligement de cens (*disligare*), paiement de cens.

Desloer, blâmer, faire des reproches.

Desoivre. V. **Desevrer**.

Despendre, dépenser. *Il est à moi à vendre et à despendre*. *Despens*, dépenses. V. **Dépens**. *Despensier*, économe.

Despésié. V. **Dépaisé**.

Despit (*despitus*), mépris, colère. *Despitaule*, courroucé.

Despiter, despiser, despirer, mépriser.

> Iehil n'a guères de savoir
> Qui le grain despit pour la paille.

Despoetir (*desapoderare*), déposséder. V. **Poeste**.

Desrainer, déraigner, deresnier (*dirationare*), se purger par serment. V. **Escondit**, — dénier. — défendre en justice, revendiquer, parler, haranguer. *Desrenement*, discours, contestation.

> Ainsi dit, puisque par jugement
> Voulez faire desrenement
> D'avoir les armes d'Achille.
> (*Métam.* d'Ovide.)

Desrene, desrame, déni, purgation par serment. Preuve, defense.

Desroi, desarroi, désordre, écart, trouble.

Dessaisine (*dessaisinatio*), trouble de possession. « Disseisin, » dit Rastall, « est quand un homme « entre en aucunes terres ou te- « nemens, lorsque son entrée « n'est pas congéable (légitime), « et oustre celuy qui a le franc « tenement. »

Dessaisir, ôter la possession, — lever la saisie.

—, **Se** (*desesiare se*), céder la possession.

Dessouvre, séparation, limite. V. **Desevrer**.

Destination de père de famille, disposition des lieux faite par le propriétaire commun de deux héritages, et qui, se conservant après la séparation des deux fonds, établit une servitude au profit de l'un d'eux.

Destourber, troubler, évincer. *Destorber le damage*, écarter le dommage. *Destourbance*, *destourbier* (*disturbium*), trouble, empêchement, vexation, — excuse.

Destraindre (*distringere*, 2), contraindre, forcer. *Destraingnemant*, *destrainte*, *destresse*, contrainte, punition.

Destrier (*dextrarii*). « Il y a, » dit Brunetto, « chevaus de plusieurs « manières, à ce que li un sont « *destrier* grant pour le combat, « li autre sont *palefroy* pour chevaucher à l'aise de son corps, « li autre sont *rouci* pour somme « porter. »

Destroit, distrait, district (*districtus*), étendue de la juridiction ou ressort. *Distroit et territoire*.

Désuétude, non-usage.

Desveer. V. **Devéer**.

Détenteur, celui qui possède de fait. *Détention*, possession de fait, et, dans une autre acception, captivité.

Detrier, retarder, différer. *Detriance*, *detriment*, obstacle, retard, dommage.

Dettes, deu, tout ce que nous devons payer. *Dettes actives*, ce qu'on doit nous payer, nos créances. *Dettes passives* sont celles que nous devons acquitter. *Dette claire et liquide*, dette qui consiste dans une chose certaine et déterminée, et qui est immédiatement exigible. *Dette publique*, emprunts faits par l'État. — *Detteur*, *detor*, débiteur.

Deuil, habits de deuil : — somme allouée à la femme pour porter le deuil de son mari. — *L'an de deuil*, l'an de veuvage.

Deuve, douve.

Devaler (*devalare*), descendre, aller à val.

Devancie, retrait lignager.

Devéer (*vetare*), défendre, refuser.

Devéer, dever, devier (*deviare*), devenir fou, être hors des voies de la raison. *Desverie*, folie.

— mourir, aller de vie à trépas. *Devier sans issue*, mourir sans héritier. *Décie*, trépas.

Devest. « C'est, » dit Rastall, « une « parole contraire à l'*Invest* (ou « *Vest*), car, comme Invest signifie « trader (délivrer) la possession « d'une chose, issint (aussi) « *Devest* signifie l'auferance de « ceo. » *Se devestir* (*devestire se*), abdiquer la possession.

Devis, état détaillé d'ouvrages à faire, et détermination du prix qu'ils doivent coûter.

Devise (*divisa*), testament, partage. *Devisor*, testateur. *Devise*, légataire dans les coutumes anglo-normandes.

> Quand li Dus a fait sa devise,
> Et à ceus rendu leur servise
> Qui en sa court l'ourent servi,
> L'ame du corps se départi
> (*Rom. de Rou.*)

— bornage. *Diviseor* (Ass.), celui qui fait le bornage.

Devoir de fief, franc devoir, c'est la foi et hommage dû par le vassal, à chaque mutation, ou le service qui remplace l'hommage.

Devoirs (en anglais, *duty*), droits, redevances. « Le seigneur féodal « par faute d'homme, droits et de- « voirs non faits et non payés, « peut mettre en sa main le fief « mouvant de luy. »

Dévolu, provision qu'on obtenait à Rome pour avoir le bénéfice que le titulaire ne pouvait conserver.

Dévolution, transport héréditaire à la ligne paternelle ou maternelle des biens affectés à l'autre ligne.

— transport d'un bénéfice. *La dévolution d'un bénéfice appartient à l'évêque.*

Dévolutif, Effet. On dit que l'appel d'une sentence a un effet dévolutif, parce qu'il porte devant un tribunal supérieur la connaissance de l'affaire.

Dicton, dictum d'une sentence ou d'un arrêt, c'est le dispositif.

Différent, débat, controverse.

Digeste ou **Pandectes**. Compilation de la jurisprudence romaine faite et érigée en loi par Justinien.

Dilaier, retarder, *différer la partie dilaiante*. V. Delaier. *Dilations*, délais.

Dilatoire, exception, exception qui tend à retarder, à différer l'instruction ou le jugement d'un procès.

Dîme ou **dixme** (*decima*), portion de fruits prelevée au profit du clergé. *Dixmes réelles*, qui se perçoivent sur les fruits de la terre; *dixmes personnelles*, qui se lèvent sur l'industrie; *dixmes anciennes*, qu'on a coutume de lever; *dixmes novales*, qui se prennent sur les terres nouvellement mises en culture; *dixmes inféodées*, qui ont été données en fief à des laïques.

Dire, dires, observations, conclusions, *dire des parties*. *Dire de prud'hommes* ou *d'experts*, c'est ce que les experts ont fixé pour la valeur de la chose.

Directe, c'est la seigneurie, c'est-à-dire la propriété supérieure de laquelle relève un autre héritage, le *domaine éminent*.

— **Ligne**, c'est la ligne des ascendants et des descendants.

Direction de créanciers, union. *Directeurs*, syndics.

Dirimant, empêchement, c'est l'obstacle, le défaut qui emporte la nullité du mariage.

Discussion, bénéfice de, c'est le droit qui appartient à la caution d'exiger, avant de payer, que les créanciers *discutent* le principal débiteur, c'est-à-dire recherchent, saisissent et vendent les biens du principal obligé.

Diseur, disor, disour (*dictores*), arbitre. — Juge.

Disfame, diffame, mauvaise réputation, infamie. V. Fame.

Disjonction, séparation de deux demandes jointes ensemble.

Dispensacion, dispense, exemption de la loi commune. *Dispense d'âge, de parenté*.

Disperger le fief, c'est le démembrer. V. Depié.

Dispositif, partie du jugement qui contient le jugement proprement dit, c'est-à-dire ce que les juges ont décidé.

Disposition de la loi, de l'homme. C'est tout ce que la loi ou l'homme ont ordonné. *Dernières dispositions*, testament.

Dissolue, dissoute. *Communauté dissolue*.

Dissolution, rupture d'un lien, anéantissement d'un acte. *Dissolution de mariage, de communauté*.

Distraction, séparation. *Demande en distraction*, ou retranchement de ce qui a été mal à propos compris dans une saisie; *distraction de dépens*, demande du procureur qui a eu gain de cause, pour prélever ses frais sur les dépens adjugés à sa partie.

Distraier, distraire, séparer, enlever et mettre à part, ôter : *distraire de la juridiction*.

Distribution, partage, attribution.

Distroit, district. V. Destroit.

Dit, sentence arbitrale. *Diseurs*, arbitres.

— offre, enchère. *Mettre en dit*, mettre à l'enchère.

Dits, conclusions, allégations des parties. V. Dire. *Prouver en dit* (Ass.), faire preuve verbale.

Divertir, détourner et enlever des effets en fraude. *Divertissement*, détournement, soustraction.

Dividende, quote-part afférente à chacun des ayants droit dans une liquidation.

Divis, partagé, divisé. *Indivis*, indivisé. *Mariage divis*, dot donnée, constituée, assignée par le père ou la mère.

Divise. V. Devise.

Division, partage, séparation d'une chose en plusieurs parties.

Divorce, dissolution du mariage judiciairement prononcée.

Doe. V. Douve.

Doer. V. Douer.

Doint, donne. *Dieu vous doint longue vie*.

Doisil, douzil, fausset, robinet. *Broche à mettre à un muy* (Nicod.)

Dol, fraude, artifice, ruse. *Manœuvres dolosives*.

Domaine, demaine (*dominium*), seigneurie, propriété. *Seigneur propriétaire et domanier*.

Domaine congéable. Voyez Congéable.

— **direct, domaine utile.** V. Dominant.

— principal manoir, chef-lieu du fief.

— **du roi, de la couronne** (*domanium*), propriétés de la couronne, biens de l'Etat. *Domaine particulier du roi* ou *domaine privé*, ce sont les biens que le roi possédait lorsqu'il est parvenu à la couronne, et dont il conserve aujourd'hui la libre disposition.

— **public**, biens qui, destinés à l'usage public, ne sont pas susceptibles d'être possédés par les particuliers.

Domaines engagés, biens de la couronne aliénés dans des cas de nécessité pressante, mais toujours rachetables.

Domanial se dit des biens qui sont du domaine de la couronne.

— se dit aussi de ce qui tient à la propriété. *La rente foncière est un droit domanial; la justice est un droit seigneurial, mais non pas domanial.*

Domestique, familier. *Domestiquer*, apprivoiser.

Domicile, lieu où l'on a son principal établissement.

Dominant, Seigneur, celui à qui on doit l'hommage et auquel appartient la seigneurie de la terre, à la différence de celui qui doit l'hommage et jouit des droits utiles, c'est-à-dire des fruits du sol. *Fief dominant, fief servant.*

— **Fonds**, celui en faveur duquel existe une servitude.

Dommage. V. **Dam.** *Dommages intérêts*, perte qu'on a soufferte par le fait d'autrui, et gain dont on a été privé. *Quod nobis abest quodque lucrari potuimus.*

Don, largesse, libéralité. *Don manuel, don alimentaire.*

Donataire, donné, celui au profit duquel est faite la donation. *Donateur, donneur, donnières*, celui qui fait la libéralité.

Donation, donatif, donoison, libéralité, don gratuit. *Donation entre-vifs*, libéralité faite du vivant du donateur, à la différence de la *donation à cause de mort* qui n'a d'effet qu'après le décès de celui qui donne. *Donation universelle, mutuelle, en avancement d'hoirie; par préciput, hors part et sans partage.*

Dossier, c'est la feuille de papier qui couvre une liasse de pièces.

— La liasse des pièces elle-même. *Communiquer le dossier*, c'est communiquer les pièces de l'affaire.

Dot, ce que la femme apporte en mariage. *Dot de religieuse*, ce qu'une religieuse donne au couvent pour y être admise. *Dot d'une église*, ce qui est donné pour l'entretien du culte et du clergé. *Doter*, douer, donner une dot. *Dot d'une place de guerre*, son artillerie et ses munitions.

Dotal, qui appartient à la dot. *Biens dotaux, deniers dotaux. Régime dotal*, régime sous lequel l'apport de la femme reste inaliénable, et les biens des époux distincts et séparés.

Dote, crainte, doute. *Doter, doubter*, craindre, redouter.

Douaire (*dos*), c'est une part des biens du mari que la loi donnait en viager à la veuve pour lui procurer une subsistance honnête, suivant la condition du mari. *Douaire coutumier*, c'est-à-dire fixé par la coutume; *préfix* ou *conventionnel*, c'est-à-dire accordé par le contrat de mariage. *Douaire sans retour* est un douaire en toute propriété.

Douairière, douagière (*doageria*), **femme endouairée**, c'est la veuve qui jouit du douaire.

Douairiers sont les enfants qui ont renoncé à la succession de leur père pour se tenir au douaire de leur mère.

Doublage (*doublerius*), c'est le double des devoirs et services que les vassaux étaient obligés de payer au seigneur, au cas de loyaux aides.

Double, petite monnaie de cuivre qui valait deux deniers.

— copie. *Le double collationné à l'original.*

Double lien, c'est le lien qui existe entre ceux qui sont parents du côté de père et de mère, comme les frères germains. *La prérogative* *du double lien*, est le droit donné par la loi aux collatéraux qui sont joints au défunt des deux côtés, d'exclure les collatéraux qui ne sont parents du mort que d'un côté seulement.

Doubte. V. Dote.

Douer, douairier, endouver, constituer douaire.

Douloir, se plaindre.

> Femme se plaint, femme se deult,
> Femme pleure quand elle veult.

Douter (*dubitare*). V. Dote. Craindre, redouter. *Doutanche*, crainte.

Douve ou **douhe** (*doga*), le côté du fossé où sont les terres jectices.

Doyenné, dignité, charge de doyen.

Drapeau, linge, lange.

Dreit, drois, droit (subst.), signifie la loi divine ou humaine. *Droit naturel, droit des gens.*

— la législation. *Droit romain, droit canonique, droit coustumier.*

— justice. *Faire droit à une demande. Fournir droit*, répondre, comparaître en justice. *Droitoier*, ester en justice.

— prérogative donnée par la loi. *Droit de succession, droit d'aînesse.*

— titre. *Avoir droit et cause. Meilleur droict*, meilleure cause.

— (adjectif), ce qui est juste, légitime. *Droit prix, droite cause. Droit hoir*, héritier légitime.

Dresse d'un acte, c'est sa rédaction suivant certaines formules. *Dressement des créanciers*, ordre, situation d'une faillite.

Droites aventures, succession directe.

Droits, droitures (*directum, dretura, rectitudo*), redevances, péages. *Droits de douane, droits d'entrée.* V. Devoirs.

— honoraires. *Droit de consultation, de plaidoirie.*

— charges imposées sur des héritages. *Droits réels, droits seigneuriaux.*

— **noms, raisons** et **actions**, tout ce qu'une personne peut prétendre ou demander en justice.

Droiture (*rectitudo*), justice. **Droitures**, rentes.

Droiturier, juste, légitime. *Droicturier seigneur, conseil droicturier.* « Dex est dreituriers, comme « cil qui rent à chascun selone ce « qu'il désert. »

Dromons (*dromones*), navires.

Dru ou **drud** (*drudes*, allemand *treue*), fidèle, ami.

> Avons perdus, et je, et vous, assez
> Amis et drus et parens et privés.
> (*R. de Guillaume au Court Nez.*)

Drue, amie, amante; *drurie*, amitié.

Ducasse ou **kermesse**, fête, foire.

Duement, convenablement, suffisamment.

Duire, convenir. *Cela me duit. Se duire*, s'accoutumer.

Duplicata, double ou seconde expédition d'un acte.

Dupliques, les écritures qu'on fournit pour répondre à des répliques.

Durement, excessivement, grandement

Dusques, disques, desques, inskes, jusqu'à.

E

Eage. V. Age.

Eaige, eawe, eau.

Echange, contrat par lequel on donne une chose pour une autre. *Échangiste*, qui a fait un échange.

Échéance, jour auquel on doit payer ou faire quelque chose.

Échées, amendes, droits échus au seigneur.

Échelle ou **eschiele** (*scala*, 1), espèce de pilori. *Écheller*, exposer sur l'échelle.

Échelle ou **eschelle** (*scala*, 3), escadron, corps de troupes.

—, **Droit d'**, ou **échelage**, droit de poser une échelle sur la propriété d'autrui, pour refaire un bâtiment, un mur, etc. Espace laissé pour l'exercice de ce droit.

ÉCHEOITE, ESCHEATE, ÉCHUTE (*escaeta*), succession collatérale ; — biens dévolus au seigneur.

ECHEVER, ÉCHIVER, esquiver.

ÉCHEVINS (*scabini*), officiers municipaux. *L'échevinage*, la municipalité. *Echevins de paroisse*, marguilliers.

ÉCHIQUIER (*scacarium*), cour suprême, Parlement.

ÉCLIPSE. V. ESCLESCHE.

ECLISSER, éclipser, diviser, partager, démembrer, ôter de.

ÉCRITURE (*scriptura*), toute espèce d'écrits ou d'actes. *Ecritures publiques, écriture privée.*

ÉCROUE, registre de la geôle.

EDIT, loi, ordonnance. *L'édit des présidiaux* de l'an 1551 est la loi par laquelle Henri II établit sous le nom de *présidiaux* des tribunaux inférieurs aux parlements. *L'édit des mères* ou de *Saint-Maur* de Charles IX, en 1567, concerne la succession de la mère aux enfants : *l'édit des secondes noces*, de 1560, a été fait contre les veuves qui se remarient.

EDITER, EDICTER, rendre un édit, proclamer, publier.

EFFESTUER (*effestucare*), déguerpir, délaisser. A la différence d'*enfestuquer* (*festucare*), adhériter, mettre en possession.

EFFETS MOBILIERS, meubles. *Effets de commerce*, billets de commerce. *Effets publics*, dette de l'Etat.

EFFINER (*affinare*), terminer un compte, l'apurer.

EFFORCEMENS, violence, viol. *Fille efforciée.*

EFFORSER UNE COURT, la renforcer, la compléter (Ass. V. ESFORCIER.

EFFOUAGE. V. AFFOUAGE.

EFFOUCIL, EFFOUIL, EFFOEL, profit et croit du bétail dans les coutumes d'Anjou.

ÉGALITÉ, COUTUMES D', sont celles qui ne permettent pas d'avantager un héritier au préjudice de l'autre.

EGANCES, parage, division d'une même tenure.

ÉGARD DE COUR, ESWART, ESGART, ESGARDISE (*esgardium*), examen, jugement. *Se mettre en égard. Esgarder un serment*, c'est le déférer. *Egardeur, esgardeor*, juge, arbitre. *Egards*, maîtres et gardes jurés.

EHLONGNER (Ass.), différer, retarder le procès. V. ESLOIGNES.

EIDE. V. AIDE. *Edières*, aideur.

EIGNÉ, aîné. *Eignesce* (*enecia*), aînesse.

EINÇOIS. V. AINÇOIS. EINS. V. AINS.

EIRE, EYRE (*errare*). V. ERRE.

EISSIR, EISSUES. V. ISSIR, ISSUES.

EJECTION DE MEUBLES, mise de meubles sur le carreau.

ELARGIR (*elargare*), faire sortir de prison. *Elargissement*, mise en liberté.

ÉLECTION D'AMI, déclaration de command.

ELIDER, soustraire, faire disparaître. *Elider la production de la partie adverse.*

ÉLUS, ÉLECTIONS ; à l'origine on appelait élus ceux qui avaient été choisis au pays pour la garde des deniers qu'on levait sur le peuple pour la solde des gens de guerre ; plus tard ce nom a désigné les officiers royaux qui répartissaient l'impôt.

ÉMANCIPER, mettre hors de sa main, ou de sa puissance. L'émancipation d'un mineur lui confère le droit d'administrer sa personne et ses biens.

EMBANNIR, EMBANNIE. V. BANNIR, BANNIE.

EMBARGO OU ARRÊT DE PUISSANCE, arrêt des navires dans un port par ordre du souverain.

EMBLADER, EMBLAVER (*bladare*), ensemencer en blé. *Emblaves, terres emblavées*, terres où le blé est déjà levé. *Emblaveures*, blé sur pied. *Emblure*, champ ensemencé.

EMBLER, (*imbladare*), voler. *Chose trouvée non restituée est comme emblée. D'emblée*, furtivement.

> L'avoir d'autrui tu n'embleras
> Ne retiendras à escient.

EMBRIEVER, enregistrer, insinuer. *Embrieffeure*, minute.

ÉMENDE (*emenda*), amende. *Emender*, amender, corriger, réformer.

ÉMOLOGUER. V. HOMOLOGUER.

EMOLUMENTS, profits, revenus.

EMPAN, mesure de longueur, à peu près les deux tiers du pied de roi.

EMPARAGÉE. V. APPARAGÉE.

EMPARLIERS OU AMPARLIERS, PARLIERS, POURPARLIERS, avocats qui ont été dits aussi *conteors* et *plaidours*.

Empatroner, ensaisiner, mettre en possession.

Empécher, mettre obstacle, saisir, arrêter. *Fief empêché*.

Emperiere, impératrice. *Emperiaux*, impériaux. *Statuts empériaux*.

Emphytéose, bail à longues années d'un héritage à la charge d'améliorations et moyennant une redevance annuelle appelée *canon emphytéotique*.

Emplaider, intenter un procès, appeler en justice.

Emploi de deniers, placement de deniers.

Emprendre, entreprendre. *Emprise, empresure* (*imprisia*), entreprise.

> Une folie est tôt emprise,
> Mais d'en sortir, c'est la maîtrise.

Emprés, après, ensuite.

Encan (*encanum*), enchères publiques. *Vendre à l'encan* (*incantare*). *Biens encantés*.

Encément, de même, en outre, pareillement.

Encensive, censive, fermage. (Ass.)

Enchantement (Ass.), enchère.

Encheoir, déchoir, tomber. (Ass.) *Enchu en la merci du seigneur*.

Encherchier, **encerquer**, rechercher, s'enquérir, informer.

> « N'encherke point les coses sacrées,
> « n'aies cure de savoir chou ke il ne te
> « loist. »
> (*Miroir du Chrétien*.)

Enchère, mise à prix. *Augmentation et crue de prix* (Nicod). *La première, la seconde enchère*. *Enchérir*, porter à un taux supérieur le prix d'adjudication. *Enchère n'oblige que le dernier enchérisseur*. *Vendre au plus offrant et dernier enchérisseur*.

Encheson. V. **Achoison**.

Enchue V. **Echeoite**.

Encis (*intuscisum*), meurtre de la femme enceinte ou de son fruit; avortement.

Enclave (*inclavatura*), ce qui est compris dans le territoire. *Sujets enclavés dans un fief; les enclavements et appartenances de la duché de Bourgogne*.

Encombrer (*combri*), empêcher, embarrasser. *Encombrer le mariage de sa femme* dans la coutume de Normandie, c'est dessaisir sa femme du bien qui lui appartient, aliéner sa dot. « *Encombre*, « *encombrier*, nuisance, empes- « chement, adversité, destourbier. » (Nicod.)

Encoste, interlocutoire, enquête.

Encoulper, **encouper**, inculper, accuser.

Encuseour (Ass.), accusateur, indice, dénonciateur. *Encuzeours et enquéreours*. *Encusement*, indice. *Encuser*, accuser.

Endementiers, **entrementiers** (ital. *mentre*), cependant, tandis que.

Endenture (*indentura*). Autrefois on détachait de l'acte une bande de parchemin destinée à servir comme de talon ou de souche, c'est-à-dire destinée à constater par le rapprochement exact des deux parties divisées que c'était bien l'original même qu'on représentait. Comme ce talon se découpait d'ordinaire en forme de scie ou dents on nommait l'acte *endenture* (*indentura*)

Enditer (*indictare*), indiquer.

> « Si li fu enditié Estienne Boyliaue, le-
> « quel maintint et garda si la provosté
> « que nul malfaiteur, ni liarre, ni mur-
> « trier, n'osa demourer à Paris. »
> (Joinville.)

— accuser. *Enditement*, délation.

Endossement (*indossamentum*), écriture mise au dos d'un acte; — quittance mise au dos de l'obligation; — transfert d'une lettre de change, ou mandat d'en toucher le montant par une mention mise au dos du billet.

Endouairer, **endower**, **endouer**, doner.

Endroit, environ, selon. *Endroit moi*, selon moi. *En vostre endroit*, en ce qui vous regarde. *Endroit soi*, selon sa charge et son office.

Enféoffement, inféodation, *enfiéver*, inféoder.

Enfraintures, infractions.

Engagement, toute espèce de promesse verbale ou écrite de donner ou faire quelque chose.

— gage. *Tenir quelque héritage par engagement*.

Engagement, aliénation de biens appartenant au domaine de la couronne, à la charge de rachat perpétuel. Les acquéreurs à ce titre sont dits *engagistes*.

Engin (*ingenium*), esprit, génie. *Papinian homme de grand engin.* Trad. mss. des Inst.

— Il se prend aussi pour tromperie comme l'*inganno* italien :

Tel, comme dit Merlin, cuide engeigner autrui
Qui souvent s'engeigne lui-même

machine, machine de guerre. *Engeigneur*, ingénieur.

Engroisser, devenir grosse, rendre grosse.

— grossoyer, expédier un acte en grosse.

Enherber, empoisonner.

Enheudé, entravé.

Enlignage, apparenté.

Enhortement, exhortation.

Ennuit, aujourd'hui. V. Anuit.

Enor, **enneur** (*honor*), honneur, domaine, seigneurie, fief.

Enprestances (Ass.), emprunts.

Enquestion, enquête (*inquesta*), preuve par témoins, recherche. *Enquesteur*, celui qui examine les témoins produits au procès. *Enquerir*, *enquerre*, interroger quelqu'un sur des faits pour en découvrir la vérité. — *Enquete de commodo et incommodo*, recherche des avantages ou des inconvénients de quelque entreprise industrielle ou publique. — *Enquete par turbes*, preuves d'une coutume par témoins. — *Enquête d'examen à futur* était une enquête qui se faisait par avance pour empêcher de périr certaines preuves dont on prévoyait avoir besoin plus tard.

Enqui, D'. de ce moment. *D'enqui en avant*; d'ici là.

Enregistrement, description sur un registre public d'un acte dont on veut assurer la conservation.

— droit perçu par le fisc à cette occasion.

Enroller, **enrotuler**, enregistrer.

Ens, dedans.

Ensaisiner, **ensaisir**, mettre en possession. *Ensaisiner un contrat*, c'est en recevoir l'exhibition.

Enseigne (*signum*), marque, indice.

Ensement. V. Encément.

Enserré (Ass.), embarrassé, empêché.

Ensievir, **ensevre**, **ensuir**, suivre.

Ensoigne. V. Essoine.

Entalenté, disposé, résolu. V. Talent.

Entençon, **entente**, intention.

Entérin, entier. *Entérinement*, entièrement. *Restitution entérine* (*restitutio in integrum*).

Enteriner ou **intériner** (*interinare*), rendre entier, confirmer, accomplir. *Entérinement*, jugement par lequel on approuve un acte, et on en ordonne l'exécution.

Entiercer, **entiercher** (*intertiare*), mettre en main tierce, séquestrer.

Entravertissement. V. Ravestissement.

Entrecours (*intercursus*), Convention seigneuriale qui permettait aux bourgeois de deux seigneuries de s'établir librement de l'une dans l'autre, sans crainte de perdre leur franchise. — Convention seigneuriale qui permettait au serf d'une seigneurie d'épouser la serve d'un autre seigneur, sans encourir la peine de formariage.

Entrée, prise de possession.

Entrées, recettes, revenus. *Droits d'entrée* (*intragium*), droits perçus sur les marchandises à l'entrée du royaume, ou d'une ville.

Entrepôts, lieux où l'on dépose des marchandises pour les reprendre au besoin.

Entretenement, entretien. *Dépenses d'entretenement*.

Envis (*invitus*), à contre-cœur.

Epargne, trésor, caisse.

Epaves ou **espaves** (*epava*), choses égarées et qui ne sont réclamées par aucun propriétaire. — Aubains. — *Épaves foncières*, qui appartiennent au seigneur du fonds : *mobilières*, qui appartiennent au justicier.

Epices, honoraires payés au juge. Sportules.

Épingles, don fait en sus du prix de la vente, ou du marché conclu.

Éponce. V. Esponse.

Épousailles, fiançailles, mariage.

EPS, ES OU ADEBTZ (*apes*), abeilles.

EQUIPOLENT, équivalent. *A l'équipolent*, au prorata.

ERÈGE, ERITE, hérétique.

ERMES, TERRES, TERRES BREHAIGNES (*eremus*), terres desertes, terres stériles.

ERRAME, défaut, amende de défaut. V. DERRAME et DESRAINER.

ERRE, ERREMENS (*erramenta*), précédents, derniers actes de procédure.

— Ordre, manière, conduite.

ERRE (en anglais *eyre*), signifie encore marche, hâte, diligence; du latin *errare*. *Aller grant erre*, aller grand train.

ERRES (*erra* pro *arrha*), assurance, certitude. *Il a moult grand erres de vilenie avoir*. Il est assuré d'avoir affront.

— arrhes, gages.

ERREUR, méprise, ignorance. *Erreur de fait*, *erreur de droit*, ignorance de ce qui a eu lieu, ignorance de la loi. *Commune erreur* est la fausse opinion qui, dans un lieu donné, passe pour vraie et certaine.

ERT, IERT, il était.

ES, dedans, en, aux.

ESBERGER. V. HEBERGER.

ESCAETE, ESCHOITE, ESCHUTE (*escaeta*), succession collatérale. V. ESCHÉETE.

— (*escaanchia*), biens dévolus au fisc; biens confisqués; biens caducs.

— (*scazudia*), redevances.

ESCAMPÉE, ESCAPE, ESCHAMPE, subterfuge, faux-fuyant, échappatoire.

ESCARS, ESCHARD (*scardus*), avare, chiche. *Escarcement* (*scarsamente*), mesquinement.

ESCHAMPIR, employer des subterfuges; échapper.

ESCHANDOLE. V. ESSAULE.

ESCHARGAITES, ESCHAUGUETTES (*scaraguayta*), guet.

ESCHEETE (*escaeta*), succession collatérale, et quelquefois aussi toute espèce de succession. (Ass.

ESCHÉRIR, enquérir, demander, déclarer.

ESCHERPILLER OU ESSERPILLER, voler; DESSERPILLEUR, voleur, de *serpeau*, trousseau. *Escharpelerie*, vol de grand chemin.

ESCHETS, ESCAS, redevances.

ESCHEVER, ESCHIVER (*eschicere*, esquiver, échapper, se dérober. *Eschirer le jugement*, le décliner.

ESCIENT, ESSIANT, sens, raison, connaissance.

« Pour émander à leur pooir et à lor « escient les assises et les usages dudit « royaume. »

(Assises.)

ESCLANDRE, ESCHANDLE (Ass.) (*scandalum*), scandale; *au grand esclandre de la justice.*

ESCLARCIR, déclarer.

ESCLECHE, ESCLICHE, ESCLIPSE, démembrement, dépié du fief. *Esclescher, eclicher*, démembrer.

ESCOMPTER, payer une dette non échue, déduction faite de l'intérêt. *L'escompte* se dit aussi de la déduction elle-même.

ESCONDIT, excuse, ESCONDIRE (*excondicere*), s'excuser; se purger par serment.

ESCONDRE, ESCONSER, cacher. *Soleil esconsant*, soleil couchant.

ESCOUSSE, ESQUEUSSE, rébellion, assaut. V. RESCOUSSE.

ESCOUVER (Ass.) (*scopa*), balayer.

ESCRIS DE LA COUR (Ass.), registres, procès-verbaux. *Et lors la court qui en ce jour seroit, ci feroit querre les escrits, ou le recort de la court.*

ESCRITURES, écrits, actes d'un procès. *L'intendit*, *ou escritures principales. Doubler une escriture*, faire une copie.

ESCRIVENAGE, charge, office d'écrivain.

ESCU, SERVICE D' (*scutum*). L'écu étant l'arme défensive du chevalier, servait à désigner le service militaire. *Tenir sa terre par service d'escu* ou *escuage* (*scutagium*), c'est la tenir par service de chevalerie. — *Escuyer* (*scutifer*), celui qui porte l'écu du chevalier.

ESFORZIER ou EFFORCIER (*efforciare*), contraindre, violer, vexer.

ESGARDER, EWARDER, examiner, considérer, juger. V. ÉGARD.

ESLOIGNES (Ass.), subterfuges, faux-fuyants pour retarder le procès.

ESMER, estimer. *Esmé*, estimation.

ESNETER (Ass.), nettoyer; tenir net.

ESPECE, c'est le fait ou cas particulier qui fait l'objet du procès.

ESPECES, monnaie, argent : *payable en espèces, et non en billets.*

ESPLECHES, vaines pâtures.

ESPLETS. V. EXPLOITS.

ESPOIR, peut-être. *Esperer*, attendre.

ESPONCE, déguerpissement. *Esponcer*, quitter, abandonner.

ESPRIT DE RETOUR, intention, résolution de revenir.

ESPURGEMENT (*purgatio*), excuse : purgation par serment. *Espurger*, se justifier.

ESQUERRE, ENQUERRE, faire une perquisition, une enquête.

ESQUIERES (*scara*), escadrons.

ESQUIERES DES CLOCHERS, points de repère pour limiter les pâturages communs.

ESSART (*essartus*), défrichement ; — menu bois qui tombe dans les forêts.

ESSARTER, DESSARTER, défricher.

ESSAULE, ESSEAU, ESSIET (*scindula*), bardeau, planches avec lesquelles on couvre les toits.

ESSILLER, détruire ; ESSIL, dégât (*exitium*).

ESSOINE, ESSOINEMENT, ESSONIEMENT, ENSOINE, EXOINE, SOINE (*sunnis*, *essonia*), excuse, empêchement : *essonier*, excuser : *essonières*, *exoniateur*, celui qui propose l'excuse. Rastall. V° ESSOIN.

ESSORILLER, couper les oreilles.

ESTABLES (Ass.), immeubles.

ESTABLIE, BREF D', édit, ordonnance, établissement. — Action accordée à celui qui était troublé dans la possession de son fief (*stabilia*).

ESTAGE, ESTELAIGE, domicile. — garde du chateau seigneurial par les vassaux, en temps de guerre. (*Custodia*, *estag um.*)

ESTAGIERS, ESTAGERS ou MANSIONNIERS, sont les sujets d'un seigneur, qui ont estage et maisons en son fief ; et qui sont obligés à la résidence. V. RESSÉANS.

ESTAIANT, ESTANT, étant, situé sur. *En son estant*, debout, droit sur ses pieds.

ESTAIL, ÉTAL, ÉTAU, boutique, place au marché. *Vendre à l'estail*, vendre au détail. *Estaller*, exposer en vente des marchandises.

« Si une personne barguine denrée à « l'estail ou à l'ouvrouer d'un marchand « où il veult achepter. »

(Anc. cout. de Paris.)

ESTER EN JUGEMENT, EN JUSTICE, ESTER A DROIT, comparaître, *stare in judicio*, soit en demandant, soit en défendant.

ESTEULES, ESTOUBLES (*restischia*), chaumes nouveaux, pailles. *Estoblage*, droit payé pour mener les porcs paître dans les chaumes.

ESTEVOIR, ESTOVOIR, ESTOUVIER (*estoverium*), le nécessaire. « Le « mari doigne à sa feme honorée-« ment et convenablement lor vi-« vre et lor estovoir, chascun se-« long son pooir. » Rastall. V. ESTOVERS. *Par estouvoir*, de nécessité.

ESTIMATION, appréciation ; valeur à laquelle une chose est portée.

ESTIVAUX (all. *stiefel*), ESQUEMBAUX, HEUSES (*osa*), bottes.

ESTOC, la souche, le tronc de l'arbre généalogique, la personne à laquelle toute la famille rapporte son origine. Les *Coutumes d'estoc et ligne* sont celles dans lesquelles, pour succéder à un propre, il suffit d'être parent du défunt du côté et ligne du premier acquéreur, sans qu'il soit requis d'être descendu du défunt en ligne directe.

ESTOPPER (*estoppare*), empêcher, arrêter, fermer. *Estoppel*, exception dans les coutumes anglo-normandes.

ESTORRE, ESTORER, orner, décorer, former. *Dieu qui le monde estora*. *Chambre estorée*, chambre garnie de ses meubles.

ESTOUR, combat, mêlée.

ESTRAIN, ESTRAN (*stramen*), paille, chaume.

ESTRAIRE, ESTRÉER, ESTRANGIER (*extraneare*), aliéner, delaisser, abandonner. *Estrangement*, aliénation.

ESTRAYERS, BIENS (*estrajeriæ*), épaves, biens laissés par un aubain. Rastall. V° ESTRAY. Biens caducs ou confisqués. *Espaves ou estrajers, estrejures de bastards*. V. ATTRAIÈRE.

ESTREPER, arracher, détruire. *Estrepement* (*estrepamentum*), arrachage, dégât.

ESTRIF, lutte, querelle, discussion. *Contention et estrif*. *Estriver*, disputer, résister.

Fox est qui vers seignor estrive.

Estrousser, adjuger, vendre aux enchères. *Estrousser les fermes.*

Estuet, il faut, il convient. V. Estevoir.

« A tel maître estuet tel valet. »

Estuier (Ass.), cacher, serrer, réserver.

Esvier, égout.

Etablissement, ordonnances, lois. *Les Établissements de saint Louis. Etablissement perdurable (edictum perpetuum).*

— institution, nomination. *Établissement de commissaires.*

Étape, magasin de vivres.

Etat (*status*), condition des personnes. *État civil, possession d'état.*

— ordre, disposition, arrangement.

— mémoire, inventaire. *État de compte, de lieux, de services.*

— Budget, compte.

— profession. *Choisir un état.*

— **Lettres d'**, lettres de surséance ou de répit. (Duc. V° Elongare.)

État, en matière de régale c'est la récréance.

— avenir, invitation à comparaître. *Prendre estat par ajournement accepté.* (Grand. Cout.)

États, les, sont les trois ordres qui distinguaient le peuple en France : le clergé, la noblesse et le tiers état.

— assemblées de certaines provinces, ou *pays d'états*, qui s'imposaient elles-mêmes, à la différence des *pays de généralité* ou *d'élection* qui ne votaient point l'impôt qu'ils payaient.

Etude, cabinet, office. *Étude de notaire.*

Eue, eve, eau.

Eurée, eur. V. Oree.

Evénement du procès, issue, résultat du procès.

Eventuel, qui dépend d'un événement incertain.

Éviction, dépossession juridique par suite d'une action réelle exercée par un tiers. *Evincer*, faire prononcer l'éviction, faire déguerpir le tiers acquéreur d'un fonds qui nous appartient, ou qui nous est obligé.

Evidence, preuve dans les coutumes anglo-normandes.

Evocation de cause, dévolution à une cour supérieure d'un procès pendant devant un autre tribunal. *Evocation d'un parlement à un autre; évocation au grand conseil*

Examen, enquête. *Examen à futur; examiner, recoler et confronter tesmoings.*

Examen a futur, enquête ou interrogatoire de témoins obtenu avant le procès, en vertu de lettres royaux. V. Enquête.

Examinateurs, qui ont charge de faire les enquêtes.

Exceptions, moyens de défense. *Exciper*, défendre, fournir des exceptions. *Exciper de chose jugée.*

Excès, sévices, injures graves, violences qui mettent la vie en danger, mauvais traitements, accusations calomnieuses qui attaquent la probité ou les mœurs.

Excommengement, excomménie, excommunication.

Exeat, permis donné à un ecclésiastique pour sortir du diocèse.

Exécuteur testamentaire, la personne à qui le défunt a commis l'exécution de son testament.

Exécution, accomplissement d'un acte, d'un jugement. *Exécution provisoire*, celle qui a lieu nonobstant opposition ou appel, sous la réserve du fonds.

— saisie, vente des meubles saisis.

— **parée**, celle qui a lieu sans recourir aux tribunaux. Les actes notariés, les jugements en dernier ressort emportent exécution parée.

Exécutoire, ce qu'on peut mettre à exécution.

— acte du juge qui autorise l'exécution.

Exécutoire de dépens, commission du juge ordonnant l'exécution des dépens par lui adjugés.

Exempt, officier subalterne de justice ou de police.

Exemption, immunité, privilége qui dispense de la règle générale. *Exemption d'hommage, de tailles.*

Exfestucation (*festuca*), déguerpissement, dessaisissement qui se faisait par le symbole d'un fétu rompu.

EXHERÉDER, déshériter, ôter à l'héritier légitime sa succession.

EXHIBER, produire des pièces, des écrits dans une affaire. *Exhibition de contrat*, communication de contrat faite au seigneur ou à un officier public, pour payer les droits de mutation. *Exhibition publique*, exposition, spectacle.

EXIGIBLE, dette dont le paiement est échu.

EXOINE. V. ESSOINE.

EXPAYSÉ. V. DEPAISÉ.

EXPÉDITION, copie d'un acte délivrée par un officier public.

EXPERT, homme de l'art chargé de donner son avis sur la valeur et la façon des travaux, objets du litige. *Expertise*, examen fait par l'expert.

EXPLETS, EXPLOITS, EXPLEES, dit Rastall, « est le profit ou commodité « qui est à prendre d'une chose. » — Revenus.

EXPLOICTER, mettre à exécution quelque mandement de justice.

— saisir, mettre en la main du roi ou du seigneur. *Exploicter les meubles des debiteurs.*

— cultiver, faire valoir. « Le sei- « gneur féodal exploite en pure « perte le fief mouvant de lui, et « fait les fruits siens pendant la « main-mise. »

EXPLOIT (*expleta*), jouissance, exploitation. *Fief qui chiet en exploit; posséder, tenir et exploiter un héritage.*

— (*expletum*), assignation, acte judiciaire. *Esplet de cour, exploit libellé.*

EXPLOIT DE FAIT, exécution, saisie. (Grand Cout.)

EXPOSITION DE PART, abandon d'un enfant nouveau-né.

EXTERMINER, bannir, exiler.

EXTINCTION, anéantissement d'une dette, d'une obligation.

EXTRAIT, abrégé, analyse, copie partielle d'un acte, d'un jugement, d'un registre. *Grand extrayeur et rapporteur de procès.*

— issu. *Extrait de noble race; basse extraction.*

EXTRAJUDICIAIRE, EXTRAJUDICIEL, qui se fait hors justice. *Signification, acte extrajudiciaire. Opposition extrajudicielle.*

EXTRAVAGANTES, constitutions des papes postérieures aux Clémentines, non comprises dans le décret. (*Vagantes extra decretum.*)

F

FABRICE, FABRIQUE (*fabrica*), le temporel, les biens possédés par une église.

— l'assemblée chargée d'administrer ces biens. *Fabriqueurs, fabriciens*, marguilliers.

FACTEUR, celui qui a commis le fait ou le crime.

FACTEURS (*factores*), préposés ou mandataires. — Commis préposés à la vente de certaines marchandises ou denrées.

FACTUM, mémoire publié par les parties.

FACULTÉ, droit. *Faculté de s'obliger, de tester.*

FAIDE. V. FEDE.

FAILLE, FAILLANCE, FAILLIE (*fallum*), défaut, manquement, exception. *Cette règle reçoit plusieurs faillances.* (Grand Cout.) *Sans faille*, sans faute.

FAILLIR, FALIR (*fallire*), manquer. *Falt, fault*, il manque. *Faillite*, état d'un commerçant qui a cessé ses paiements.

FAINTE, FAINTISE, tromperie, dissimulation.

FAISANCES, redevances.

FAIT, acte, action, chose faite. *Fait d'autrui*, acte, action d'autrui. *Fait de charge*, acte coupable commis par un officier public dans l'exercice de ses fonctions.

FAIT, circonstances qui sont l'objet du procès. *Point de fait, point de droit*, question de fait ou de droit à juger. *Faits et articles* sont les questions sur lesquelles une partie fait interroger sa partie adverse.

Fait (*factum*), se prend quelquefois pour acte. *Par aucun fait ou contrat entrevifs* (Grand Cout.), et *Deed* a le même sens dans les coutumes anglo-normandes.

« Mari et femme ayant enfans, ne peu-
« vent par faict spécial, ravestir l'un
« l'autre. »
(Cout. de Valenciennes, art. 82.)

— **Voie de** (*factum*, 5), violence.

Faite (Ass.), fait.

Faiture (*factura*, 2), façon, forme. *Faitis, fetis*, qui a bonne façon, beau, bien fait.

Falcidie. V. **Quarte falcidie.**

Fame, femme.

— réputation. *Diffame*, infamie.

Fauchée de pré *falcata prati*, l'étendue qu'un homme peut faucher en un jour. *Fauchage, faucillage*, corvée de fauchage.

Fauldage, fauchage des herbes dans les rivières et fossés. *Faulder*, faucher.

Fausser la cour (Ass.), ou le **jugement** (*falsare curiam*), c'est soutenir que le jugement est faux et déloyalement rendu.

Faussères, celui qui fausse le jugement.

Faussonnier (*falsonarius*), faussaire.

Faut, défaut. *Il faut*, il manque.

« Cil n'est pas vrais amis qui faut à son
« ami quand il est poures et au besoing. »

Fauté. V. **Féaltie.**

— faculté, communauté. *Assembler la faulté.*

Faux, supposition frauduleuse pour détruire, altérer ou obscurcir la vérité. *Faux principal* est l'accusation qui s'intente directement contre une personne avec laquelle on n'est pas en procès, et qui a par devers elle une pièce fausse. *Faux incident* est celle qui est dirigée contre une pièce produite dans le cours d'un procès engagé.

Faux frais, dépenses qui n'entrent point en taxe et qui restent à la charge de celui qui les fait, quelle que soit l'issue du procès.

Faye (*fagia*), forêt de hêtres. *Fayne, foisne*, c'est le fruit du hêtre.

Fé, fié, fief.

Fé, foi, hommage. *Par ma fé*, par ma foi.

Féage, contrat d'inféodation. *Bailler à feage, afféager.*

— Héritage inféodé.

Féal, féable *fideles*, fidèle, vassal, celui qui doit la foi. *Les féaux du roi.*

Féaltie, feaulté, féauté, feuté, fiance (*fidelitas*), foi, fidélité. *Faire feauté et hommage.*

— Devoirs auxquels la foi oblige le vassal.

Fède (*faida*), inimitié, vengeance de famille. *Si vous y estes de fède mortel, vous ne pourez mie y estre reçu bourgeois* (Roisin).

« Se alcun home de forain à ces trivès
« ne se voelt tenir, il convient ke cils qui
« les trives aront fiancés, u li kief de la
« faide, amène devant eskevins celui ou
« cels ki a ces trives ne se volront tenir
« en plainne halle, parquoi les eskevins
« parolent a als de bouke. »

(Registre de l'hôtel de ville de Douai, an 1254.)

Fée, fei (*fides*, Ass.), foi, fidélité. *Foi mentie*, félonie. *Feimenti*, qui a manqué à son serment féodal. *Fementido*, en espagnol veut dire encore aujourd'hui félon, déloyal. (Duc. V° *Fidem mentiri.*)

Félonie, félenie (*felonia*), infidélité, manque de foi du vassal ou du seigneur, qui fait perdre au vassal son fief, et au seigneur son hommage. *Fel, félon*, perfide, traître, cruel.

Féme ou femme de corps (*femina de corpore*), serve. — *Feme de religion* (Ass.), religieuse. — *Femme commune*, femme mariée sous le régime de la communauté. — *Feme coverte*, femme mariée.

Fenage (*fenagium*), droit du seigneur sur les foins. *Fenaison*, récolte des foins; *fenier*, vendeur de foins. *Fenil*, grenier.

Fenestrage (*fenestragium*), droit payé par ceux qui vendent du pain, ou d'autres marchandises exposées sur la fenêtre.

Feodal, tout ce qui concerne le fief. *Droits féodaux, saisie féodale, retrait feodal. Féodalité*, régime des fiefs.

Feoffer, donner en fief. *Féoffor*, celui qui concède le fief. *Féoffee*, le concessionnaire.

FERIR (*feritare*), frapper. *Feru*, battu.

FER MAILLÉ, treillis dont les trous doivent être de quatre pouces en tous sens.

FERMANCE (*firmancia*), plége, caution.

FERME, CONTREFERME, affirmation, confirmation.

FERME (*firma*, 3), héritage rural donné à location — la location même. *Fermage*, prix de la location. *Fermes du roi*, les baux que fait le roi des droits qui lui appartiennent. *Fief ferme*, terre noble donnée à ferme perpétuelle.

FERMER, CONTREFERMER (*fermare directum*), affirmer, confirmer. *Leurs convenans ont si fermés.* — Fiancer; *fremailles*, fiançailles.

FERMETÉ, FERTÉ, FIERTÉ (*firmitas*), forteresse.

FES, fois. *De fes*, parfois.

FESTAGE (*festagium*), cens payé au seigneur pour avoir droit de construire ou d'élever le *faite* d'une maison.

FESTUCATION (*festuca*). V. EXFESTUCATION.

FÉTU, ROMPRE LE (*festuca*), déguerpir, abandonner.

FEU (*focus*), famille, maison. — *Feu et lieu*, ménage, vie commune; *tenir feu, pain et domicile permanent.* — *Partage par feux.* V. *Affouage.*

FEUDAL. V. FEODAL.

FEUDATAIRE (*feudatarius*), qui tient en fief, vassal.

FEUILLE D'AUDIENCE, cahier qui contient la rédaction des jugements et arrêts.

FEUR, FUR (*forus*), prix. *Que son labor soit conté au fuer corsable* (prix courant) *des laborors.* (Ass.) *Au fur*, à mesure. V. AFFEURER.

FEURE. V. FEVRE.

FEURMARIAGE. V. FORMARIAGE.

FEURRE, FEURS, FOUARRE (*fodrum*), foin, fourrage, fumiers. *Aller en fuerre*, fourrager; — *feurs* se prend aussi pour les frais de culture.

FEURRE, FOURRAGES, USTENSILES, ÉTAPES (*fodrum*), sont les fournitures faites au soldat. *Fourrier* est celui qui fait preparer le logement et la nourriture de l'armée.

FEUTÉ, FEZ, FI. V. FEAUTÉ.

FEVRE (*faber*), forgeron. *En forgeant on devient febvres.*

FIANCE, FIANCHE (*fidancia, fiducia*), fidélité, promesse, caution. *Fiancer*, promettre. *Fiancer et plévir*, cautionner.

— Fiançailles.

Li prestre fut appereillé,
A leur entré les a seigné,
Ains ni fut douaire nommez,
Ne seremens un seul jurez,
Fiance faite ne plevie,
Mais le vassal reçut sa mie.
(*Rom. d'Ache*)

FICTION, supposition autorisée par la loi qui donne à une personne ou à une chose une qualité qui ne lui est pas naturelle.

FIDÉICOMMIS, disposition par laquelle on donne à une personne, à charge par cette personne de transmettre le don à un tiers. Le *fidéicommissaire* est celui qui est gratifié à la charge de rendre.

FIDÉJUSSION, caution. *Fidéjusseur*, celui qui cautionne.

FIDÉLITÉ, foi et hommage que le vassal doit à son seigneur.

FIDUCIAIRE, HÉRITIER OU LÉGATAIRE, est celui qui est chargé d'administrer et tenir en dépôt une succession jusqu'à ce qu'elle soit remise au véritable héritier.

FIÉ, FIEF, FIEU, FIÉS, FIÉMENS (*feudum*), héritage concédé par le seigneur au vassal, à charge de services nobles, avec rétention de foi et d'hommage et de seigneurie directe.

— ABONNÉ OU AMÉTÉ est celui dont les profits éventuels, tels que les reliefs, les quints, et quelquefois l'hommage, ont été convertis, d'un commun accord entre le vassal et le seigneur, en rentes ou redevances annuelles.

— ABRÉGÉ OU RESTRAINT (*feudum taillatum*). V. ABRÉGEMENT et DÉPIÉ.

— BOURSAL OU BOURSIER (*feudum bursæ*), apanage en argent constitué sur le fief au profit des puinés.

— CHEVEL OU EN CHEF (*feudum capitale*), qui est tenu noblement à cour et usage.

— COUVERT est celui pour lequel le vassal a fait la foi et hommage au seigneur duquel il relève. *Fief ou-*

vert est celui qui n'est point desservi, pour lequel aucun vassal n'a fait la foi.

Fié de danger (*feudum dangerii*), qui se confisque si le vassal se met en possession avant d'avoir prêté la foi et l'hommage.

— dominant, c'est le fief dont relèvent les autres.

— de haubert (*feudum loricæ*), qui doit le service de chevalerie.

— lige. V. Lige.

— noble, est celui qui a haute, basse et moyenne justice, ou qui a fief ou censive mouvant de lui; *fief roturier* est au contraire celui qui n'a aucune de ces prérogatives.

— Plein, ou fief pur et sans moyen (*feudum planum*), est celui qui ne relève point d'un autre, à la différence du *fief servant*, qui dépend en foi et hommage d'un fief supérieur; *arrière-fief* est celui qui relève médiatement du fief dominant.

— de pléjure (*feudum plejuræ*), est celui dont le tenancier doit se porter *plége* ou caution pour le seigneur.

— s revanchables, égalables, échéans et levans. Ces fiefs sont ainsi appelés dans les coutumes de Bretagne, parce que tous ceux en général qui les possèdent, et chacun d'eux en particulier, sont de la même condition, et également astreints aux mêmes devoirs envers le seigneur.

— de revenue, fief en l'air, fief volant (*feudum de camera* ou *de cavena*), fiefs sans terres, rentes assignées sur la chambre ou trésor du roi, à la charge de l'hommage.

Fief dans la coutume de Normandie, et fee dans les coutumiers anglo-normands, signifie toute espèce d'héritage. *Le fief noble*, qui est le fief proprement dit, *le fief roturier* ou *rural* (*feudum burgense*), chargé de vilains services ou de rentes, espèce de censive. *Le fief ferme* (*feudofirma*), qui est le bail à ferme ou plutôt l'emphytéose. *Le fie simple* (*feudum simplex*), qui est la pleine propriété. *Le fie entail* (*feudum taillatum*), qui est la propriété laissée sous certaines conditions, telles que de supporter une substitution.

Fief franc ou franc fief, Droit de, taxe que paient les non-nobles pour avoir le droit de posséder les fiefs.

Fieffe, bail à rente.

Fieffé ou Fiefvé, qui a été concédé en fief quand il s'agit des choses. *Domaine fieffé*; — qui a reçu en fief, quand il s'agit des personnes. *Homme fiefré*, c'est le vassal. *Héritiers fiefrés*, c'est-à-dire ensaisinés. *Officiers fieffés*, officiers qui dépendent d'un fief.

Fieffer, fiéver, bailler en fief. *Fiement*, inféodation.

Fiégards, flégars, communaux, places publiques.

Fiens, fumiers.

Fiert, il frappe, de *férir*.

Fierte (*feretrum*), châsse, bière.

Fierté. V. Fermeté.

Fieu, fiex, fius, fils.

Figure accordée, plan des lieux en litige, reconnu par les deux parties.

Filets de mur, rebords, saillies placées en haut du mur.

Filiastre (*filiaster*), beau-fils; enfant d'un premier lit.

Filiation, descendance de père en fils.

Fimport, dans les coutumes de Bretagne, c'est la mise en cause de tous ceux qui peuvent être intéressés dans la querelle. (Anc. cout. de Bret. 155.)

Finage, fineroy, ban et territoire d'une justice et seigneurie, d'une paroisse. *Chemins fineroz*, chemins vicinaux.

Finaison (*finis*, 1), accord, composition, transaction: *ou l'argent faut, finaison nulle*.

Finance, droit, argent. *Grande finance et chevance*. Revenus royaux.

Financier, fermier des droits du roi.

Fine (*finatio*), amende, droit.

Finer, financer (*finare*), payer les droits ou l'amende.

— finir, terminer. *Finer à son adversaire, à son créancier* (Ass.) (*finem facere*), s'accorder avec son adversaire ou son créancier.

Finité (Ass.), affinité, alliance.

Fins, raisons, motifs, conclusions.

Défendre à toutes fins. Fins civiles, exceptions. *Fins de non-recevoir, fins de non-procéder.*

FISC (*fiscus*). « C'est, » dit un vieux glossaire « sac ou bourse du roy « où l'on met publiques cens ou « revenues, ou fourfaitures. » *Procureur fiscal*, représentant du fisc.

FISICIEN (*physicus*), médecin. *Fisique*, la médecine.

FLAEL, FLAYEL (*flagellum*), fléau.

FLAGRANT DÉLIT, ÊTRE PRIS EN, c'est être pris sur le fait même.

FLASTRY, FLATRÉ, FLAITRE (Ass.), flétri, marqué.

FLEURDELISER, flétrir un criminel en le marquant d'une fleur de lis sur l'épaule.

FOI, promesse de fidélité faite par le vassal au seigneur. *Entrer en foi, tenir en foi.*

FOI MENTIE, félonie. V. FEL.

FOIABLE, FOYAULE, homme qui doit la foi, fidèle.

FOIRES *nundinæ*, marché.

FOL APPEL, appel interjeté témérairement, sans motif.

FOLC, FOUC, FONC DE BÈTES, troupeau.

FOLIER, FOLOIER *fallire*), railler, faire injure, faire folie.

— s'égarer, se tromper, errer.

> Qui par soi velt ouvrer,
> Sans conseil demander,
> Sovant foloiera.

FOLLE MISE, FOLLE ENCHÈRE, enchère que l'adjudicataire ne peut réaliser.

FOLLIE *follia*, injure. *Dire lait et folie.*

FOLURE, blessure. V. AFFOLER.

FONCIER, qui vient du fonds, qui est inhérent à la terre. *Seigneur foncier*, seigneur du fonds. *Rente foncière*, *justice foncière.*

FONDALITÉ, droit de directe qui appartient au seigneur foncier.

FONDATION, donation faite à l'Église ou à une institution de charité, à la charge d'en employer le revenu à quelque œuvre pie.

FONDE, FONDIQUE Ass.) (*funda*), bourse, lieu de réunion des marchands. — Entrepôt. — *Cour de la fonde*, tribunal chargé des procès commerciaux en Orient.

FONDÉ DE POUVOIR, mandataire.

FONDER, établir, autoriser, appuyer. *Il est fondé en arrêt.*

FONDS, BIEN-FONDS, TRÈS-FONDS, c'est le sol et tout ce qui en dépend en superficie et en profondeur : les immeubles. *Fonds dotal*, immeuble constitué en dot à la femme.

— capitaux. *Fonds perdu*, capital aliéné sans retour, moyennant un revenu.

— DE COMMERCE, établissement commercial.

— l'objet même de la contestation. *La forme emporte le fond*, c'est-à-dire que la procédure décide quelquefois de l'objet même du procès.

FONGIBLE, CHOSE, chose qui périt par la consommation, et qui peut être remplacée par des objets de même nature, tels que vin, huile, blé, etc.

FOR (*forum*), tribunal. *Le for-l'Évêque* était le lieu où s'exerçait autrefois la justice de la temporalité de l'archevêque de Paris. *For extérieur*, justice humaine, *for intérieur*, tribunal de la conscience, autorité de la loi naturelle ou divine.

— Marché, foire.

FORAGE, FOURAGE (*foragium*), ou JALAGE, droit seigneurial sur la vente du vin en détail. V. FEUR.

FORAINS (*foraneus, forasterius*), aubains, étrangers, gens du dehors, marchands qui ne sont pas bourgeois de la ville dans laquelle ils viennent vendre ou acheter. Rastall. V° FOREIGN.

FORBANNIR (*forisbannire*), bannir, exiler, reléguer. *Sentence de forban*, arrêt d'exil. *Forbain*, *forbanni*, *forban*, banni, bandit.

FORCE (*vis*), usurpation, violence, viol. *Force paleise* (Ass.), violence ouverte, nouvelle dessaisine. *Femme efforciée*, femme violée.

FORCE MAJEURE, celle à laquelle on ne peut résister. Cas fortuit.

FORCE DE CHOSE JUGÉE, autorité de la chose jugée.

FORCENÉ. V. FORSENEZ.

FORCLORE, exclure. « Denier justice, fermer la porte de justice. » Nicod. *Forclusion*, exclusion, défaut, déchéance faute de produire dans un procès d'ordre ou de contribution.

FORCLOS, dit Rastall, *est celui qui est barré et ousterrement* (entièrement), *excluse par tout temps.*

FORCONSEILLER (*forisconsiliare*), mal conseiller.

FORESTIER (*forestarius*), garde des bois. *Forestage* (*forestagium*), droit d'usage dans les forêts.

FORFAIRE (*forisfacere*), perdre par sa faute ou son délit. *Forfaire son fief* (*feudum perdere*), *sa seigneurie, sa justice, son douaire, sa marchandise.* — Commettre un crime, malfaire.

FORFAIT, FORFAITURE, FORFACTURE (*forisfactura*), crime, délit. — Amende qui suit le délit. *Forfaire l'amende*, l'encourir.

— MARCHÉ A, à perte ou gain, sans garantie.

FORFAMILIER (*forisfamiliare*), émanciper.

FORGAGE, en Normandie, est le droit qu'a le débiteur de retirer son gage vendu par autorité de justice, en rendant le prix à l'acquéreur dans la huitaine de la vente.

FORGAGER, saisir. *Fourgagnement*, saisie, confiscation.

FORIER, fermier du marché ou de la foire. V. FOR.

FORJUGER (*forisjudicare*), condamner, proscrire, confisquer. Rastall. V° FORJUDGER.

FORJUGIÉ (*forisjudicati* (Ass.), banni.

FORJURER (*forisjurare*), quitter, abandonner, abjurer, renoncer à.

> Thomas de Weglande en banc primes nommé
> Par agard de la court le règne a forjuré.

Forjurer son héritage, c'est l'abandonner, y renoncer. *Faire forjure*, renoncer en justice, faire cession.

FORLINER ou FORLIGNER, FOURLONGNER (*furlongus*), dégénérer, se mésallier.

FORMALITÉS, règles à suivre pour la régularité et la validité des actes. *Forme* se dit de l'observation de ces règles. *Condamné sans forme de procès.*

— procédures.

FORMARIAGE ou FEURMARIAGE (*forismaritagium*), droit d'empêcher le serf d'une seigneurie d'épouser une personne franche ou serve d'une autre seigneurie. — Amende encourue par le serf qui s'est formarié. — Droit payé pour avoir le droit de se marier à son gré.

FORME EXÉCUTOIRE, celle qui confère l'exécution parée.

FORMEL, fait dans toutes les formes, exprès. *Désaveu formel, partage formel. Garant formel*, véritable garant, à la différence du *garant simple*, qui n'est nommé ainsi qu'improprement.

FORMENER, malmener, surmener.

FORMENT, fortement.

FORMETURE, FOURMORT, FORMORTURE (*formortura*), succession du vilain ou du batard dévolue au seigneur par faute d'héritier légitime.

FORMULE, modèle d'acte, règles prescrites pour les procédures. *Formulaire*, recueil de formules. *Les Formules de Marculfe.*

FORNOIER, nier.

FORPAISIER, FORPASSER (Ass.), quitter, abandonner le pays. — *Forpaisé* (*forispatriatus*), hors du pays, absent, banni.

FORS (*foris*), hors, excepté, hormis. *Fors voie*, hors voie, d'où est venu notre mot *fourvoyer.*

— (*forus*. 2. esp., *fueros*), coutumes.

FORSENEZ, hors de sens.

> Plein de forsen et de folie.
> (Ovid. mss.)

FORT, SE PORTER, s'engager à faire exécuter une convention par un tiers.

FORTRAIRE, soustraire, emmener.

FORTUITS, CAS, ou AVENUS PAR FORTUNE, cas imprévus, événements de force majeure, tels que grêle, feu du ciel, guerre.

FORTUNE D'OR, FORTUNE D'ARGENT (*fortuna*), trésor. *Fortune de mer*, sinistre.

FOSSE, JETER LES CLEFS SUR LA, c'est renoncer à la succession, à la communauté.

FOUAGE, FOUÉE (*focale*), impôt ou taille qui se lève par chaque feu ou maison.

— AFFOUAGE. V. ce dernier mot.

FOUIR, fouiller.

FOULE, oppression. *Fouler*, *fouloir*, opprimer, surcharger.

FOURCHE (*furca*, 1), gibet, droit d'avoir gibet, haute justice.

FOURCHAGE ou **BRANCHAGE**, c'est la branche de l'arbre de parenté.

FOURNAGE (*furnagium*), droit payé par ceux qui se servent du four banal. *Fournier*, celui qui tient le four banal, boulanger.

FOURNIR, c'est faire ou faire avoir (*præstare*). *Fournir et faire valoir*. *Fournir des griefs, des défenses*, les produire.
— garnir, soutenir. *Procès fourni de bons titres*. — *Fournir la complainte*, séquestrer.

FOURRIE, **FOURRIERE**, c'est l'écurie. *Mettre en fourrière*, séquestrer, dans l'écurie communale, les bêtes prises en contravention.

FRAIRIE (*fraternitas*), confrérie, communauté.

FRAIS, toute dépense et particulièrement la dépense faite à l'occasion d'un procès. *Frais de justice*, ceux faits en plaidant, ou par ordre du juge. *Frais et mises d'exécution*, ceux faits pour parvenir à l'exécution d'un acte ou d'un jugement. *Frayer*, fournir aux frais et à la dépense de quelqu'un.

FRANC, **FRANC HOMME** (*franci*), libre.

Garin mes père fu frans hom et gentis.

— exempt, affranchi. *Un héritage franc et libre de toutes charges*.

FRANC-ALEU. V. **ALEU**.

FRANC DEVOIR, abonnement fait avec le seigneur pour remplacer par une redevance annuelle les droits dus à l'ouverture du fief. V. **FIEF ABONNÉ**.

FRANC ET QUITTE, qui n'est chargé d'aucunes dettes ou hypothèques.

FRANC TENANT ou **FRANC TENANCIER** (*francus tenens*), c'est celui qui est propriétaire d'un fief, et qui y habite, qu'il soit noble ou roturier.

FRANCHE AUMÔNE, terre donnée à l'Église avec toute franchise des droits qui appartiennent au seigneur sur les autres concessions féodales ou censières.

FRANCHES TERRES, terres communes.

FRANCHISE (*franchisa*), liberté.
— exemption, immunité.
asile. *Franchir*, affranchir, rendre franc. *Franchissement*, extinction ou rachat d'une rente.

FRARESCHEUX, **FRERESCHEURS**, **FRAREUX**, **FRARESCHEURS**, **FRERAGEURS**, sont ceux qui possèdent des biens en commun, de quelque manière que ce soit, ou qui doivent en commun quelque redevance. Un *frérage*, une *frarésche* (*frareschia*, *fraternitas*, *fratriagium*), c'est un partage; *frarescher*, *frérager*, partager en frères, c'est-à-dire également. *Héritages frareux*, héritages obligés solidairement.

FRAUDE, manœuvres pratiquées pour tromper, fourberie. *Contrat frauduleux*. — *Sans fraude ne malengin*.

FRAUX, **FRÈZ**, **FRIEZ**, **FROCS**, **FROUS** (*frocus*), friches, landes.

FRÉRASTRE, beau-frère.

FRESANGE, **FRESCENGAGE** (de *friscinga*, porc), droit sur les porcs.

FRET ou **NOLIS**, loyer d'un vaisseau; droit de tonnage. *Fréter*, donner un vaisseau à louage.

FRÉVEL, **FRÉVELIE** (*frevela*) (Mir. de Souabe), délit, félonie.

FRUITIER, **FRUTUAIRE**, usufruitier.

FRUITS, ce que produit une chose; revenus d'une terre, d'une maison; *fruits naturels*, *civils*, *industriels*. *Fruits pendants par les racines* sont ceux qui ne sont pas encore séparés du fonds, comme le blé avant d'être coupé.

FRUSTRATOIRE, tout acte simulé, collusoire, qui ne tend qu'à retarder le paiement d'une dette. *Frais frustratoires*, frais inutiles, et qui n'ont aucun rapport au procès.

FUER, **FUR**. V. **FEUR**.

FUITE (Ass.), échappatoire, exception dilatoire. *Fuir et delayer*.

FUITIS, fugitif.

FURT (*furtum*), vol. *Furt qualifié*. *Furtirement*, clandestinement, à la dérobée.

FUST (*fustis*), bâton, douves de tonneaux, bois.

FUSTER ou **FRUSTER** (Ass.), bâtonner. *Fustée*, fustigée.

FUYE, colombier ouvert, à la différence de la *trye*, volière ou colombier fermé. V. **COLOMBIER**.

G

GAB (ital. *gabbia*), raillerie. *Gaber*, railler, plaisanter.

GABEL, GABLL, GABELLE (*gablum*), rente, devoir, impôt, et plus spécialement impôt sur la vente du sel. (Duc. V° *Salina*.)

GACHILRES, GUASQUIERES, jachères.

GAGE, GAGIÈRE, GAIGEMENT (Ass.) (*vadium*, *gageria*), sûreté donnée par le débiteur, — nantissement d'une chose mobilière; — la chose même donnée en nantissement. *Ploier son gage* (*plicare wadia*). Voyez PLOYER. *Gage mort* ou *mort gage*, est celui dont on laisse jouir le créancier engagiste qui profite des fruits sans les imputer sur la dette, à la différence de *vif gage* dont les fruits sont imputés sur le principal de la dette.

— GAGÉE, saisie.

— traitement, appointements (*gagium*), *gages de domestiques*, *gages d'officier*.

— (*gatgium*), amende, peine pécuniaire.

GAGER (*gagiare*), saisir. *Gager les fruits*, *saisie-gagerie*. *Gager le duel*, *la bataille*, *le rachat*, c'est l'offrir. *Gager la loi*, offrir le serment. Rastall. V° *Ley*. *Gager partage*, offrir en jugement le partage à ses puinés.

GAGES DE BATAILLES (*gagium duelli*), c'est l'objet au moyen duquel on propose le duel.

GAGNAGE, GAIGNAGE, GAIGNERIE (*gagnagium*), culture, récoltes, terres cultivées. *Arrêter les gaignages estant en la grange* (Grand Cout.), saisir les récoltes. *Mettre terres en gagnage*, les mettre ou faire mettre en culture. *Terres gaignables* ou *gaignaules*, terres affermées, terres labourables. *Gaigne*, sole. *Gaignières*, métayer, laboureur.

GAGNAGE, GAINS, REGAINS (*gaignagium*), fruits de la terre, récoltes. *Prez gagnaux* ou *gainiaux*, prés qui produisent des regains.

GAGNER, GAIGNER, cultiver, labourer, — l'emporter. *Gaigner sa cause par arrest.*

GAIN, GAIGNE, produit d'un travail, d'une industrie.

GAINS NUPTIAUX OU DE SURVIE est un avantage que la loi, ou le contrat de mariage accorde au survivant des conjoints.

GAITER (*waita*), prendre garde, observer. *Gaites* ou *Waites*, guetteurs, sentinelles.

GANTS ET VENTES, droits dus au seigneur par le nouvel acquereur. C'était avec le gant que se faisait souvent l'investiture. (Ducange. V° *Chirotheca*.)

GARANT, GARANTIE. V. GARENT, GARENTIE.

GARANTIGIÉ, INSTRUMENT, acte authentique.

GARDE DE JUSTICE, DU SCEL ROYAL, c'est celui qui a la juridiction ou l'office en dépôt, et non point à ferme ou en fief.

GARDE DE LA PREVÔTÉ, c'est le prévôt de Paris qui remplace comme mandataire le roi, véritable juge et prévôt de Paris.

GARDE GARDIENNE, LETTRES DE, lettres attributives de juridiction privilégiée.

GARDE, GARDE NOBLE, GARDE BOURGEOISE, tutelle privilégiée en ce sens que le tuteur fait les fruits siens. *Garde roturière*, simple tutelle. Le tuteur privilégié se nomme GARDIEN.

GARDE LIGE, service de corps dû par les vassaux.

GARDE NOBLE, ROYALE OU SEIGNEURIALE, tutelle qui appartient au roi ou aux seigneurs sur les mineurs possesseurs de fief.

GARDE-NOTE, notaire.

GARDES, GARDEMANEURS, gardiens de scellés, garnisaires.

GARDES DES LIVRES, DES MONNAIES, DES SALINES, DES PORTS, officiers publics qui ont la charge de surveiller et conserver les bibliothèques, monnaies, etc.

GARDIEN, tuteur, séquestre. *Gardien de scellés.*

GARENNE (*garenna*, de l'allemand *warden*, garder), c'est une réserve On met une forêt, un étang en garenne quand on défend de chasser ou de pêcher sur le terrain réservé. *Les rivières sont garennées : il y a garenne d'eau comme de terre, bois ou forêt.*

GARENS Ass. (*garandus*), témoins. *Je vous trais à garent; rebuter un garend. Destreindre garend de porter garentie*, empêcher un témoin de rendre témoignage. *Lever garend*, démentir le témoin et le provoquer au combat (le témoin se mettait à genoux pour déposer).

— champion.

GARENT, GARENTISSEUR, GARIEUR, GARENDISSIÈRES (*garendizator*), celui qui prend le lieu et place d'une autre personne, et la défend de tous troubles ou évictions. (Rastall. V° *Garranty*; Ducange. V° *Warrantia*.) *Appeler à garant, tirer à garant, clamer garant, refuser la garendie, prendre en garentage*.

GARENTIE OU GARIMENT (*garendia*), défense, responsabilité, obligation de défendre et d'indemniser quelqu'un d'un trouble, d'une éviction, d'un dommage quelconque.

GARENTIE DE DROIT OU GARENTIE FORMELLE est celle qui regarde la propriété ou l'existence de la chose vendue. *Garantie de fait* est celle qui regarde la solvabilité du débiteur ou la qualité de la chose vendue.

GARENTIR, GARIR (*garire*), protéger, défendre. *Gariz, garniz*, garanti.

GARENTIR EN OU SOUS SON HOMMAGE, GARANTIR DE FOY ET HOMMAGE, GARENTIR OU GARIR EN PARAGE, c'est porter seul la foi et l'hommage au seigneur, et couvrir par cet hommage les possesseurs des parties démembrées du fief, les puînés, par exemple, en cas de succession. *Garentie de fief.* On dit dans le même sens *garentir de profit de rachat*, parce que l'aîné qui seul porte la foi paie seul aussi le rachat.

GARNIR LA MAIN DE JUSTICE, fournir somme ou garantie mobilière suffisante pour couvrir la demande. — *Garnir une accusation*, la fournir, l'appuyer de pièces et de témoins.

GARNISAIRES, GARNISON, hommes qu'on met chez le saisi qui ne donne point de gardien.

GARRIGUES (*garricæ*), friches.

GARS, GARCE, garçon, fille.

> Le mâle est gars à quatorze ans
> Et la femelle est garce à douze

GAS, faux.

GAST (*gastum*), dégât, *faire ravage et gast*.

GASTES, GASTINES (*gastina*), friches.

GASTEURS ET MANGEURS (*comestores*), garnisaires.

GASTIER (*gasterius*), messier.

GAUDENCE, jouissance, emphytéose.

GAULEURS, arpenteurs, mesureurs.

GAYVER OU GUESVER, délaisser, abandonner.

GAYVES, CHOSES, épaves, choses égarées ou adirées.

GAZAILLE (*gasalia*), bail de bétail à moitié.

GAZON. *Mettre le gazon de l'héritage en sa main*, saisir, séquestrer. (Grand Cout.)

GEHENNE, GESNE (*gehennæ*), torture, prison.

GEHIR, GEHEINGIER, torturer.

GELDE, GELDON (*gilda*), association, collège, confrérie, troupe.

GELINE (*gallinagium*), poule. *Geline de coutume*, redevance de poules.

GÉNÉALOGIE, suite des degrés de parenté. *Arbre généalogique.*

GÉNÉRALITÉS, bureaux des trésoriers de France établis pour faciliter la recette des tailles. *Généraux des monnoyes, des finances*, les directeurs de ces bureaux.

GENGLER. V. JANGLER.

GENOU (*genu*), génération, degré.

GENRE, gendre.

GENS DE CORPS OU DE MAINMORTE, serfs.

GENS D'ÉGLISE ET DE MAINMORTE, ecclésiastiques et moines.

GENS DE POSTE, DE POESTE (*homines potestatis*), roturiers, serfs. V. POESTE.

GENS DE ROBE, tous ceux qui portent la robe au palais, juges, avocats, procureurs, etc.

GENS DU ROI, ministère public.

GENT, peuple, nation, famille.

GENTIL HOMME, GENTIL FAME (*gentilis*), noble. *Héritages gentiaux*, héritages nobles.

GENTILECE, noblesse. *Gentilece vient d'hoirie.*

GEOLE (*careola*), prison. *Geolage*, droits payés au geôlier.

GERBIER (*columna bladi*), meule de blé, meulon.

GERMAINS, FRÈRES, ceux qui ont le même père et la même mère.

GESIR, coucher, accoucher. *Gesine*, accouchement. *Geu*, couché, accouché.

GESTEUR DE BESOGNE. (Grand Cout.) *Negotiorum gestor.*

GESTION, administration.

GETER, jeter, repousser, écarter.

GETTE, taille, impôt, redevance.

GETTER, compter avec des jetons, additionner.

GILLE. V. **GUILLE**.

GIRON, TENDRE LE (*laisonverpire*), c'est l'acquiescement que l'acquéreur d'un héritage donne en justice à la demande du retrayant.

GITE, DROIT DE (*gistum*), droit de logement et de nourriture chez le vassal.

GIU, juif. — Jeu. *Giu de dez.*

GLAIVE, puissance. *Glaive temporel; glaive spirituel.*
— (*merum imperium*), droit de vie et de mort. *Jus gladii.*

GLANAGE. Usage établi en certains lieux, de prendre sur les champs d'autrui ce qui a pu y rester après l'enlèvement des récoltes. V. **GRAPILLAGE**.

GLANDÉE (*glandis*), c'est le gland ou la faine qui sert de nourriture aux porcs.

GLANDÉE, GLANDAGE, droit payé pour la paisson.

GLASSOIR, GLASSOUERS, aisances.

GLÈBE, terre, fonds. *Serf de la glèbe*, serf qui fait partie du fonds.

GLISE, église. *Sainte Glise. Glisier*, marguillier.

GLOSE, notes ajoutées au Corps du droit civil ou du droit canonique par les premiers interprètes.

GORS, GOURS, REGORT (*gordus*), creux de l'eau naturels ou artificiels dans lesquels se retire le poisson. Rastall. V° **GORT**.

GOUPIL, renard. *A goupil endormi rien ne chiet en la gueule.*

GRACE EXPECTATIVE, rescrit du pape qui ordonne au collateur de donner le premier bénéfice vacant de sa collation à la personne que le rescrit désigne.

GRADUÉS, ceux qui ont pris les degrés universitaires. *Gradués simples, gradués nommés.*

GRAINER, mettre les porcs à la glandée.

GRAIRIE. V. **GRUERIE**.

GRAMMENT, grandement. *Bourse sans argent ne vaut pas gramment.*

GRANDELETS, enfants déjà grands, pour adolescents (G. Coquille).

GRANGER, métayer. *Donner terre à grangeage.*

GRANTER, GRAUNTER, GRÉANTER, concéder, donner. V. **CRÉANTER**. *Grant*, don.

GRAPILLAGE, GRAPTAGE (*grapetura*), glanage. V. ce mot.

GRÉ (esp. *grado*), vouloir, volonté. — Bonne grâce, reconnaissance. *Rendre gré*, remercier, *faire gré*, s'accorder. *Promesse grée* (*gratum*), promesse garantie.
— degré (*gradus*).

GREFFE, dépôt des actes de justice. *Greffe civil, criminel, des geôles*, etc.

GREFFIER, officier qui tient le greffe. Il assiste à l'audience, écrit les actes et procès-verbaux du ministère du juge, en garde les minutes et en délivre les expéditions. *Greffier garde-sac*, celui qui reçoit les productions des parties pour en faire la distribution au conseiller-rapporteur. *Greffier à la peau*, est celui qui met en grosse les arrêts et sentences. *Greffier des geôles*, celui qui tient les écrous des personnes emprisonnées. *Greffiers de l'écritoire ou des bâtiments* sont ceux qui reçoivent et expédient les rapports des experts.

GREGIER (Ass.), grever, nuire, porter préjudice.

GREIGNOR, GREIGNEUR, GREINDRE, le plus grand. *Prescription greigneur. Greigneur de vingt-cinq ans*, majeur. *Greignor partie.*

GRENETIERS, officiers de la gabelle qui jugent de la bonté du sel, et en ordonnent la répartition.

GRENIER A SEL, dépôt public où l'on vend le sel. — Juridiction fiscale pour tout ce qui concerne le monopole du sel.

Grevé, chargé. *Grevé de substitution*, chargé de rendre.

Grez, griefs, gries (*gravis*), grief, dommages, préjudice. *Les griefs* sont les moyens esquels l'appelant prétend être grevé, les moyens contre le jugement dont est appel. — (adj.), pesant, lourd, grave. *Griément*, *gravement*.

Grievances, graveries (*gravaria*), exactions, peine, tort, injure.

Grosse, expedition d'un acte authentique ou d'un jugement, écrite en gros caractères, et en forme exécutoire.

Grossoier (*ingrossare*), écrire la grosse.

Grüerie, grairie, gruage (*grutarium*), droit de juridiction forestière, et de part des fruits d'une forêt.

Gruier, graier, segraier ou verdier (*gruarius*), forestier, garde.

Guenchir, tergiverser, gauchir.

Guérance, garantie, jouissance.

Guerb, dans la coutume de Bretagne, c'est le droit de faire pâturer ses bêtes sur les terres de ses voisins.

Guerpir ou gurpir (*guerpire*), délaisser. La veuve dans Froissart se nomme *la guerpie* (*derelicta.*)

Guerredon, guerdon (ital. *guiderdone*), récompense, loyer.

Guesver. V. **Gayver.**

Guet apens. V. **Aguet.**

Guet, arrière-guet (*guetus*), service militaire dû par les vassaux ou sujets. *Sujets guetables. Gueter*, faire la garde du mur. *Guetteurs de chemins*, voleurs de grand chemin.

Guiage (*guidagium*), charge imposée aux habitants de la côte, de tenir la nuit des lumières ou phares pour guider les navigateurs.
— sauf-conduit.

Guier, guider. *Guionnères*, conducteur.

Guille ou gille (*guillator*), tromperie.

> Tel pense guiller Guillot,
> Que Guillot lou guille.

Guisarme, gisarme (*gisarma*), hache à deux tranchants.

Gulpir, gurpir. V. **Guerpir.**

Gulpine, guerpine, déguerpissement.

Gurpison (*gurpizo*), abandon, délaissement, déguerpissement.

H

Habile, qui réunit toutes les conditions requises pour avoir un droit. *Habile à se porter héritier*.

Habiliter (*habilitare*), mettre en état, rendre capable. *Habiliter un mineur*, c'est le pourvoir d'un curateur pour le rendre capable d'ester en justice.

Habouts. V. **Abouts.**

Hache, hasche (*hachia*), peine, amende.

Hait, souhait, bon gré, **haiter**, souhaiter.

Halbergue V. **Hébergement.**

Hameddé, écluse, droit d'écluse.

Hanap, henap (*hanapus*), gobelet, pot, mesure de vin.

Hanse (*hansa*), compagnie commerciale. *Marchand hansé, hansé de la marchandise de l'eau. Lettres de hanse.*

Happée, saisine, saisine prise de force, possession usurpée.

Harnois, hernois (*harnaschia*), armure, équipement.
— voitures. (Ord. de la Ville.)

Haro, clameur de, harec, harou (*haro*), cri de force, appel à la justice, devant lequel chacun doit s'arrêter. (Norm. 6. 24. 54.)

Hart (*hardes*), lien d'osier, la corde. *Sous peine de la hart*, sous peine d'être pendu.

Hatine. (Ass.) V. **Atine.**

Haubert, haubergeon (*halsberga*), cotte de mailles, cuirasse. *Et maille à maille fait-on le haubergeon. Service de haubert, fief de haubert*, service, fief de chevalier.

Haultban (*halbannum*), droit payé par quelques métiers de Paris.

Hault-justicier, seigneur qui a la

suprême juridiction, à la différence du moyen ou bas-justicier.

Hausse, enchères.

Havage (*havagium*), droit sur le mesurage de grains.

Hayer, enclore d'une haie.

Heaume (*helmus*), casque. *Heaumier*, armurier.

Hébergement, herberge, herbregerie, herbregement, herbeige, hiebrégage (*hereberga*), maison, logis, édifice, manoir.

— gite, auberge. *Herbergières*, aubergiste.

— point où le mur séparatif de deux édifices cesse d'appuyer l'un des deux.

Héberger (*hebergare*), loger. — construire.

Heir. V. **Hoir.**

Hennours (Ass.) (*honores*), honneurs, prérogatives.

Henouarts, porteurs de sel. (Ord. de la Ville.)

Herbage, Droit d' (*herbagium*), droit seigneurial sur les bestiaux qui pâturent.

Héréditaire, qui provient d'une succession. *Biens, portions héréditaires.*

Hérédité, succession, biens qu'on a recueillis dans une succession.

Herége, herése, hérite, hérétique.

Heriban (*heribanum*). V. **Ban et arrière-ban.**

Heritables, héritalles, hiretaules, choses, biens héréditaires, immeubles.

Héritage (*hereditagium*, 2), fonds de terre, immeuble; *héritage feudal, censuel, noble, rural, roturier, cottier, bordelier, franc, serf.*

— (*hereditagium*, 1), immeuble venu par succession. *Héritage propre, naissant, ancien, avitin, de ligne.*

— succession.

Héritance, herite, hérédité, succession.

Heriter, adhériter (*hereditare*, 3), ensaisiner. *Douaire si n'erite pas enfans.*

Héritier, celui qui est appelé à la succession. *Héritier simple*, à la différence de l'*héritier par bénéfice d'inventaire. Héritier conventionnel*, qui a été institué par contrat de mariage. *Héritier beneficiaire*, qui se porte héritier par bénéfice d'inventaire. *Faire acte d'héritier*, disposer des objets de la succession.

Héritier (adj.), foncier, immobilier. *Rentes héritieres, successions mobiliaires et héritières.*

Hermes, terres. V. **Ermes.**

Heuses (*osa*), bottes.

Hireté, héritage.

Hivernage (*hyvernagium*), hiver. — Blé ou fourrage d'hiver.

Hoche. V. **Ouche.**

Hoir ou **heir**, héritier. *Hoirie*, succession. *Avancement d'hoirie, déclaration d'hoirie. Droit hoir*, héritier légitime.

Holerie, debauche. V. **Houlier.**

Hom, homs, homme.

Hommage ou **homenage** (*hominium*), promesse de fidélité et de devoirs faite au seigneur par le vassal. *Hommage de bouche et de mains.*

Hommage plein ou **lige** (*homagium planum*), est la promesse de servir et défendre son seigneur envers et contre tous, à la différence de l'*hommage simple*, qui n'emporte point d'aussi étroites obligations.

Homme ou **home de foy, de fief, homme lige**, vassal. *Défaut d'homme. Haus homs* (Ass.), grands vassaux. *Homes des homes* (Ass.), arrière-vassaux.

Homme de pléjure (*hominia plevita*), le vassal qui se porte caution pour son seigneur.

Homme vivant, mourant, confiscant, c'est l'homme que les gens de mainmorte doivent fournir au seigneur, pour qu'il serve le fief en leur place, et après le trépas duquel le seigneur peut user de ses droits, comme si le défunt eût été le véritable tenancier.

Hommes allodiaux, qui tiennent terres en alleu.

— **et femmes de corps** ou **de servitude** (*homines de corpore*), serfs.

— **de religion**, moines, religieux.

— **de cour** ou **francs hommes**, jurés féodaux.

— **sages, prud'hommes**, juges, experts.

Hommes couchants et levants, vilains domiciliés dans la seigneurie.

Homologation, consentement, approbation de justice.

Homologuer (*homologare*), confirmer, autoriser judiciairement.

Honneur, honor (*honores*), fief.

> N'a dreit au fieu ne à l'onor
> Qui se combat à son seignor

— honneur.

Honoraires, rétribution de ceux à qui l'honneur de leur profession ne permet pas de recevoir un salaire.

Hontage, honte, opprobre, déshonneur.

Hord. V. **Ord.**

— **hordéis, hourdis, hort** (*hurdicium*), barrière, palissade, échafaud. *Horder*, réparer, fortifier.

Hors de cause, hors de cour, rejet d'une demande intentée mal à propos, ou non suffisamment instruite. *Horsbouter*, mettre hors de cour, débouter.

Hors la loi. Mettre, déclarer qu'un individu n'est plus protégé par elle.

Hors pris, excepté, réservé. *Hors prise*, réserve.

Hosche. V. **Ouche.**

Host, armée. V. **Ost.**

Hostage (*hostagiarius*), otage. *Ostager*, se dit du débiteur forcé de rester enfermé jusqu'à ce qu'il ait satisfait au créancier. Bret. 112.

Hosteis, hostiex, osteix, maison, hôtel. *Hosteler*, loger.

Hostes (*hospites*), hôtes, manants, tenants. *Hostes couchans et levans*.

Hostieux, ustensiles, outils.

Hostise, demeure de l'*hoste* ou censitaire.

— droit qui se lève sur les maisons concédées à cens.

Houlier, hourier, débauché, ribaud.

Houses, houzeaulx (*osa*), bottes, brodequins. *Houser*, se chausser.

Huage, c'est une corvée qui consistait à faire lever en criant les animaux que chassait le seigneur. V. **Hue.**

— **huchage, huchée, huerie**, clameur, cri public, proclamation.

Huche, huge (*hucha*), coffre, bahut.

Hucher, lever hus (*hucciare*), crier. *Huichié par bannissement* (*præconia voce citiatus*), dans De Fontaines.

Huchiers (*hullarii*), ébénistes, faiseur de huches ou bahuts.

Hue (*huesium*), cri, huée. « *Hue et* « *crie*, » dit Rastall, « est la pour« suite de un ayant commis fé« lonie par le haut-chemin. » *Huard*, crieur, braillard.

Hues, hoes. V. **Oes.**

Hui, le jour présent.

Huis (*huisserium*), porte. *Juger à huis clos*, juger portes fermées.

Huissiers (*hostiarius*), sergents qui gardent l'huis. — Officiers ministériels chargés de faire tous exploits nécessaires pour l'exécution des conventions, ordonnances, jugements et arrêts. *Huissier audiencier*, huissier attaché au service des audiences. *Huissiers priseurs et rendeurs de meubles*, commissaires-priseurs.

Huitième, droit de détail sur le vin.

Humière, humiers, usufruit, usufruitier.

Hurt, heurt, choc.

Hustin, huz, bruit, querelle. *Hutin*, querelleur, opiniâtre.

Hypothèque (*hypothecare*), obligation par laquelle les immeubles d'un débiteur sont affectés au paiement d'une dette.

— droit réel résultant de cette obligation. *Hypothèque légale, conventionnelle: générale, spéciale: simple, privilégiée.*

I

Icy, icelle, ce, celle, cette. *Icequé*, ce que.

Identique, chose, c'est la chose même. *Prouver l'identité d'une personne ou d'une chose*, c'est prouver que telle personne ou telle chose est bien celle dont il s'est agi dans telle ou telle circonstance.

Idoine (*idoneus*), capable, suffi-

-sant. *Apte et idoine. Idonéité*, aptitude.

Iert, il était. *Ierent*, ils étaient.

Igal, égal. *Igaument*, pareillement.

Illec, illuec (*illic*), là.

Illico. Relief d', Lettres d', lettres de chancellerie pour être relevé du défaut de n'avoir pas appelé sur-le-champ (*illico*) d'une sentence.

Immatriculer (*immatriculare*), inscrire sur le registre matricule. *Notaire immatriculé*.

Immeubles, immobles, biens fixés qui ne peuvent se transporter d'un lieu dans un autre, fonds de terre, maisons, bâtiments. *Immeubles par destination*, meubles qui ont pris la qualité d'immeubles.

Immiscer, s', s'entremettre, se mêler des affaires d'autrui.

Immixtion, maniement des effets d'une succession en qualité d'héritier.

Immobilier, qui a pour objet des immeubles. *Action immobilière*, *droits immobiliers*.

Immobilisation, caractère d'immeubles conféré à des meubles. *Rente immobilisée*.

Immunité, exemption de juridiction, de charges, d'impôts.

Impartable, impartaule, qui ne peut être partagé.

Impartir, donner, accorder, départir.

Imparti, indivis.

Impenses, dépenses faites pour l'entretien ou l'amélioration d'un héritage. *Impenses voluptuaires*, sont celles qui embellissent la chose sans en augmenter la valeur ni l'utilité.

Impertinent, ce qui est en dehors de la question. V. Pertinent.

Impétition, demande en justice.

Impétrer, demander, obtenir une grâce. *Impétrant*, celui qui sollicite, celui qui obtient.

Imploration, adresse du juge ecclésiastique au juge laïc pour que ce dernier fasse exécuter les jugements rendus par le premier.

Impubère, qui n'a pas atteint l'âge de puberté, c'est-à-dire quatorze ans pour les males et douze ans pour les femmes.

Imputation, déduction d'une somme sur une autre. *Imputer*, déduire, tenir compte.

Incapable est celui qui n'a pas les qualités et les dispositions nécessaires pour faire ou pour recevoir quelque chose.

Inceste, mariage ou commerce criminel entre parents au degré prohibé.

Incident, contestation survenue entre les parties pendant la poursuite de la cause principale. *Faux incident*. V. Faux. *Se devoyer du principal et cercher à faire des incidens*. (Nicod.)

Incomber, être chargé de. *C'est à lui qu'incombe la preuve*.

Incompétence, défaut de compétence; manque de juridiction.

Incorporelles, Choses, sont les droits et actions qu'on ne peut toucher comme les choses corporelles.

Indemnité, dédommagement. *Indemne*, dédommagé, non lésé.

— droit payé au seigneur par les gens de mainmorte pour le dédommager des droits de mutation que l'immobilisation lui fait perdre.

Indenture (*indentura*), c'est un acte dont on détache un talon coupé en dents de scie, de façon à pouvoir toujours constater son authenticité en rapprochant l'écrit de sa souche. (Cout. anglo-normande.) V. Charte partie.

Indictement, assignation à un jour donné. *Indict*, assigné, dénoncé.

Indiction (*indictio*), tribut, subside, impôt. — Espace de quinze ans.

Indignité, état de ceux qui, pour avoir manqué au défunt ou à sa mémoire, sont privés de la succession à laquelle ils étaient appelés.

Indire (*indicere*), commander, ordonner, enjoindre.

— mettre un impôt, exiger une aide. *Droit d'indire*.

Indisponible, Chose, portion de biens dont on ne peut disposer par testament.

Indivis. V. Divis.

Indu, non dû, illégitime. *Voies indues*.

Induce, induge, induis, indus (*induciæ*), délai, retard, congé, vacance.

INDUEMENT. V. DUEMENT.

INDULT (*indultum*), droit de nommer à un bénéfice. *Indultaires*, ceux qui ont droit d'indult.

INFÉODER (*infeodare*), donner en fief, saisir d'un fief. *Inféodation*, *infeudation*, acte d'inféoder.

INFESTUATION, INFESTUCATION (*festuca*), mise en possession par le symbole d'un fétu.

INFIRMER, casser, annuler une sentence, un contrat.

INFORMATION (*informatio*), enquête. *Informer*, enquérir.

INFRACTION, violation d'une loi, d'un contrat, d'un traité.

INGÉNU, homme libre de naissance.

INGRÈS (*ingressus*), mise en possession d'un bénéfice. *Bulle d'ingrès*.

INHIBITION (*inhibitio*), défense, prohibition.

INNOCENTER, déclarer non criminel. *Lettre d'innocentation*, déclaration d'innocence, réhabilitation.

INNUER, faire entendre, accorder.

INQUANT, encan. *Inquanter*, vendre à l'encan.

INQUERELLER, assigner, poursuivre.

INQUIÉTER, troubler quelqu'un dans sa possession.

INQUISITION (*inquisitio*), enquête.

INSCRIPTION DE FAUX, acte passé au greffe par lequel on déclare fausse une pièce produite.

INSCRIPTION HYPOTHÉCAIRE, déclaration sur un registre public du privilège ou de l'hypothèque qui grèvent les biens du débiteur.

INSINUER (*insinuare*, 2), enregistrer. *Insinuation*, enregistrement.

INSOLVABILITÉ, état de celui qui n'a pas assez de biens pour payer ses dettes.

INSTALLER (*installare*), mettre en possession.

INSTANCE (*instancia*), demande, poursuite judiciaire, litige.

INSTEUR, celui qui intervient dans l'instance.

INSTITUTION D'HÉRITIER, c'est l'établissement d'un héritier ou successeur universel fait par le testateur.

INSTITUTION CONTRACTUELLE, don irrévocable de tout ou partie d'une succession, fait par contrat de mariage au profit de l'un des deux époux, ou des enfants à naître du futur mariage.

INSTRUCTION, se dit des procédures et formalités nécessaires pour mettre une affaire en état d'être jugée. *Procès instruit et mis en état de juger*.

INSTRUMENT (*instrumentum*), acte, titre, écrit. « Obligations, lettres, « titres et enseignements. » (Nicod.) *Instrument public*, acte reçu par un officier public. *Instrument privé*, acte sous seing privé. *Instrument confessé*, *garantigié*, titre emportant exécution parée.

INSTRUMENTER, faire, dresser actes publics qui fassent foi en justice.

INTENDITS, faits articulés par les parties dans un procès par écrit. « Écritures principales. » (Nicod.)

INTENTER UNE DEMANDE, c'est la former.

INTERDICTION, suspension de certains droits civils, d'une charge, d'un office. *Interdit*, celui contre lequel l'interdiction est prononcée.

INTERDIT, action possessoire, complainte, réintégrande.

INTÉRÊTS, fruits civils d'une somme due, dédommagement.

INTÉRIM, en attendant, provisoirement.

INTERINER. V. ENTÉRINER.

INTERLIGNE, ce qui est écrit entre deux lignes.

INTERLOCUTOIRE, jugement qui ne décide point le fond de la cause, mais règle seulement certaines mesures préparatoires.

INTERLOQUER, ordonner une mesure interlocutoire, faire des incidents, incidenter.

INTERMISSION, interruption, discontinuation.

INTERPELLER, sommer quelqu'un.

INTERVENIR, survenir incidemment dans un procès, dans un contrat.

INTESTAT, qui est mort sans avoir testé, ou sans testament valable.

INTIMATION, injonction de comparaître.

INTIMÉ, défendeur en appel, celui qui a gagné sa cause en première instance.

INTIMER (*intimare*), signifier, notifier, dénoncer, assigner. *Ajourner avec intimation*, c'est avertir que faute de comparaître on perdra sa cause. *Intimer un juge en son nom*, c'est le prendre à partie.

INTITULÉ D'INVENTAIRE, préambule de l'inventaire qui énonce les qualités et les droits des parties.

INTRAIGE, INTROIT (*introitus*), droits d'entree; — droits payés pour mener les bestiaux pâturer dans une forêt.

INTRODUIRE, commencer, engager. *Exploit introductif d'instance.*

INTRUSION (*intrusio*), entrée illégale en possession. *Intrus*, celui qui s'est emparé injustement de la possession.

INVALIDER, déclarer nul, sans force, sans effet.

INVENTAIRE, INVENTOIRE (*inventarium*), description détaillée des biens d'un defunt, d'un absent, d'un interdit, d'un failli, etc. *Inventaire de la production*, etat des pièces contenues dans un dossier de procédure. *Inventorier*, décrire, comprendre un objet dans l'inventaire.

INVESTITURE (*investitura*), tradition, mise en possession. *Investir*, mettre en possession, ensaisiner.

IRE, IREUR (*ira*), colère. *Iréer*, mettre en couroux.

IRETAGE, IRETIER. V. HÉRITAGE, HÉRITIER.

IRRITANTE, CLAUSE, est celle dont l'inexécution emporte la nullité de l'acte.

ISNEL, ISNEUS, égal, prompt, actif. *Isnelement*, également, promptement.

ISSIR, ESSIR, USCIR (ital. *uscire*), sortir.

> Quand Dieu veut quelqu'un punir
> De son sens le laisse issir.

Il ist, il sort. *Isteroit*, sortirait.

ISSUE (*exitus*), enfants, descendants.

— fruits, revenus. *Issues de la terre*. *Droits d'issue*, droits payés par celui qui quitte la saisine.

— résultat. *L'issue du procès*.

ITEM est un terme dont on se sert pour séparer chacun des articles d'un compte ou d'un inventaire.

IVERNAGE, IVER. V. HIVERNAGE.

J

JACENCE (*jacentia*), vacance. *Jacent*, abandonné, sans possesseur. *Hérédité jacente*.

JACTURE (*jactura*), perte, dommage.

JALAGE. V. FORAGE.

JALE, JALÉE, jatte, mesure de liquide.

JANGLER, JONGLER (*joculari*), mentir, caqueter, bavarder. *Toute feme est jangleresse de sa nature. Jangleres*, *procax*, dans De Fontaines.

JA SOIT OU JAÇOIT, quoique. *Ja fust*, il y a longtemps.

JECT, JETTEIS; JECTICES, TERRES, terres jetées hors du fossé; exhaussement qui fait *la douce*.

JEHINE (Ass.), prison. V. GEHENNE.

JÉSIR, JETTER. V. GÉSIR, GETTER.

JET À LA MER, sacrifice de la cargaison pour alléger le navire en péril.

JEU DE FIEF. V. JOUER.

JOESNE, JONE, jeune. *Joenece*, jennesse.

JOIGNANT, près, proche, auprès.

JOINDRE, s'unir, s'assembler, s'accorder. *Jointement*, en même temps, conjointement.

JOINT QUE, outre que, ajoutez que.

JOINTURE, tenure en commun. *Jointenant*, possesseur en commun.

JONCTION, union d'une instance à une autre, ou d'un incident à une instance principale pour qu'il soit statué sur le tout en même temps.

JONCTION DU PROCUREUR DU ROI, intervention de la partie publique.

JOUER, SE, DE SON FIEF, c'est aliéner une partie de son fief moindre des deux tiers, avec rétention de foi.

JOUISSANCE, possession, droit de retirer d'une chose le profit qu'elle peut procurer. *Jouissance légale* est l'usufruit que la loi donne au père ou à la mère sur les biens de leurs enfants mineurs.

JOUR, JOR (*dies*), terme, délai.

JOUR FRANC est celui qui ne se compte pas dans les délais.

— SERVANT, c'est le jour de l'assignation.

— Séance, assise, assemblée.

—, GRANDS, réunions judiciaires qui se tenaient extraordinairement en certaines provinces, et qui prononçaient souverainement. *Les grands jours d'Auvergne.* (V. Fléchier.)

JOUR DE COUTUME, DE SERVITUDE, ouvertures qu'il est permis de faire dans un mur pour en tirer des vues.

JOURNAL (*jornale*), JOUG DE TERRE (*jugum terræ*), l'étendue de terres qu'un attelage peut labourer en un jour.

—, LIVRE, mémoire de ce qui se fait chaque jour.

JOUXTER (*juxtare*), approcher. *Jouxte*, auprès, selon.

JOYAUX. V. BAGUES.

JU, je.

— jeu.

— IL, il coucha.

— FAIRE (*juvare*), secourir, aider.

JUGE, juge. *Jugier*, juger.

JUDICATURE, profession de ceux qui rendent la justice. *Offices de judicature.*

JUDICIAIRE, JUDICIEL, se dit de tout ce qui appartient à la justice. *Judiciairement*, *judiciellement*, par autorité de justice, devant le tribunal.

JUEUS, juifs.

JUGE, magistrat chargé de rendre la justice. *Juges souverains* sont ceux qui prononcent en dernier ressort, à la différence des *premiers juges* ou *juges inférieurs* qui prononcent en première instance. *Juges royaux*, juges nommés par le roi. *Juges seigneuriaux*, nommés par le seigneur du fief ayant justice. *Juge a quo*, juge dont on appelle.

JUGEMENT, décision des tribunaux sur une contestation. *Jugement interlocutoire*, *provisionnel*, *définitif*, *contradictoire*, *par défaut.*

JUGERIE (*jugeria*), juridiction, ressort, territoire.

JUIS, JUISE, JOUISE (*juisum*), jugement. — Jugement de Dieu, épreuves judiciaires.

JURAT, consul, échevin dans les coutumes du Midi.

JURÉ, qui est lié par serment; confédéré, allié. — Bourgeois d'une ville de commune. — Expert assermenté. — Juge.

JURÉE, enquête juridique. *Mettre en jurée*, décréter, mettre à l'encan.

JURÉE, DROIT DE (*jurata*, 3), droit dû au seigneur par les bourgeois qui s'avouent de lui.

JURERIE, JURÉE (*jurata*), fonctions de jurés.

JURÉS DE MÉTIER, experts, contrôleurs. *Maîtres jurés*, chefs de corporation.

JUREURS, JURORS (*juratores*), témoins qui viennent affirmer par serment l'innocence de l'accusé.

JURIDICTION, droit de connaître et de juger le différend. *Juridiction contentieuse*, *volontaire*, etc.

— Tribunal.

JURIDIQUE, ce qui est selon les lois et la justice.

JURISPRUDENCE, l'ensemble des lois et des usages qui gouvernent un pays. — certaines de ces lois et usages. *Jurisprudence civile, criminelle*, *militaire*, *féodale*, *canonique*. — L'usage suivi dans une juridiction sur certains points de procédure ou sur certaines questions. *Recueil de jurisprudence*, recueil d'arrêts.

JUS (*jusum*), bas. *Mettre les armes jus. Jusant*, reflux de la mer.

JUSTES ET MESURES (*justa*), c'est une mesure de liquides.

JUSTICE (*justicia*), juridiction, *justice haute*, *moyenne et basse*, ou *haute*, *vicomtière et foncière*, *justice censuelle*.

— droit. *Se faire rendre justice.*

— tribunal. *Comparaître en justice.*

JUSTICEMENT, mise à exécution d'un jugement.

JUSTICIAULES, JUSTICIABLES, ceux qui sont soumis à la juridiction.

JUSTICIER, maîtres et possesseurs de la justice. — Juges.

JUSTICIER, JUSTISER (*justificare*), exécuter un arrêt criminel, punir les coupables, juger.

JUVEIGNERIE, JUVEIGNEURIE, TENURE EN (*junioratus*), tenure du cadet ou juveigneur.

JUVEIGNEUR, c'est le puîné, le cadet en Bretagne.

K

Pour les mots qui commencent par un K, et qui appartiennent presque tous au dialecte picard, remplacez le K par C, CH ou QU.

Exemple :

KABAL, KAROLER, KASAL, KEMANT, KEMUN, *cherchez* CABAL, CAROLER, CASAL, COMMANT, COMMUN. KACHIER, KAIÈRE, KAOIR, KASCUN, KEVAL, KIEF, KIERKER, *cherchez* CHACIER, CHAIRE, CHAOIR, CHASCUN, CHEVAL, CHIEF, CHIERCHIER. KANT, KATRE, KERRE, *cherchez* QUAND, QUATRE, QUERRE.

L

LABEURER, LABOURER, travailler, — décharger. *Salaire de vin labouré en Grève.* (Ord. de la Ville.)

LACÉRATION, destruction d'un acte ou d'un écrit. *Livre lacéré par les mains du bourreau.*

LACHER (*laxare*), manquer de, négliger, dégager. *Laches* (cout. anglo-norm.), abandon, négligence.

LADRE (*lazari*), lépreux.

> S'il est battu de la maladie Saint-Ladre, il aura la bonne maison (l'hospice).
> (Roisin.)

LAGAN (*laganum*), droit de bris et naufrage. V. WARECH.

LAI (*laicus*), laïque, séculier, homme du peuple.

LAIANS, LAIENS, LÉANS, LENS, ici, céans, là-dedans.

LAID, LAID DIT, LAIDANGES, LAIDURES, LAIS, LET (*lædere*), injures, calomnies, ignominie.

LAIDANGER, LAIDIR, LEDOYER (*lada, ladare*), dire de laides paroles, injurier, calomnier.

LAIDE OEUVRE, crime, délit.

LAIDE, aide, droit, impôt.

LAIGNE, LAINGNE, LEIGNE, LINGNE (*lignum*), bois.

LAIRE. V. LERRES.

LAIRER, laisser.

LAIS (*laicus*), laïc. *Li laie gens.*

— LAISSE (*lessa*), legs.

— LAISSE, chanson.

— LAYES, LAIÉE, LAISSEMENT (en anglais, *lease*), baux à cens.

— injures. V. LAIDANGES.

— ET RELAIS, croissance, alluvion que la rivière donne aux seigneurs justiciers.

LAISSER, manquer à. « Mieux est « que l'en lest a punir les malfaic-« teurs, que il n'est que len ne « condampne ceux qui n'ont rien « meffet. » (Anc. cout. d'Orléans.)

LANDE, LANDON (*landa*), friche, terre non cultivée.

> Et de mener à son bandon
> Si comme bestes en landon.

LANDI, LANDICT (*indictum*), la foire Saint-Denis, et au figuré, joie, divertissement, plaisir.

LANDIER, chenet.

LANGE (*langeolum*), laine, linge, vêtement.

LANGUEYEUR, LANGOYER DE PORCS, officier qui visite la langue des porcs pour s'assurer qu'ils ne sont pas ladres ou mezeaux.

LANSAGE (*lansagium*), aliénation. *Lansager* (all. *lossagen*), aliéner.

LARDAGE, impôt sur le lard.

LARDIER (*lardarium*), endroit où se conserve le lard.

LARGE, libéral. *Largier* (*largitio*), redevance, présent.

LARRIS (*larricium*), friches, terres incultes.

LARRON, voleur. Il se prend aussi dans le sens de vol, ou plutôt de droit de juger les voleurs.

> Et tout franchise leur donna,
> Comme le duc en sa terre a,
> Ils ont le murdre et le larron,
> Le rap, l'omécide, l'arson.
> (*Roman de Rou.*)

LASTAGE (*lastagium*), impôt sur le poids ou charge (*last*) des marchandises.

LATINIER (*latinarius*), interprète.

LATITER, cacher, receler.

LAUDE, LAUS (*laudemium*). V. LODS.

On trouve aussi LAUDE, LOVADE, LEUDE, LEYDE (*leuda*), signifiant une prestation féodale quelconque.

LAVANDIER (*lavanderius*), blanchisseur. *Lavanderie*, blanchisserie.

LAY, LÉ, LEE (*leda*), largeur. *Tant qu'il a en long et en le. Rooles d'un pied de lé et de deux pieds de long.*

LAYE, LAYETTE (*layetta*), cassette.

— (*leia, lia*), bois. — droit de prendre du bois dans la forêt. *Laier les bois*, les diviser par coupes.

LÉ, LEZ, coté. *Enterré fu de lez son père. Lesti*, auprès de lui. *Andui cheranchent lèz à lèz.*

LÉAL (*legalis*), fidèle, loyal.

LEALTÉ, LÉAULTÉ (*legalitas*), fidélité. *Leaument*, fidèlement, loyalement.

LÉANS, LÉENS, là dedans.

LEASE (*lessa*) (cout. anglo-norm.), concession de terres. *Lessor*, celui qui fait la concession, le seigneur; *lessee*, celui qui la reçoit, le vassal.

LECHEOR, LECHIÈRES, LESCHEUR (*leccator*), luxurieux, débauché.

LECHERIE (*leccacitas*, en anglais *lechery*), luxure, gourmandise.

LEDANGE, LÉDI. V. LAIDANGE, LAIDIT.

LÉGAL, ce qui est conforme à la loi ou établi par elle. *Hypothèque légale. Légalisation*, attestation d'un magistrat qui certifie la vérité des signatures apposées sur un acte. *Légaliser un acte*, c'est en attester l'authenticité pour qu'on y ajoute foi en un autre ressort.

LEGAT (*legatum*), legs. *Légataire*, celui qui est gratifié par testament.

— (*legatus*), ambassadeur du pape.

LÉGE, LEGEMENT. V. LIGE.

LÉGIER, facile. *Légièrement* ou *de légier*, facilement.

LÉGITIMAIRE, personne qui a droit à la legitime. — chose qui en fait partie.

LÉGITIMATION, fiction de la loi qui place un enfant naturel au rang des enfants légitimes.

— acte qui confère cette qualité. *Légitimer*, rendre un enfant légitime.

LÉGITIME (subst.), portion indisponible, part donnée aux héritiers par la loi.

— (adj.), ce qui est conforme à la loi. *Enfant légitime*, celui qui est né d'une union consacrée par la loi.

LÉGITIMITÉ, état de l'enfant né d'un mariage régulier.

LEGNIER, corvée qui consiste à charrier le bois du seigneur. V. LAIGNE.

LEGS (*legatum*), don fait par testament. *Legs universel*, qui comprend l'universalité des biens du défunt; *à titre universel*, s'il ne comprend qu'une quote-part, ou qu'une quotité déterminée des biens de la succession. *Legs particulier*, qui ne comprend qu'un objet déterminé. *Legs pieux*, fondation religieuse ou charitable.

LEI (*lex*), loi.

— lui, elle.

LEIAST, QU'IL, qu'il fut permis. V. LOISE.

LEN, l'on.

LERRER, laisser. *Je leroye*, je laisserais. V. LAIRRER.

LERRES, LIERRES (*latro*), voleur. *Lererie*, vol, larcin.

LÉSION, préjudice éprouvé. *Lésion d'outre moitié de juste prix* est le préjudice éprouvé par celui qui a vendu son héritage au-dessous même de la moitié de sa juste valeur.

LES, legs.

— LEZ, auprès.

— côté, ligne, parenté. *Les héritages patrimoniaux retourneront au lez du trépassé.*

LET. V. LAIDANGE.

LETTRES, titres, contrats. *Lettres authentiques. Lettres antidatées.*

— ordres royaux. *Lettres de cachet, de grâce, de justice, lettres d'anoblissement, de naturalité*, etc.

— PATENTES, lettres délivrées ouvertes avec le sceau du roi, pour des actes de la juridiction gracieuse.

— PENDANTS, lettres scellées.

— ROYAUX, lettres obtenues en chancellerie pour se faire relever de la perte d'un procès, causée par quelque faute ou quelque inadvertance. *Enteriner unes lettres royaux.*

LEU, LEUS, LEUC, LIEX, lieu.

LEUD, LEUDE (*laudimium*). Voyez LOD.

— impôts, redevances. *Leudier*, celui qui perçoit le droit. *Leudaire*, le bureau où on le reçoit.

Leudes, sous la première race, seigneurs attachés à la cour.

Levant et couchant (*levantes et cubantes*), domicilié.

Levée, revenu, fruits. *Leveur*, collecteur.

— impôt, saisie. *Levation de gages*, saisie, hypothèque.

Lever (*levare*) a des sens fort divers. *Lever un acte*, s'en faire délivrer expédition. — *la main*, prêter serment en justice. — *une opposition*, se désister. — *un corps mort*, faire le procès-verbal de l'état dans lequel on l'a trouvé. — *un tesmoing*, le récuser. — *le cri*, appeler au secours, crier. — *les fruits*, les récolter. — *les scellés*, les ôter. — *de gage*, saisir.

Leyance, **liance**, **liegece**. V. **Ligeance**.

Leyde (*leuda*), c'est la tête, l'épaule et le pied droit de la bête fauve qu'on est tenu de présenter au seigneur. (Coutume de Vaud., 1, p. 208.) V. **Laude**.

Lèze-majesté, majesté offensée. Le *crime de lèze-majesté* est un attentat contre les droits du souverain.

Li, le, les, lui.

Liage, droit sur les lies du vin.

— engagement.

— **liuage**, loyer.

Liasse, paquet de papiers.

Libelle (*libellus*). « Autant vaut demande comme libelle, » dit Beaumanoir. — Livres, écrits diffamatoires, satiriques.

Libeller, rédiger par écrit. *Adjournement libellé ; opposition libellée ; le libellé de la demande.*

Libéralité, toute espèce de don.

Libération, décharge d'une dette, d'une poursuite, d'une servitude ou de quelque autre droit. *Libérer*, décharger, rendre quitte.

Libertés de l'Église gallicane font partie de notre ancien droit français qui s'est maintenu contre les usurpations des papes.

Librairie, bibliothèque.

Lice, barrière, champ clos.

Licence (*licencia*), permission, liberté.

— degré donné par une faculté, qui suit celui de bachelier et précède celui de docteur.

Licencié, celui qui a satisfait aux examens de *licence* dans quelque faculté.

Licitation, vente aux enchères d'un immeuble indivis. *Licitation amiable ou volontaire ; licitation forcée.*

Licite, ce qui est permis par les lois. *Non omne quod licet, honestum est.*

Liciter, vendre par licitation.

Lie (*lætus*), content. *Liesse*, joie. *Chiere lie*, figure joyeuse. *Liement*, joyeusement.

Lien, engagement. *Lier*, obliger, engager.

Lieve ou **cueilleret**, extrait du papier terrier constatant la redevance du tenancier, comme la *copy* des Anglais.

Lieutenant civil, **lieutenant criminel**, sont des officiers qui remplacent le prévôt de Paris dans l'administration de la justice civile ou criminelle.

Lige (*ligius*), pur, absolu. *Hommage lige*, *hommage plein*, promesse de servir et d'aider son seigneur envers et contre tous, sans exception ni réserve. *Hommage lige proprement appartient au roy.* — *Fief tenu en plein lige*, c'est-à-dire à plein hommage. *Seigneur lige*, qui ne reconnaît point de supérieur. *Hommes liges*, vassaux, serfs. — *Preuves liges*, preuves décisives. *Lige estage*, *gardelige*, résidence permanente. *Quitter purement et ligement*, c'est-à-dire sans réserve.

Ligeance, dit Rastall, *est une voire et loyale obédience du sujet due à son souverain.*

Ligesse, **ligence**, **ligeité** (*ligeitas*), hommage lige.

Lignage, **lignée**, **lin**, parenté, ligne. *Par ligne, per stirpes. Lignage avalant*, ligne descendante.

Lignager, **linager** (*lignagerius*), parent du côté dont l'héritage est venu dans la famille. V. **Retrait**.

Lignier. V. **Laigne**.

Liminaire, préliminaire.

Limiter, borner. *Limitation*, modification, restriction.

Limoges, **oeuvre de**, émail.

Linceul, drap de lit.

Line (*linea*), ligne.

Linge, **lingre**, faible, menu.

Liquidation, règlement, fixation, évaluation. *Liquidation de succession, de dépens*, etc. *Liquider*, rendre liquide, faire la liquidation.

Liquide, ce dont la quantité ou la valeur sont exactement déterminées.

Lit, mariage. *Enfant du premier lit.*

— **de justice**, tribunal sur lequel le roi prend place quand il siège au parlement. — Séance extraordinaire du parlement, présidée par le roi.

Litige, procès. *Litigieux*, ce qui est sujet à contestation.

Litispendance, durée du procès. Il y a litispendance depuis que la justice est saisie jusqu'à ce qu'elle ait prononcé.

Litterale, Preuve, celle qui résulte d'un écrit.

Livraison, livree (*libero*), tradition. Mise en possession. *Livrer*, mettre en possession.

Livrée, livraisons, livroisons (*liberatio*), présents, gages, salaires.

— **de terre** (*librata*), terre rendant une livre de revenu. — *Livrer*, arpenter, mesurer.

Locataire, locatif, louagier, qui tient à loyer.

Locaterie perpétuelle, emphytéose, bail à rente perpétuelle.

Location, conduction, bail, louage. Aliénation pour un certain temps et moyennant un certain prix de la jouissance d'une chose.

Lods (*laudes*), **ventes ou honneurs**, sont les droits payés au seigneur lors de la mutation d'une tenure autre que le fief. V. **Quints**.

Loer. V. **Louer**.

Loi, coutume, *la loi d'Amiens*. *loi vilaine*. *Loi simple*, preuve par serment. *Passer par la loi*, *venir à la loi.*

— *Loi apparaissant* ou *oultrée* (*lex apparens*, *paribilis*, *plenaria*), preuve par le duel dans les coutumes anglo-normandes. — *Loy probable et monstrable*, preuve par jureurs. — *Loi de credence*, enquête.

Loi, Amende de (*lex major*), c'est l'amende fixée par la coutume, à la différence de l'amende arbitraire qui dépend du juge.

Loi signifie justice dans les coutumes du Nord. *Jours de loi*, *œuvres de loi*, *jugement de loi*. *Villes de loi*, c'est-à-dire sieges de juridiction. Les échevins euxmêmes se nomment aussi *lois*. *Lois de ville jurée.*

Loi, aloi (*liga*), titre des monnaies.

Loial, légitime. *Enfant loial*, *femme loyale*, *mariage loyal.*

— fidèle. V. **Léal**.

Loignes, excuses.

Lois, seigneurs de, professeurs, *chevaliers ès lois*, jurisconsultes *legum domini*.

Loise, loist (*licet*), il est permis.

> Qui prend à d'autre lieu provende
> Loist-il de luy en faire autant ?

Lombard, mont-de-piété. — Banquier, prêteur sur gages.

> Par quoi scet comment on doit
> Chascun jour vivre lonc son droit.

Lonc, selon.

Lorain (*lorenum*), courroie, bride. *Lormier*, harnacheur.

Los, loement, honneur, renom.

— (*laus*), agrément, consentement.

— louange.

Losanger (*lusinghar* en ital.), flatter, tromper, jouer quelqu'un.

Losangerie (*losinga*), flatterie, tromperie.

Losangier, losangeur, perfide, trompeur. *Amours est cruel lozangiers.*

Lothier, la Lorraine.

Lots. V. **Lods**.

— portion d'une chose partagée.

Lottir, faire les lots, les parts. *Fief lotizé en partie*. — *Lotties*, les lots, les parts (*lottum*).

Louage. V. **Location**.

Louager, locataire.

Louer (*laudare*), approuver. *Louer le vendaige.*

> Et loa qu'il tenist justice
> Seur bas et haut, et pauvre et rice.
> (Phil. Mouskes.)

Desloer, desapprouver.

— donner à bail.

Loyal, loyauté. V. **Loial** et **léal**.

Loyaux couts. V. **Cousts**.

Loyer, louier, luiers (*loerium*), gages, récompense. *Qui mauvais seigneur sert, mauvais loier attend.*

LOYER, prix convenu de la location.
LOZANGER. V. LOSANGER.
LUCRATIF, qui donne du gain, du profit. *Acquérir à titre lucratif,* c'est acquérir une chose sans qu'il en coûte rien, comme par donation, legs, etc.
LUES, aussitôt.

M

MAAING, MAHAING. V. MEHAING.
MACECLIER (*macecLarius*), MAISEL, boucher. *Macelerie, maiseloire,* boucherie.
MACTIERN (*mactiernus*), fils de prince, titre honorifique que les barons portaient autrefois en Bretagne.
MAGISTRAT, officier qui rend la justice ou maintient la police. *Magistrature*, dignité du magistrat, — corps des magistrats.
MAGISTRAT, LE, l'autorité municipale dans les villes libres d'Allemagne.
MAGNIAN, MAGNIEN, chaudronnier.
MAGNIE, MAHINÉE. V. MESGNIE.
MAGNIER, MASNIER, meunier
MAIER, MAIEUR (*major*), maire.
MAHEM OU MAIM. V. MEHAING.
MAILLE (*macula, mailla*), petite monnaie qui valait la moitié d'un denier. *Pauvre qui n'a ni sou ni maille.* — Redevances. *Mailles de tavernes.*
MAIN (*mane*), matin.

Tel rit au matin qui le soir pleure.

MAIN (*manus*), puissance, possession. *Avoir en main.*
— condition. *Gens de bassemain* (*mediæ et infirmæ manus homines*), vilains, gens de basse condition. (Ass.) « Chevaliers ne doivent pas être ainsi menés comme « bourgeois ni bourgeois et *gens « de bassemain* comme cheva- « liers. »
MAIN DU ROI, MAIN SOUVERAINE, MAIN DE JUSTICE, METTRE EN, c'est séquestrer, ou mettre *in manu* d'un dépositaire au nom du roi ou de la justice. On dit aussi et dans le même sens *main de commissaire, main de créancier, main tierce. Rapporter main pleine*, c'est garnir la main de justice.
MAIN-FORTE, secours prêté à la justice, exécution par force.
MAIN GARNIE. AVOIR LA, c'est avoir la possession de la chose contestée, soit comme possesseur, soit comme séquestre. *Le roi plaide toujours main garnie* (en matière féodale ou domaniale). *Main-garnie* se dit aussi de la saisie-arrêt que peut faire un créancier dont le titre est sous seing privé. *Garnir la main du roi*, c'est nommer un gardien de la saisie.
MAINBOUR (*mainburnus*). MANBOUR, MAINBURNISSIERES, gardien, tuteur. *Mainbournie, meinbourgie* (*mundiburdium*), garde, tutelle.
MAINBOURNIR, MAINBORNIER, garder, administrer.
MAINDRE (*manere*), demeurer. *Qui maindrait dessus villenage.*
— (*minor*), moindre, plus petit.
MAINEMENT (*mainamentum*), habitation, domicile.
MAINFERME (*manufirma*), espèce de censive, bail à cens, ou cotterie. *Fiefs tenus ruralement* dans Bouteiller, c'est-à-dire tout ce qui n'est pas fief, tout héritage roturier. *Rentes héritières de mainferme, terres cotières de mainferme.*
MAINMETTRE (*manumittere*), affranchir. *Mainmis*, affranchi.
MAINMISE, saisie, *main-mise féodale. Main assise, mainprise*, c'est la saisie et le séquestre. *Mainlevée*, c'est la cessation de la saisie et du séquestre. *Mettre et asseoir la main du roi sur un héritage*, c'est le saisir et le séquestrer au nom du roi.
MAINMORTE OU MORTEMAIN (*manus mortua*), a un double sens : 1° Biens des gens d'Église, communautés, ou colléges. *Héritages de mainmorte, tenir en mainmorte.* 2° La personne et les biens du serf. *Héritages mainmortables, gens de mainmorte, homme de mortemain.*
MAINS (*manum dare*), une des formes de l'hommage féodal. Ne

avoir que la bouche et les mains ; — être fidèle et servir.

> Rou devint homs li roiz, et ses mains li livra.
> Rou.

MAINSNÉ, MAISNÉ, puiné, cadet.

MAINTENANCE, MAINTENEMENT, garantie, protection,

> Oneques puis n'en eusmes de vous maintenement
> Ains nos avez esté en tout temps en nuisement.

MAINTENIR (*manutenere*), c'est attribuer définitivement la possession dans un procès possessoire. *Maintenue*, possession définitive pendant l'instance pétitoire, à la différence de la *récréance* qui n'est que la possession provisoire adjugée à l'une des parties baillant caution.
— defendre, soutenir. *Maintenir fausse une pièce produite.*
— garder en possession.

MAINTENUE, PLEINE MAINTENUE, juste possession. V. MAINTENIR.

MAIRAN, MARRIEN. V. MERREIN.

MAIRE ou MAJEUR (*major*), chef de l'administration et de la juridiction municipale, comme était à Paris le prévôt des marchands.
— Bas-justicier (*villicus*). *Mairie*, basse justice.

MAIS, jamais. *Oncques mais*, jamais plus. *Mais que*, hormis, excepté. *Ne mais*, à moins.

MAISELLE (*maxilla*), joue, mâchoire.

MAISHUI, d'aujourd'hui.

MAISIÈRES (*maceria*), clos. *Longues parois, de quoi vignes ou autres choses sont closes, c'est maizières.*

MAISNETÉ, MAINETÉ, condition du puiné, droit du puiné dans l'héritage.

MAISNIE. V. MESGNIE.

MAISON FORTE, forteresse. *Maison d'arret, de force*, prison. — *Maisons de ville, maison de la paix, maison commune*, hôtel de ville, siége de l'administration municipale. *Maison-Dieu, Hôtel-Dieu*, hôpital.

MAISONNER, édifier, construire.

> Viellesse acquiert, bastit, maisonne.
> Jeunesse du bon temps se donne.

MAISTRE ou MAITRE, titre donné aux avocats, aux procureurs, aux notaires, aux greffiers. *Maistres du parlement*, conseillers.

MAISTRES DES COMPTES, officiers du premier ordre de la chambre des comptes. *Maitres des requêtes*, rapporteurs au conseil d'Etat, ou au conseil privé.

MAISTRIE, MAISTRISE (*magisterium*), domination, puissance, science. *Maistrement*, magistralement.

MAISTRIER, MAISTROIER (*magistrare*), dominer, seigneurier, maîtriser.

MAISTRISE, qualité qu'on acquiert quand on est reçu maitre dans quelque corps d'industrie, et qui donne le droit d'exercer cette industrie librement et pour son compte. *Il faut être apprentif avant que d'être maitre.*

MAJEUR (*major*), maire. *Majeurs des mestiers, des poestés*, chefs des métiers, des poestes.
— celui qui a accompli les années fixées par la loi pour avoir le plein exercice de ses droits civils. *Majeur de vingt-cinq ans, de dix-huit ans*, etc.

MAJEURS (*majores*), ancêtres, prédécesseurs.

MAJORAT, substitution perpétuelle d'un bien en faveur de l'aîné de la famille.

MAJORITÉ, âge auquel on est maitre de ses droits.

MALADRERIE, hôpital, léproserie.

MALAIT, MALADIT, MALEDICT, maudit.

MALE, mauvais. *Malan*, malheur. *Malebeste*, mauvaise bête. *Malebouche*, calomniateur. *Malencontre*, mauvaise rencontre, malheur. *Malefaçon*, mauvaise façon, faute. *Malefaite*, mauvaise action. *Malemort*, mort tragique. *Malengin*, dol, fraude, tromperie. *Malfeu*, la foudre, la maladie du charbon.

MALEIR, maudire. *Maleiçon, Maudisson*, malédiction.

MALETOTE ou MALETAULTE (*malatolta*), subside extraordinaire. *Malum aut indebitum telonium*, dit Rastall. *Maletotiers, maltautiers*, ceux qui perçoivent cet impôt.

MALIGNER, tromper, frauder.

Maltalent, mautalent, déplaisir, mauvaise volonté, méchanceté.

Malversation, concussion, faute grave commise par un officier public dans l'exercice de sa charge.

Manable, habitable.

Manaie (*manus?*), puissance, protection. « Je mets mon corps et « ma vie en vostre manaie. »

(*Rom. des Sept Sages.*)

Manandie (Duc. sub V° *Massaricia*), richesse. *Manant*, riche.

Gentil fu de parage, et d'avoir fu manans.

— demeure, habitation.

Manants (*manentes*), habitants.

— vilains, roturiers.

Manbour, manbournie. V. **Mainbour.**

Mancuse (*mancæ*), monnaie valant un marc d'argent.

Mand, mandement, commandement.

Mandat, contrat par lequel une personne se charge de faire quelque chose pour et au nom d'une autre personne; celle-ci s'appelle *mandant*, celle-là *mandataire*.

— ordonnance du juge. *Mandat d'amener.*

Mande, mende, demande.

Mandé (*mandatum*), c'est le lavement de pieds qui se fait au soir du jeudi saint, ou *jeudi absolut.*

Mander (*mandare*), envoyer, ordonner, faire venir.

Mandement, ordre.

— juridiction, territoire dans les coutumes du Dauphiné.

Manderie, charge, office de mandataire.

Mandeur, huissier, sergent, envoyé.

Manéche, manecher, menaces, menacer.

Manée (*manata*), une poignée.

Mangeurs, Gardes et (*comestores*). **Gardemangeurs**, garnisaires.

Maniance, mandement, administration.

Manicles, manches, menottes.

Manoeuvres, maneuvrées (*manopera*), corvées. — Travaux.

Manoir, maners (*manerium*), demeure, habitation. Communément, c'est l'*hôtel noble*, la maison où demeure le seigneur du fief.

— (verbe), demeurer.

Manse, mansion, mençion (*mansio*), maison. *Mansionnier, maisonnier*, est un tenancier.

Mante, mantel (*manta*), manteau.

Manuel, de la main à la main, *don manuel.*

Manumis, affranchi.

Manutention, maintien, conservation du bon ordre.

— administration, maniement.

Marance (*marancia*, de *mærere*), affliction.

— Amende, punition.

Marastre, belle-mère.

Maraudage, vol des fruits de la terre. *Maraud*, pillard.

Marbotin, morabatin (*marabotinus*), monnaie d'Espagne, maravédis.

Marc d'or est un droit qui se levait sur tous les offices de France à chaque changement de titulaire.

Marc le franc, quote-part proportionnelle attribuée à chaque créancier, lorsque les fonds sont insuffisants pour payer la dette intégralement.

Marçaische. V. **Mars.**

Marchage, droit de (*marchagium*), société établie entre des communautés limitrophes pour faire marcher et paître les bestiaux sur le territoire des deux pays.

Marchand, loial et (*marchabilis*), régulier, légitime.

Marchandise, marchéandie (*mercandisa*), commerce.

Marche (*marcha*), limite, frontières, d'où *marquis* ou *seigneur marcher* (en anglais, *lords marchers.*) *Marches communes*, paroisses frontières qui séparent deux provinces, et sont soumises à la juridiction de l'un et l'autre de ces pays.

Marché, marchié, halle, lieu public où l'on vend les denrées.

— prix et condition d'une vente ou d'un ouvrage quelconque. *Marchés à aghais*, marchés faits à terme et de paiement et de livraison.

— contrat. *Il n'y a au marché que ce qu'on y met.*

Marcher, marchir, marcir, marchiser (*marchisari*), borner, confiner, toucher à. *Marchissans*, joignant à, voisins; *les marchisans des héritages.*

Marcher, marquer.

Marchette (*marcheta*), droit du seigneur.—Droit payé au seigneur pour le mariage de la fille du serf.

Marciage, **marcier**, droit seigneurial en cas de mutation (*marciagium*).

— corvées.

Maréchaussée, gendarmerie.

Mareglier, **marglier** (*marcaclarius*), marguillier, celui qui administre les revenus de la fabrique.

Marescherie, **mareschière**, **maresq** (*marescheius*), marais.

Mariage, union de l'homme et de la femme.

— (*Maritagium*), dot de la femme. *Donner en mariage. Bref de mariage encombré. Mariage divis. Mariage avenant. Mariage à mortgage*, immeuble donné en dot pour, par les enfants, en jouir et percevoir les fruits jusqu'à ce que les parents l'aient racheté.

— douaire.

— rachat dû par le mari pour les fiefs de sa femme.

— (*auxilium*), droit exigé par le seigneur lors du mariage de sa fille.

Mariage, devoir le —, service de (*maritagii servitium*), c'est l'obligation de se marier dans un délai donné, obligation imposée par la loi féodale à la veuve ou à la fille qui possèdent des fiefs, pour qu'il y ait un vassal capable de desservir la tenure.

Mariages réchauffés (*maritagia recalefacta*), secondes noces, *noces réchauffées*.

Marle (*marla*), marne. *Marler*, marner.

Marlier (*marrelarius*), marguillier. *Marlage*, droit payé au marguillier.

Marlieres, marnières.

Marmenteau (*materiamen*), bois de haute futaie.

Maronnier, marinier.

Marque, droit de (*marca*), droit de représailles. *Lettres de marque*, lettres du prince qui autorisent à courir sus, et à saisir la personne et les biens des ennemis.

Marre (*marra*), bêche, hoyau. *Marre de vigneron. Vignes marrées. Prise de marres*, saisie des instruments de culture.

Marrein (*marimentum*), **marrionage**. V. **Merrein**.

Marrement, **marriment** (*marritio*), douleur, déplaisir. *Marrison*, fâcherie. *Marrir* (*marrire*), s'affliger.

Marronage ou pesselage, droit de prendre dans une forêt du marrein ou bois de construction.

Mars, **marsage**, **marsèche**, **marsois** (*marseschia*), blés de mars, grains qu'on sème en mars; *grains marsois* ou *bleds trémois*.

Marsollier (*macellarius*), boucher.

Mas (*masa*), **masure** (*mansura*), maison, tènement vilain.

— tenure en commun en Normandie, comme la *Fraresche* en Anjou et la *Pagésie* en Bourbonnais.

Masnage (*managium*), manoir.

Masonage, cens dû par le *masonier* ou censitaire qui occupe l'habitation.

Masque (*masca*), sorcière.

Masse, réunion de plusieurs sommes, de plusieurs choses formant un tout. *La masse de la succession, de la faillite*, c'est tout ce qui compose la succession, la faillite. *Masse active*, valeurs et créances. *Masse passive*, dettes.

Masuier (*mansionarius*), économe, procureur d'un couvent.

Masurier, tenancier d'une masure. *Masurage*, cens que paie le masurier.

Mat, triste, abattu, mélancolique *Chière mate*, visage morne et affligé. *Mater* (en espagnol, *matar*, tuer), vaincre, abattre.

Matières, affaires, procès. *Matières civiles, matières criminelles. Les matières sommaires* sont les causes qui, d'après leur nature ou la médiocrité de leur objet, doivent être instruites plus simplement et jugées plus promptement que les autres.

Matricule (*matricula*), registre, catalogue. Tableau des avocats.

Matrimonial, qui appartient au mariage. *Conventions matrimoniales*.

Matrone, sage-femme.

Mau, mal. *Mauvais mau*, mal caduc, épilepsie. *Mauffacterre*,

malfaiteur. *Mauparler*, mal parler. *Mauclerc*, mauvais clerc, ignorant. *Maugain*, mauvais gain.
MAUBAILLER, léser, mal administrer.
MAUFES, LI, le mauvais, le diable.
MAUGRÉ, malgré.
MAUMIS, mis à mal, gâté. *Maumettre son vœu*, manquer à son vœu.
MAUTALENT. V. MALTALENT.
MAUTÉ, MAUVAISTIÉ, malice, méchanceté.
MAUTOLUE, chose enlevée ou prise contre droit. V. MALETOTE.
MEASMER, MÉSAESMER, mésestimer.
MEAUS, mieux.
MÉCANIQUE (en anglais, *mechanic*), artisan, ouvrier.
MÉCHAING. V. MÉHAIN.
MECHANCE, MECHEF, MESCHIEF, mauvaise chance, accident.
MÉCHEOIR, avoir du malheur, décheoir.
MECTES. V. METES.
MÉE, même, semblable. *La forfaiture n'est pas d'une mée nature.*
MEENER, moyenner, se faire médiateur.
MEFFAIRE (*meffacere*), mal faire, se rendre coupable. *Meffait*, délit, peine, amende encourue.
MÉGE OU MIÉGE (*medicus*), médecin. *Méger, meigier*, soigner. *Et celui qui fut seignor du serf est tenus de faire méger celui qui est naffré.* (Ass.)
MEGNÉE. V. MESGNIE.
MEHAIGNER, MEHAIMER, MEHAINGNIER, MAHAIMER, blesser, rendre malade.
MEHAING (*mahamium, mehemium*), blessure, mutilation, maladie.
MEILLEX, MELLIER. V. MERLEE.
MEINDRE. V. MENDRE.
— MEINER (*manere*), demeurer.
MEINS (*minus*), moins.
— MAINTS, plusieurs, beaucoup.
MEITE, MEIETÉ, moitié.
MEIX, MEX (*mansus*), tenure vilaine, héritage mainmortable, closerie, métairie.
MÉLIORATIONS, dépenses d'amélioration.
MELTE, MÈTE (*meta*), borne, limite, juridiction, territoire.
MEMBRER, se souvenir. *Membrance*, souvenance.
MEMBRES D'UNE CHASTELLERIE, démembrements, parties d'une seigneurie. *Tenir par membre*, posséder à titre du partage.
MEMOIRE, factum, écrit contenant les faits et circonstances d'un procès.
— Détail par article des frais et des fournitures dont on réclame le paiement.
— *Ménage des champs* (*managium*), métairie. *Ménager*, métayer.
MENANS. V. MANANS.
MENCAULDEE (*mencaldata*), mesure de terre.
MENDRE D'ANS, MENRE D'AGE, MENEUR (*minor*), mineur. V. MERME.
MENÉE (*minatio*), semonce faite au vassal d'aider son seigneur en justice ou en guerre. *Menée de fief*, assemblée du jury féodal. *Plaids de la menée*. — Assemblée. *Menées illicites.*
MENER, régir, gouverner. *Mener par court*, faire droit, rendre justice.
MENESTRAL, MENESTRAU (*ministerialis*), ouvrier, serviteur.
MENSE (*mensa*), la portion du patrimoine de l'église qui sert à l'entretien de la communauté.
MENSE ABBATIALE. V. TABLE.
MENU, petit, mineur. V. MINCE. *Menu vair*. V. VAIR. *Frères menus* (*menudita*), frères mineurs.
MENUERIE (*minutia*), bijouterie.
MERCS, MERE (*marcha*), marques, bornes, limites. *Meres de justice, de chastel, de gibier. Mercher*, marquer.
MERCURIALES, réunions disciplinaires du parlement qui, suivant l'ordonnance de Louis XII de l'an 1499, art. 27, devaient se tenir de trois mois en trois mois, le *mercredi* après diner.
— Discours prononcés à cette occasion par les procureurs et avocats généraux.
— Relevé des ventes de denrées dans les marchés pour en constater le prix moyen.
MERIN (*majorinus*; en espagnol *merino*), sergent, maire.
MERIR (*merere, remerire*), bien mériter, reconnaitre un bienfait, récompenser. *Dieu le vous sçaura bien merir. Meriz*, récompense.
MERLÉE, MESLÉE (*mesleia*. 1), querelle. *Merlif, meslis, meslier, mesliu, mellieus*, querelleur.

Merme, mermiau, merme d'age (*minoritas*), moindre, mireur.

Merrein, merrien, marisme (*materiamen*), bois de construction, de charpente, matériaux. *Gros merrain.*

> Marriens attraire, et fust porter,
> Chevilles faire, et bois doler.

Mes. V. **Mais.**

— mon. *Mes baron*, mon mari.

— (*Missus*), messager.

Mes, en composition signifie mal. *Mesacensier*, mal affermer. *Mesaesmer*, mésestimer. *Mesaise*, malaise. *Mesdit*, calomnie. *Mesestance*, mauvaise situation. *Mezlaier*, mal faire une *laisse* ou location. *Mesoir*, mal entendre.

Mescheance, meschief, méchanceté, mal. *Faire meschief sur meschief.* — Accident, catastrophe.

Meschéer, meschever, mescheir, meschiver, échouer, venir à mal.

Meschine (*meschinus*; ital. *meschina*), jeune fille, servante. On trouve aussi *meschin*, jeune homme.

Mescle (*mescalia*), mélange d'orge, de froment et d'avoine.

Mescréant, hérétique, infidèle.

Mescroire, soupçonner, douter. *Mescreance* (*mescredentia*), soupçon.

Meseau, mesel, mesiax (*mezellus*), ladre, lépreux, et par extension corrompu, impur. *Mezellerie* (*mesclaria*), léproserie. — (*Misellaria*), lèpre.

Mesgnie, mesnie, mehnée (*maisnada*), famille, maison, compagnie, suite.

> La mesnie à maistre Michaut.
> Tant plus en i a, et moins vaut.

« Li nom de mesnie (*familia*) contient « les sers et toz cex qui servent, quique ils « soient, ou franc home, ou autre serf, « qui servent par bone foi. »

(*Livre de justice et de plet.*)

Mesiere. V. **Maisiere.**

Meslis. V. **Meslee.**

Mesmariage, formariage.

Mesnil (*mansionile*), maison, habitation.

> La bonne femme du mesnil
> A ouvert l'uis de son courtil.

Mesprendre (*mesprisiare*), méconnaitre, forfaire. *Méprendre de sa foi*, manquer à sa foi. *Personnes mesprenans sciement en leurs offices.*

Mesprenture, mespresure, mesprison, faute, crime, erreur, mépris.

Message, messagers, sergent, huissier. (Le *frohnbote* allemand.) — Procureur.

— (*Messagium*), redevance payée par le messier.

Messelier, messier, messilier (*messarius*), garde des récoltes. *Messerie*, office de messier.

Messions, mansions, mencions, missions (*messio, missio*), redevances, frais, dépenses. *Faire messions pour autrui*; *servir à ses propres messions.* V. **Moisons.**

Messuage (*mesuagium*), manoir.

Mestier (*ministerium*; ital. *mestiere*), besoin. *Mestiers est*, il faut.

Mestiver, moissonner. *Mestive* (*mestira*), moisson. — Redevance en blé. *Mestiviers*, moissonneurs.

Mestroyer. V. **Maistroier.**

Mestuet pour **m'estuet**, il me convient. *M'estut*, il me fallut.

> Mestuet seoir à bouche mue

Mesus, mesusance, abus, mauvais usage, dégradation. *Mesuser*, user mal.

Metayer, moitoier, moitessier (*medietarius*), colon partiaire, fermier à moitié fruits. *Metairie*, habitation, possession du métayer.

Meteil, metail (*mixtum, mestallum*), mixture de froment et de seigle.

Metes, bornes (*meta*). V. **Mette.**

Mettre (*mittere*), employer, dépenser; — *en dit*, enchérir; — *en bannie*, défendre, ordonner par un édit; — *en ny* ou *en ne*, nier, s'inscrire en faux; — *a néant*, anéantir, abolir; — *en sa main*, saisir; — *en voir*, prouver, mettre en preuve; — *jour*, assigner jour certain; — *peine*, prendre de la peine; — *sus*, charger, reprocher; — *sur le dict de quelqu'un*, compromettre, faire un compromis.

Meubles, mobles (*mobile*), tout ce qui se meut, tout ce qui ne tient pas au sol. *Meublier*, mobilier.

Meureté, meurison, maturité.

Meute (ital. *mota*), émeute, entreprise militaire.

Mévente, mauvaise vente.

Mezel. V. **Meseau.**

Midenier, moitié des deniers de la communauté employés pour améliorer l'héritage d'un des conjoints.

Midouaire, pension adjugée à la femme séparée, ou dont le mari est absent, et qui est communément de la moitié du douaire.

Mie (*mica*, esp. *miga*), point, pas.

Miége. V. **Mege.**

Miert (*mihi erit*), me sera.

Milods, demi-lods; c'est un droit de mutation par décès, qui est ordinairement la moitié de ce qui se paie lorsque la mutation résulte d'une vente.

Minage, **miniage**, **muiage** (*minagium*), mesure de blé, droit de mesurage. *Tenir à minage*, c'est être fermier moyennant tant de mesures de blé. — *Minage de vin*, conduite de vins.

Mince, **minu**, **menu**, aveu, dénombrement, *déclaration par le menu*. *Minuter*, écrire par le menu.

Mine, mesure de blé.

— mesure de terre valant un demi-arpent.

— jeu de dés.

Mineur, celui qui n'a pas encore accompli l'age fixé par la loi pour être majeur.

Ministère public, magistrats qui représentent la société devant la justice et surveillent l'application des lois. C'est ce que nous nommons aujourd'hui le *parquet*, les procureurs et avocats généraux, et procureurs du roi.

Minorage, **minorité**, âge, condition du mineur. *Excuse de minorité.*

Minu. V. **Mince.**

Minute, original du jugement ou de l'acte, à la différence de la grosse ou copie.

Minuter, écrire la minute, — écrire en petits caractères.

Mipartir, partager, diviser par moitié.

Mire, **myre**, médecin, chirurgien. *Qui est blecé sy voise au mire.*

Miroir de fief, c'est la branche ainée que les seigneurs *mirent* ou considèrent seule pour régler les devoirs du fief.

Miroir de Souabe, **de Saxe**, coutumiers allemands du XIIIe siècle.

Mis, dépôt au greffe.

Mise (*misa*, *missa*), arbitrage, compromis. *Miseurs*, arbitres. *Procureur ne peut faire paix ni mise. Soi mettre en mise.*

— (*missio*), dépenses. *Pro misis et custagiis. Mise en fait de compte.*

— **en cause**, appel d'une personne dans un procès.

— **en demeure**, interpellation faite au débiteur de remplir son obligation. — Constatation de son refus de satisfaire.

— **de fait**, **Mise en possession**, envoi en possession.

Miser, faire sa mise, s'associer, contribuer.

Misprision (*misprisio*), forfaiture, négligence grave, mépris. V. **Mesprendre.**

Missions. V. **Messions.**

Mitan, milieu. *Mité*, moitié. *Mitanier*, fermier à moitié.

Mitoyenneté, **mitoyerie**, propriété commune d'un mur séparatif de deux héritages. *Mur mitoyen*, mur qui appartient aux deux propriétaires voisins.

Mobiliaire, **mobilier**, tout ce qui est réputé meuble par la loi, — tout ce qui concerne les meubles.

Mobilisation ou **ameublissement**, c'est la qualité de meuble conférée par fiction à certains immeubles qu'on veut faire entrer dans une communauté de biens.

Moble, **moeble**, meuble.

Modifications, changements, adoucissements, restrictions, apportés à un contrat, à une loi, etc.

Mohatra, contrat usuraire par lequel on vend très-cher à crédit ce qu'on rachète à vil prix au comptant.

Moie, mienne. *La raison en est moie et non vostre.*

Moillier (*mulier*), femme.

Moisons (*moisso*), loyers, revenus. *Moison de grains*, fermage payable en nature. *Moisonier*, fermier. *Moison* (*moiso*), signifie aussi mesure, jauge. *Des moisons que les futailles doivent tenir.* (Ord. de la Ville.) V. **Messions.**

Moitoirie. V. **Mitoyenneté.**

Molage, mouture. *Grain molable*, grain qui doit être moulu au moulin seigneurial.

Mole, meule. *Molre*, moudre.

Molequinier, tisserand.

MOLLER, MOLHIER, MOULHE (*mulier*), femme, épouse.

MOLUES, ARMES, armes aiguisées sur la meule, fer tranchant.

MOMON, de *Momus*, mascarade. *Mommer*, se déguiser.

MON, MONS, donc, pour lors.

MONITOIRE, mandement de l'official adressé à un curé pour avertir les fidèles de venir à révélation sur les faits y mentionnés, à peine d'excommunication.

MONNÉAGE (*monetagium*), droit payé au seigneur pour qu'il n'altère pas les monnaies.

MONOPOLE, assemblée factieuse.

— privilége d'un marchand d'être seul à vendre une denrée.

MONS, pour Monseigneur. *Mons l'Évêque* dans les lettres du Roi aux prélats.

MONSTIER, MOUSTIER (*monasterium*), monastère, église.

MONSTRE (*monstrum*), revue. Exhibition.

— intérêts. V. MONTE. — Échantillon.

MONSTRÉE, MONSTRANCE (*monstra*), c'est une descente sur les lieux, lors de laquelle l'un des plaideurs désigne sur place l'objet du litige; *L'ordonnance de* 1667 *a abrogé l'usage des vues et montrées;* quelquefois aussi c'est l'aveu du vassal désignant au seigneur l'étendue de la tenue (*ostensio*).

MONTANCE, valeur, estimation. *Monter*, valoir, — enchérir.

MONTS (*montare*), intérêts. *Monts de monts*, intérêts des intérêts.

— enchère.

MORATOIRES, INTÉRÊTS, ceux qui ne courent que par l'effet d'une mise en demeure ou d'une demande en justice.

— LETTRES, lettres de surséance ou de répit.

MOREL, MORON (esp. *moreno*), brun, noir.

MORRE (*molere*), moudre, *morront*, ils moudront.

MORS (*mores*), mœurs, usages.

— (*morsus*), mordu.

— (*mors*), mort. *Mors namps*. V. MORT GAGE.

MORT BOIS. V. BOIS MORT.

MORT CIVILE, perte des droits civils.

MORTAILLE (*mortalia*), droit du seigneur de s'emparer de la succession du serf décédé sans parents vivant en commun avec lui. *Mortaillables*, serfs, hommes de mainmorte. — *Mortaille*, *mortuaille*, se prend aussi pour obsèques, funérailles. *Banquet de mortuaille* ou *de mortuaire*. (Nicod.)

MORTEMAIN. V. MAINMORTE.

MORT GAGE (*mortuum vadium*), antichrèse. V. GAGE.

MORTIER, bonnet que portent les présidents du parlement.

MORTUAGE (*mortuarium*), droit que prétendaient les curés sur la succession de leurs paroissiens. Rastall. V° *Mortuary*.

MORTUAIRE, acte de décès.

MOSCHETTES, MOUCHETTES, abeilles.

MOSTRE. V. MONSTRÉE.

MOTE (*mota*), manoir, habitation. *Mote seigneuriale*.

MOTE FERME est le terrain que la rivière n'a pas couvert.

MOTIR (*motitio*), déclarer, désigner quelque chose en jugement. *Motir le jour, le terme, la querelle, la dette, le lieu*, d'où *motif*, raison, cause. *Cour motie*, tribunal désigné.

MOTOIRIE (*medietaria*), moitié. *Blé moitangé*, méteil. — Métairie. — Mitoyenneté.

MOUILLÉ (*mulier*), femme.

MOULT (*multum*), beaucoup.

MOULTE (*molta*), MOULANGE, MOULURE, MOUTURE, la quantité de blé que le meunier a le droit de retenir pour son travail.

MOULU. V. MOLU.

MOUNIER, MONIER, MOSNIER, MOULÉ, meunier.

MOUSTOILE, MOUSTÈLE (*mustela*), belette.

MOUVANCE DU FIEF, dépendance du fief. *Mourant*, dépendant.

MOUVIMENS (*movimentum*), motifs.

MOUVOIR UN PROCÈS, l'intenter.

MOYEN, milieu, intermédiaire. *Ressortir au parlement nuement et sans moyen; moyen justicier*.

MOYENNER, traiter, transiger, préparer, accorder. *Moyenneur*, pacificateur, médiateur, intermédiaire.

MOYENS, raisons, motifs par lesquels on établit sa demande ou sa défense. *Moyens de nullité, de faux*.

Muablèce, muableté, inconstance.

Muance, muage, mueson (*mutagium*), changement. *Muance de tenancier*, droit de relief ou rachat. V. Plait. — Droit sur les marchandises.

Muardie, musardie (*musardus*), paresse, stupidité.

Mucer, muchier, musser (*amicire*), cacher.

Muer, changer.

Muette (*mota*), émeute, sédition, mouvement.

Mule, mullon (*mullio*), meule de foin.

Mulerie, Engendré en (*mulieratus*), enfant légitime, à la différence de celui qui est engendré en bâtardise.

Mumie (*mumia*), momie.

Murdre (*murdrum*; angl. *murder*), meurtre, homicide commis volontairement.

Mus (*mutus*), muet. *Mue*, muette. *Bestes mues*, bêtes sauvages.

Musart (*musardus*), fainéant, mauvais sujet. *Musage*, retardement.

Musnier, meunier. *Aucun ne sera musnier et boulanger ensemble*. (Ord. de la Ville 1, 18.)

Musser. V. Mucer.

Mutation, changement de propriétaire. *Mutation de fief. Mutation par décès, par donation*; — droits payés à cette occasion.

Mutuel, ce qui est réciproque entre deux personnes. *Testament mutuel, don mutuel*.

Mystique, Testament, celui que le testateur signe et présente clos et cacheté au notaire pour qu'il le garde en dépôt.

N

Nacion, naissance, extraction.

Nafrer. V. Navrer.

Nagier, naivier, naviguer. *Nager à vent, à voile*.

Naif, naïs, nayte (*nativus*), serf d'origine. *Nayte d'estrasion*. (Assises.) — *Naiverie*, servitude de naissance.

Naisage, droit de faire rouir le chanvre; — droit perçu sur le rouissage.

Naissant. *Héritage propre et naissant*, c'est le propre, le bien venu par succession. *Naissant roturier*.

Nam, namps, nams, nans, nants (*namium*), gages. *Vifs namps et mort namps* sont le bétail et les meubles pris par exécution. *Nans mangeans*, garnisaires. *Obligation par namps*, consignation.

Namptissement, nantissement (*nantissamentum*), gage, sûreté, caution. — C'est aussi une manière de constituer hypothèque dans quelques provinces appelées *pays*, ou *coutumes de nantissement*. Dans ces pays l'hypothèque n'est acquise que par *devest* du vendeur et *nantissement* ou saisine de l'acquéreur.

Nantir (*nammiare*), assurer par gages ou *nants*, consigner. *Nantir et emplir la main de la cour, nantir le cens, la rente, nantir en deniers ou meubles*.
— Se faire inscrire dans un registre public pour avoir hypothèque sur les biens du débiteur.
— saisir.

Nascens, croit des animaux. *Dime des nascens*.

Naturaliser, donner à un étranger tous les droits d'un Français. *Lettres de naturalisation*, acte qui confère à un étranger la qualité de Français. *Déclaration de naturalité*, lettres qui constatent qu'un Français n'a point perdu sa qualité de citoyen.

Nau, naué, nauf, noe, noue (*navis*), vaisseau, barque.

Nau, noël.

Naufrage (*naufragium*), **Droit de bris et**, droit du seigneur sur les biens naufragés.

Nauliser (*naulizare*), fréter un navire.

Navie (*navilium*), flotte, barque.

Navier, naviguer.

Navrer, blesser. *Navrure*, blessure. *Navreur*, *navré*.

Nayte. V. Naif.

Ne. V. Ni.

Néant, néent, niant, noan, noiant, rien. *Procès de néant tournent souvent à grande conséquence*. — *Mettre l'appellation au néant*, c'est confirmer le jugement de première instance. *Mettre nihil* ou *néant*, c'est rejeter certains articles d'un compte. *Mettre néant au bas d'une requête*, refuser d'y répondre.

NÉCESSITÉ JURÉE (*necessitas*), besoin de vendre son patrimoine attesté par serment pour avoir le droit d'aliéner son bien sans le consentement de l'héritier. (Duc. v° *Paupertatem jurare*.

NECHEDANT, NEPOURQUANT, néanmoins, cependant.

NÉER, NÉGER (*negare*), nier, refuser. *Nul ne doit néger plégerie*. (Ass.)

NEIF. V. NOIF.

NEIS, NEIX, NES, NHÉ (*nitidus*), net, blanc.

NEL, NELE, ni lui, ni elle. *Nes*, ni les.

NEMAIS, NEMÉS, NEMI, excepté, sinon. « Avocas doit jurer que il ne sous« tendra a son essient nemès que « de bonne querelle et loyale. » Beaum.

NEPOURQUANT. V. NECHEDANT.

NEPS, NIEPS, NIÉS, NEVOUS (*nepos*), neveu, petit-fils. *Niepce*, nièce.

NEQUANT, NEQUE, NEQUEN, NETANT (*neque*), non plus que.

NES, ne les. *Nes même*, pas même.

NEUFME (*nonagium*), droit du neuvième, espèce de *mortuage* que les curés prétendaient sur les biens de leurs paroissiens trépassés.

NI, NIANCE, NIANCHE (*negatio*), déni. *Mettre en ni*, denier.

NICE, NICHE (en espagnol, *necio*), simple. *Promesse nice*, simple promesse, faite sans sûreté, sans gages.

NICEMENT, simplement. *Cesser nicement*.

NICETÉ (*niceptitas*), simplicité.

NIEF. V. NAIF.

NIENS, NIENT. V. NÉANT.

NIERE (*non erat*), n'était pas.

NIERT (*non erit*), ne sera pas.

NIÉS, NIEPS. V. NEPS.

NIHIL. V. NÉANT.

NIS, même.

NISI, OBLIGATION DE (*nisi, Clausula de*), engagement par lequel on se soumettait à l'excommunication en cas d'inexécution.

NOBILIAIRE, registre où sont inscrites toutes les maisons nobles d'une province.

NOBILITÉ (*nobilitas*), noblesse.

NOBLE A LA ROSE (*nobile*), monnaie anglaise.

NOBLESSES (*regalia*), droits royaux, prerogatives royales. — Priviléges, *Les noblesses et coutumes de la mer* (*nobilitates*).
— dons, largesses.

NOC, NOGUIÈRE, NOCHÈRE (*noccus*), gouttière, plomb. *Tenure de noc, sor mur communs ne vault riens.* (Anc. cout. de Reims.)

NOÇAGES (*fercula*), droits exigés à raison des mariages. — Droit d'assister au repas nuptial.

NOECES, noces. *Don de noeces*.

NOEF, neuf.

NOIANT, NOIENZ. V. NÉANT.

NOIER (*negare*), nier.

> Or te veuil si à moi loier (lier)
> Que tu ne me puisse noyer
> Ne promesse, ne convenans.
> (*R. de la Rose*)

NOIF, NOIS (*nix*), neige.

> Rose sur rain, ne noif sur branche
> N'est si vermeille, ne si blanche.
> (*R. de la Rose.*)

NOISE (*noscia*), querelle, bruit. *Noiser*, quereller. *Noisant*, querelleur.

NOMBRÉE, NOMMÉE (*nominatio*), aveu et dénombrement.

NOMBRER, compter. *Exception de pécune non nombrée* (exceptio non numeratæ pecuniæ).

NOMINATAIRE, celui qui est nommé à un bénéfice. *Nominateur*, celui qui nomme.

NON, FAIRE PREUVE DE, prouver l'impossibilité du fait imputé. *Se-non*, sinon.

> A venimeux et a félon
> Ne doit-on faire se mal non.

NONAGE, minorité. *Non aagé*, mineur.

NONCER, NONCHIER, NONTIER (*nunciare*), annoncer, dénoncer. *Nonciation*, dénonciation.

NON CHALOIR, ne pas se soucier de quelque chose, rester indifférent, nonchalant.

NON CONTRESTANT, nonobstant, malgré.

NONE (*nonæ*), la neuvième heure du jour, trois heures après midi.

NONAGE (*nonagium*), neuvième denier, dîme.

NONNERIE (angl. *nunnery*), couvent de religieuses ou nonnes.

NONPER, non pareil, sans pareil.

NON PORTANT, NON POURTANT, cependant, néanmoins.

NON PRIX, bas prix.

NON SACHANCE, ignorance.

NON-VALEUR, valeur perdue, recette manquée.

NORE (*nora*), bru, belle-fille.

NORRETURE, NORRIGE, NORIN, bétail qu'on nourrit. *Faire norrin*, élever des bestiaux. *Norrequier, nuyriguier* (*norriguerius*), nourrisseur.

— éducation.

NOTAIRE ou GARDE-NOTE (*notarius*), officier public qui passe et reçoit les actes, leur confère l'authenticité, en conserve le dépôt, en délivre des grosses ou expéditions. *Notaire instrumentaire* ou *en premier*, celui qui reçoit l'acte par opposition au notaire *en second* qui ne fait que le signer. *Notaire certificateur*, celui qui est commissionné pour délivrer des certificats de vie. *Notaires royaux, seigneuriaux*, notaire du roi, des seigneurs. *Notaires apostoliques*, notaires des évêques exerçant en matière bénéficiale.

— secrétaire.

NOTE (*nota*), musique. *Messe sans note.*

NOTES, NOTULE (*nota*), des notaires, sont leurs minutes.

NOTIFICATION (*notificatio*), signification d'un acte, déclaration. *Notification de la vente d'un fief, d'une saisie féodale.*

NOTORIE (*notaria*), office de notaire.

NOTORIÉTÉ, NOTICE (*notitia*), se dit des faits qui sont publics et connus de tous. *Acte de notoriété*, attestation d'un fait connu, reçue par un officier public. *Notoirement*, publiquement.

NOUER, nager. *A nou*, à la nage.

NOURRISSEMENT (*nutritio*), éducation. *Nourris* (*nutriti*), famille.

Tint grand feste et grand court, mout y ont de déduits,
Moult y ont des estranges, et mout de ses norriz.

NOURRITURE. V. NORRETURE.

NOUVELLE OEUVRE, travaux entrepris sur un héritage, et qui changent les rapports de cet héritage avec les héritages voisins. V. DÉNONCIATION DE NOUVEL OEUVRE.

NOUVELLETÉ (*novitas*), innovation, trouble dans la possession. *Cas ou matière de nouvelleté. Complainte en cas de saisine et nouvelleté*, c'est la complainte possessoire intentée pour cause de nouveau trouble. *Oster la nouvelleté, trouble et empeschement mis en la chose.* (Nicod.)

NOVATION (*novatio*), changement d'une obligation en une obligation nouvelle : *Veteris obligationis in novam translatio et confusio.*

NOVE, NOUE, NOE, NOVALES, NOVALIE (*noa, novale*), terres nouvellement défrichées et mises en culture.

NU A NU, NUEMENT, EN NUESSE ou NUEPCE, TENIR, tenir sans moyen. *La nuesse du seigneur foncier*, c'est le territoire et les juridictions tenues de lui sans moyen.

NUE PROPRIÉTÉ, la propriété séparée de l'usufruit.

NUEF, NUEVISME, neuf, neuvième.

NUISANCE, NUSANCE (*nocumentum*), préjudice, dommage.

NUITÉE, nuit, service de nuit.

NUITS, ATTENDRE LES (*nox*). Quelques anciennes coutumes comptent les délais par nuits au lieu de les compter par jour. V. ADNUISTER.

NULLE FOIS, jamais. *Nulle riens*, nulle chose. *Nullui, nului, nuls, nuns, nuz*, nuls, aucuns, personne. *Nuns nés*, nul homme vivant.

NULLITÉ, vice d'un acte qui l'empêche de produire son effet.

NUN, nul, personne.

NUNCUPATIF (*nuncupativum*), testament fait de vive voix.

O

O ou **od**, avec. *O armes et sans armes. Od les bons alez. O intimation. O devoir ou sans devoir.*

Oance. V. **Ouance.**

Obédience, **obéie** (*obedientia*), obéissance, services. *Pays d'obédience*, pays qui n'étaient point compris dans le concordat de 1516, et dans lesquels le pape avait droit de nommer aux bénéfices.

Obéissance, hommage, reconnaissance de la supériorité féodale. *Fief et obéissance.* — Redevance.

Obicer, **obicéir**, **obicier**, **obissier**, **objicer** (*objicere*), objecter, opposer, reprocher. *Objects de témoins*, reproches de témoins.

Obituaire (*obituarium*), registre sur lequel s'inscrivaient les décès. *Obits* messes anniversaires.

Objurgations, reproches.

Oblat ou moines lais (*oblati*), **religieux laïcs**, **frères convers ou lais**, soldat invalide que le roi mettait dans chaque abbaye ou prieuré de sa nomination.

Obliage, **oblie**, **oblial**, **oublée**, **oubliage**, **oublial**, **oubli**, **Droit d'**, amende payée par le vassal en cas de retard, d'*oblicio*; ou plutôt redevance payée au seigneur qui, à l'origine, consistait en pains ou *oublies* (*oblata*).

Obliger, engager, *s'obliger corps et biens. Obligation*, engagement, acte qui constate l'engagement. *Obligation passée sous seel royal et authentique.*

Obreption, réticence frauduleuse à l'aide de laquelle on a obtenu quelque titre ou concession. *Titres obreptices*, titres obtenus par une réticence frauduleuse.

Obs, **ops** (*opus*), nécessité, besoin, désir, volonté.

Obstant que (*obstare*), s'opposant, étant empêché par, *non obstant*, malgré.

Obtemperer, obéir.

Obventions, **obvenues** (*obventio*), fruits, revenus, profits seigneuriaux. — Rétributions ecclésiastiques, offrandes.

Occisieres, **ochisseres**, assassin, homicide.

Occupant, possesseur : *premier occupant. Occuper dans une affaire*, c'est représenter une personne dans un procès en qualité de procureur ou d'avoué.

Occurrentes, **Choses**, **questions**, choses, questions qui surviennent.

Oche. V. **Osche.** — coche, échancrure. *Oche d'espée. Ocher*, faire une échancrure.

Ocher, **ochire**, **ocir**, **occir** (*occidere*), tuer. *Ochions*, tuons. *Occisistes*, vous tuâtes. *Occise, ochision*, meurtre.

Ochoison. V. **Achoison.**

Oclage, **ocle** (*ocleum*). V. **Oscle.**

Ocquisener. V. **Achoisonner.**

Octrise, **octroiement**, **octroi** (*auctoritas*), concession, permission. V. **Ostroier.** *Deniers d'octrois, droits d'octroi*, droits mis à l'entrée des villes sur certaines denrées.

Od, avec. V. O.

Oe, **oes**, **oue**, **ouez** (*occa, auca*), oie.

Oefs, **oes**, œufs.

Oelle, aile.

Oels, **oeuls**, **oiel**, œil.

Oes, eux.

— gré, volonté, choix. « *Je ne vol rien faire qu'à ton oes ne soit.* » V. **Obs.**

Œuvre (*opera*, 2), fabrique, biens destinés à l'entretien de l'église, *banc d'œuvre.*

Office (*officium*), dignité, fonction publique. *Office de justice, de finances, office de notaire. Officier*, celui qui exerce un office. *Officier ministériel*, officier qui prête son ministère aux juges ou aux parties. *Officiers municipaux*, magistrats des villes ou communes.

Office, **officialité** (*officialatus*), cour ecclésiastique. *Official*, officier qui exerce la juridiction ecclésiastique au nom de l'évêque.

Official (*officialis*), dans un sens général signifie officier.

Offres, propositions de paiement. *Offres labiales* ou *verbales*, qui ne sont pas accompagnées des deniers offerts, à la différence des *offres réelles* qui se font l'argent à la main ou, comme on dit, à *deniers découverts*. *Offrir, Droit d'*, privilége accordé aux créanciers hypothécaires d'offrir le remboursement aux créanciers inscrits devant eux pour être subrogés en leur lieu et place.

Oiance, oance (*audientia*, 7), audience. — Redevance qui se payait au jour indiqué à cri public.

Oille, brebis.

Oir, ouir, oyer, écouter. *Oir droit*, recevoir jugement. *Oiant compte*, celui à qui on rend le compte.

Oir, héritier. V. **Hoir**.

Oirre. V. **Erre**.

Oissues. V. **Issues**.

Olerie, libertinage. V. **Houiller**.

Olographe, Testament, celui qui est écrit en entier, daté et signé de la main du testateur.

Oltre, outre.

Omailles. V. **Aumailles**.

Omécide, homicide.

Omni, omnie, semblable, égal, pareil. *Les mesures ne sont pas omnies. Entre sereurs doivent estre les parties omnies. Partir omniement*, partager également.

Onc, oncques mais (*unquam*), jamais.

Onéraire, celui qui a le soin et la charge d'une chose. *Marguillier onéraire, tuteur onéraire*, ceux qui ont l'administration, à la différence du *marguillier honoraire* ou du *tuteur honoraire*, qui n'ont que l'honneur du titre sans les fonctions.

Onéreux, Titre, c'est le contraire du *titre lucratif*, c'est ce qui nous coûte, ou nous oblige à faire ou donner quelque chose.

Onniment. V. **Omni**.

Opiner, donner son avis, son opinion.

Opposant, celui qui forme opposition à quelque acte ou jugement.

Opposition, acte judiciaire ayant pour objet d'empêcher un contrat, une vente, un jugement, etc. *Opposition à un mariage, à un arrêt, à un décret*.

Ops. V. **Obs**.

Option (*optio*), choix.

Oquisenir, oquoison. V. **Achaison**.

Orains, naguères, il n'y a qu'un instant.

Orbe (*orbus*), caché. *Coup orbe* (*ictus orbus*), *coup qui ne fait que meurtrissure sans ouverture de playe*. (Nicod.) *Tenir orbement*, c'est *clam possidere*.

Ord, ordi, ors (*horridus*), sale, malpropre, déshonnête. *Ordement*, salement.

Ordel, ordalie (*ordela*, en all. *urtheil*), jugement de Dieu.

Ordene, ordenanche, ordenement, ordennee, ordine (*ordinatio*), ordre, ordonnance. *Ordener*, ordonner, établir.

Ordinaire, Juger a l', jugements qui se rendent à la charge de l'appel. *Procédure ordinaire*, procédure civile à la différence de la procédure *extraordinaire* ou criminelle. *Juge ordinaire* (*ordinarius*), juge naturel du territoire où le défenseur est domicilié.

Ordinaires, Les (*ordinarius*), en fait de juridiction ecclésiastique sur les évêques, juges naturels de leurs diocèses.

Ordonnance, loi, statut. *Ordonnances royaux*.

— Ordre, mandement du juge. *Ordonnance de prise de corps*.

— En termes de finance, mandat, ordre de payer.

— *Ordonnance de dernière volonté*. Disposition dernière, testament, codicille, etc.

Ordonner (*ordinare*), commander. *Ordre*, mandement, commission.

— Disposer.

Ordre, arrangement, disposition. *Ordre de compte*. *Ordre des créanciers*, rang assigné d'après la date de leur inscription, ou la nature de leurs créances, aux créanciers hypothécaires ou privilégiés, sur le prix de la chose appartenant à leur débiteur. — État dressé pour déterminer ce rang.

— Compagnie (*ordo*, 6). *Ordres religieux, ordre judiciaire, ordre des avocats*.

Ordres, Les trois, qui composaient l'ancienne monarchie, étaient le clergé, la noblesse et le tiers état.

Ore, ores (*hora*, ital. *ora*), présentement, maintenant.

Orée (*ora*), bord.

OREXDROIT, dorénavant, désormais.

ORER (*orare*), prier.

ORFANS, ORFENE, ORFENIN, orphelin.

ORFRAIS, ORFROIS (*orfra*, *orifrisium*), galon doré, broderie d'or.

ORGEUS, ORGUIEX, ORGUILLEX, orgueilleux.

ORIGINAL (*originale*), est la minute de l'acte, sur laquelle on fait des expéditions ou copies.

ORIGNE, ORINE, OURINE (*originales servi*), origine. *Royal orine*, *franc ourine*.

ORLE, OURLER (*orlum*), bord. Voyez OREE.

ORREZ, vous entendrez. *Orra*, il écoutera.

OSCHE, OSQUE, OUCHE (*olca*), jardin, verger, enclos, terre d'élite.

— Coche, entaille.

OSCLE ou OCLE (*osculum*), présent de noces, espèce de *Donatio ante nuptias*.

OST ou HOST (*hostis*), armée. *Service de l'ost*, *aide de l'ost*, *ost banni*. *Ostoyer*, faire la guerre.

OSTAGE, prise de corps, prison pour dettes. *Tenir ostage*, se soumettre à la contrainte par corps.

— saisie.

OSTAGER, OSTAGIER, OSTAIGER (*ostagia*), donner gage et caution.

— Arrêter la personne ou les biens.

OSTAL, OSTEL, OSTEX, OSTIEX, maison, logis. *Ostellerie*, hôpital. Demeure.

OSTE, OSTIZE (*hospes*), colon, locataire. *Ostelage*, loyer, prix de l'habitation. *Oster*, loger, habiter.

OSTISE (*ostisia*), droit payé au seigneur pour obtenir la permission d'habiter sur ses terres. Maison sujette à ce droit.

OSTROIER, OTRIER, OTROIER (*otriare*), octroyer, approuver. *Otroiance*, consentement.

OT, eut. *O lui ot grant compaignie*.

OTEL, OTRETEL, autant. V. AUTEL.

OTER LA MAIN (*amovere manum*), lever une saisie.

OU, au, à la. *Ouquel*, auquel.

OUANCE (*audientia*), audience. V. OIANCE.

OUBLIAGE. V. OBLIAGE.

OUCHE. V. OSCHE.

OUE, OES (*auca*), oie.

OUELLE, OILE, huile.

OULTRAGE (*oltragium*), excès, soit de fait ou de parole. *Don oultrageux*, don excessif. *Bataille oultrée*, duel à mort. *Oultré*, rendu, vaincu. *Oultrer gaiges*, exécuter un duel pour lequel les gages ont été donnés. *Outrer un marché*, l'exécuter. *Outrées*, enchères.

OURINE. V. ORINE.

OUSTER, faire l'août, moissonner.

OUTRECUIDANCE, présomption.

OUVERT. FIEF, le fief s'ouvre quand il y a mutation de seigneur ou de vassal: il est *vide* ou *découvert* tant qu'il n'est point desservi, il est *couvert* quand le seigneur a reçu l'hommage.

OUVERTURE, époque à laquelle remonte l'acquisition de certains droits ou actions. *Ouverture d'une succession*, *d'une faillite*. — *Ouverture de clameur*, c'est le moment où il est permis d'intenter la *clameur* ou action de retrait. — *Ouverture de regale*, c'est le moment où le bénéfice devient vacant. — *Ouverture de requête*, *ouvertures à cassation*, moyens sur lesquels on s'appuie pour réclamer la cassation d'un jugement.

OUVRAIGNE, OUVRÉE, OVRANGE (*ovragium*), ouvrage.

OUVRÉE, la quantité de vignes qu'un homme peut labourer dans un jour.

OUVRER, OVRER, travailler. *Linge ouvré* (*operatus*).

— User.

OUVREUR, ouvrier.

OUVROUER, OUVROIR, boutique. *Ouvroir d'escriptures*, greffe.

OVAILLES, OUAILLES, brebis. *Le bestial et l'ouaille*, le gros et le menu bétail.

OVEC, OVESQUES, avec.

OYANT COMPTE. V. OIR.

P

PAC, PACHE, PACT, PACTION (*pactum*), traité, accord, convention.

PACAGE (*pascasium*), lieu où l'on fait paitre les bestiaux. Droit de les envoyer pâturer.

PADOUENS, POSTICH (*paduagia*).

pâtures. *Padouir* (*paduire*), pâturer.

Paennie, **payennie**, **paenisme** (*pagania*), pays de païens, — paganisme.

Pagesie (*pagus, pagenses*), tenure en commun. *Copageniaires*, communiers, parçonniers, vilains.

Pain (*panem*, *Esse ad*), vie commune. *Etre à pain et à pot. Mettre hors de pain*, faire sortir de la communauté, émanciper.

Pairs ou compagnons de fief (*pares*), vassaux d'un même seigneur; ces pairs formaient le jury féodal. *Hommes et pairs de la cour, pairs et hommes de fief, pairs compagnons et vassaux.*

— **de la commune** (*pares communis*), échevins.

— **de France** (*pares*), étaient à l'origine douze grands seigneurs relevant nuement du roi, et qui formaient sa cour féodale.

Paisseau, **paissel** (*paxillus*), échalas.

Paisson, **pesson et panage**, **paix et glandée** (*paisso, pascio*), droit de mener les porcs à la glandée dans les bois. — Redevance payée pour cet usage.

Paix (*parem proclamare*), tranquillité, silence, — permission, liberté.

> Pais de venir et pais d'aller.
> Et pais de viande achater.
> (*R. de Rou.*)

Paix de la ville (*pax villæ*), banlieue.

Paix faire, s'accorder, transiger.

Palefroi (*paraveredus*), cheval de service. V. **Destrier**.

Paleise, **Chose** (*palezare*), chose publique. *Palesement*, publiquement, *palam*.

Pallage, **pellage** (*palagium*, d'appellere), droit seigneurial sur les bateaux qui abordent au rivage pour y décharger leurs marchandises.

Palmée, **Paumée** (*palmata*, 2), bail, enchères, marché conclu en se donnant la main. *Palmians*, enchérisseurs.

— Mesure de la grandeur ou de la capacité de la main.

Pan, **empan** (*pannus*, 1), mesure de l'étendue de la main. *Pan de mur*, partie de mur.

Pan (*pandum*, allemand : *Pfand*), gage, saisie.

Pan, **pannon** (*pannoncellus*, enseigne, bannière. *Panonceaux*, affiches aux armes du roi qu'on attache aux portes des maisons saisies, pour marquer que ces maisons sont en la main de justice. On donne aussi ce nom aux enseignes des notaires.

Panage, **pawnage** (*panagium*). V. **Paisson**.

Panel, morceau, figurément, page ou rôle. *Impanneller*, enregistrer, enrôler dans les cout. anglo-normandes.

Pancarte, tarif d'impositions. — imposition.

Pantonnier. V. **Pautonnier**.

Paour, peur.

Papegaut, **papegay** (ital. *papa — gayo*), perroquet.

Papelardie (*papelardia*), hypocrisie.

Papiers domestiques, registres sur lesquels les particuliers inscrivent leurs recettes et leurs dépenses.

Papier monnaie, effet créé par l'État pour avoir cours comme une valeur métallique.

Papiers royaux, papiers signés par le roi ou par des officiers publics.

Papier terrier, cadastre, registre domanial ou seigneurial contenant la déclaration par le menu de tout ce que doivent les sujets ou tenanciers.

Papoaux, **Biens** ou **héritages**, propres. *Pappoage, aviatica hereditas.*

Parade (*parata*), redevances en nature payées au seigneur.

Parage, **parentage** (*paragium*, *parentatus*), parenté, race. *Noblesse de parage; une dame de haut parage; afférans de parage.*

Parage (*paragium*), égalité de nom, de noblesse, de dignité. V. **Emparager**.

— Egalité de tenure; *tenir en parage*, c'est être pair de celui duquel on tient. Ancienne coutume de Normandie. « Les fiefs sont tenus « par parage quand le frère ou le « cousin prend l'héritage à ses

« prédécesseurs, et il le tient de « son ainé, et li celui-ci répond « de toutes les choses qui appar- « tiennent à la partie de son fief, « et de toutes les droitures que « le fiement de sa partie devra, il « en répond, et fait les redevances « aux chefs seigneurs. » *Tenir de son ainé en parage et ramage.* (Cout. de Bret.)

PARAGEUR, PARAGEAL, qui tient en parage.

PARAMONT, SEIGNEUR, seigneur supérieur. (En angl. *lord paramount.*)

PARANGONNER (*paragonizare*), comparer. PARANGON, chef-d'œuvre, modèle; *le parangon des advocats.*

PARAPHE, traits de plume qui terminent la signature, et qu'on en isole quelquefois pour remplacer la signature au bas de certains actes. *Parapher par première et par dernière*, c'est parapher chaque pièce d'un dossier en la cotant par un numéro d'ordre.

PARAPHERNAUX, BIENS, sont les biens qu'une femme mariée sous le régime dotal s'est réservés pour en avoir la jouissance pendant son mariage. Dans la coutume de Normandie les *paraphernaux* sont une espèce de préciput légal que la coutume défère officieusement à la femme qui a renoncé à la succession de son mari.

PARASTRE, beau-père.

PAR AVAL, TENANT (en angl. *tenant paravayle*), dernier vassal. Tenancier au dernier rang.

PARCAGE (*parcagium*), droit dû au seigneur par les habitants qui ont un parc où ils mettent leurs bestiaux.

PARCENIERS, PARCHONNIERS, PARSONNIERS (*parcennarii*. — *Parceners* dans les cout. anglo-norm.), sont les membres d'une communauté. *Tenir en parchonnerie*, tenir en commun. *Parchonniers de meurtre*, complices. *Parçonnière*, fille publique.

— Héritiers (*participes*).

PARÇON, PARCION, PARCHONNERIE, PARCIERE, part, portion.

PARÇONNERIE, PARÇONNIERTE, communauté, société.

— Partage.

PARÇONNIER, copropriétaire ou co-partageant dans une communauté villageoise. V. PARCENIERS.

PARCOURS ET ENTRECOURS (*percursus*). V. ENTRECOURS.

— DROIT DE, usage qui permet à deux communes d'envoyer respectivement leurs troupeaux paître sur le territoire voisin.

PAR DESSOUS, inférieur. *Fief par dessous; tenant paraval.*

PAR DESSUS, supérieur. *Seigneur par dessus, avant seigneur, seigneur paramont.* « Aucun ne puet « franchir son serf, sans l'aucto- « rité de son pardessus. »

(Beaum.)

PARDONNER (*perdonare*), remettre la peine, l'amende, le droit. *Pardons et remissions.*

PARÉAGE. V. PARIAGE.

PAREATIS, permission qu'on est tenu de demander au juge du lieu pour exécuter des arrêts rendus, ou des contrats passés dans une autre juridiction.

PARÉE (*parata*), parcours. V. ENTRECOURS.

PARÉE, EXÉCUTION. V. EXÉCUTION.

PARENTAGE, PARENTÈLE, la famille, la parenté tout entière.

PARENTÉ, lien du sang qui unit les personnes descendues d'une souche commune.

PARER, PARÉIR, préparer.

PARÈRE, avis de négociants sur un point d'usage en matière de commerce.

PARFAIRE, PARFOURNIR, achever, compléter. *A la parfin*, à la fin.

PARIAGE (*pariagium*), c'est un partage ou plutôt une association de juridiction et de seigneurie entre deux seigneurs d'un même pays, l'évêque et le roi, par exemple. Le but de cette association, c'est d'assurer au plus petit seigneur la protection du plus grand.

PARISIS (*parisienses*), monnaie frappée à Paris, et valant le cinquième en sus du *tournois* qui était frappé à Tours. 20 sols parisis valaient 25 sols tournois, et il fallait 5 livres tournois pour faire 4 livres parisis.

PARLEMENT (*parlamentum*), discussion, délibération, conférence. « Les croisés le lendemain quand

« ils orent la messe oie, s'assemblèrent à parlament, et fu li « parlament à cheval, emmi le « champ. » (Villehardouin.)

Parlements, conseils souverains, cours suprêmes de justice.

Parliers, amparliers, pourparliers (*prælocutor*), avocats, procureurs.

Parloir (*parlura*), salle basse. *Parloir aux bourgeois*, salle de l'hôtel de ville, où les bourgeois de Paris se réunissaient pour délibérer.

Parmentier (*parmentarius*), tailleur d'habits.

Parmi, au moyen de quoi.

— au milieu, au travers.

Paroche (*parochia*), paroisse. *Parochiage*, territoire de la paroisse. — Droits du curé.

Paroi (*paries*), mur, cloison.

Paroler (*parabolare*), parler.

Parpaings, jambes parpeignes, sont des pierres de taille qui excèdent l'épaisseur du mur.

Parquet (*parquetum*), auditoire du juge ainsi appelé, parce que le tribunal est fermé comme un parc.

— lieu où les officiers du ministère public s'assemblent pour délibérer, et reçoivent les communications ; — ces officiers eux-mêmes.

— **des huissiers**, vestibule de la grand'chambre où se tenaient les huissiers lorsque la Cour délibérait.

Parson, parsonniers V. **Parçon, parceniers.**

Part (*partus*), enfant. *Exposition de part*, *suppression de part*.

— (*pars terræ*), portion. *Part avantageuse*, préciput, portion plus forte que celle des autres héritiers.

— **d'enfant le moins prenant**, celle qui revient à l'enfant le moins avantagé.

Partage (*partagium*), division d'une chose commune, attribution de part, acte qui opère cette séparation. *Partage de succession de communauté*. *Partage anticipé*, *provisionnel*, celui qui est fait par les ascendants de leur vivant.

Partage d'opinions, division égale des suffrages qui empêche la décision du procès. *Les juges sont partis, ou autant d'une opinion que d'une autre.* (Nicod.) *Départeurs de procès partis.*

Partans, partageants. — *Partaules*, *partables*, partageables. *Parture*, division.

Parti, traité, accord, concession d'impôts. *Partisan*, traitant.

Partiaire. V. **Colon.**

Participation (*participatio*), société, communauté.

Partie (*pars*), en terme de palais se dit de tous les plaideurs. *Partie principale*, *partie intervenante*. La *partie civile* (ainsi nommée par opposition à la *partie publique*, qui requiert l'application de la peine) est celle qui, dans un procès criminel, demande une réparation pécuniaire.

Partie formelle, partie civile.

Partie, partisson, partition, partissement (*pars*), partage. *Partir*, partager. *Parteur*, partageant.

Parties (*partes*), redevances, ce qu'on paie pour sa part.

— **casuelles**, deniers provenant des offices vénaux et casuels qui ont vaqué par la mort ou la démission du titulaire.

Partir (*partiri*), partager, prendre part.

— Partage. « On saura par le partir « combien chascun aura. » (Beaum.)

Partisan, fermier des impôts, celui qui fait des *partis* ou traités avec le roi.

Pas (*passus*), détroit, passage. *Lettre de pas*, sauf-conduit, passeport.

Pascuage (*pascuagium*). V. **Pasquier.**

Pasnage, parnage ou **peinnage** (*pastio*). V. **Panage.**

Pasquier (*pasquerium*), **pasquis, patis**, pâturage. *Terres hermes qu'on appelle chaumes et paschiers de bêtes*, dit la coutume de la Marche, A. 425. — Redevance payée pour le droit de pâturage.

Passage (*passagium*), chemin, route. — Droit qu'on exige des personnes ou des choses qui passent sur un chemin.

— Expédition en terre sainte. *Passeurs* croisés.

PASSER UN CONTRAT, UN ACTE, UN TRAITÉ (*passare*), le conclure, l'achever. *La passation de l'acte. Passeur*, le notaire qui reçoit l'acte.

PASSIF, ensemble des dettes. Frais et charges d'une communauté, d'une succession, d'une faillite, etc.

PAST (*pastus, convivium*), repas. *Pastoier*, diner, prendre part au repas. *Past et entrée* ou *abreuvement*, droit ou repas qui se payait en entrant dans certains offices.
— livraison de vivres que les vassaux devaient faire au seigneur, à certaines occasions.

PATARD, monnaie de compte flamande qui valait cinq liards ou quinze deniers tournois.

PATARIN, PATELIN (*paterinus*), hérétique.

PATENOTRES (*pater noster*), chapelet.

PATENT, ouvert; — certain, évident.

PATENTE, droit payé par ceux qui exercent une industrie : — extrait du rôle qui constate l'impot.

PATENTES, LETTRES. V. LETTRES.

PATERNITÉ, condition, qualité de père.

PATIBULAIRE, qui concerne le gibet. *Fourches patibulaires, face patibulaire.*

PATREMOIGNE, PATRIMOINE (*patrimonium*), bien ancien dans la famille, *immeuble patrimonial.*
— Universalité des biens possédés par un individu.

PATROCINER (*patrocinari*), plaider.

> Prêchez, patrocinez jusqu'à la Pentecôte.

PATRON (*patronus*, 2), celui qui a fondé, bati ou doté une église. *Patronage*, droits qui appartiennent au patron.

PATURAGE, VAIN, VAIN PATURAGE (*pastura vana*), à la différence de la *vive pâture*, est le pacage des bestiaux sur les terres dépouillées de leurs fruits.

PAULETTE, droit annuel que les officiers payaient au roi pour assurer la transmission héréditaire de leurs charges.

PAUME (*palma*), palme. PAUMIER, palmier. — Pèlerin revenu de la terre sainte, rapportant avec lui des branches de palmier.

PAUMEL. V. PALMÉL.

PAUTONNIER (*paltonarius*), orgueilleux, superbe, méchant, débauché.

PAVAGE, péage. *Paveur*, fermier du peage. — Droit paye pour le pavage des rues.

PAVIE, pêche, fruit du pêcher.

PAYS DE DROIT ÉCRIT, provinces de France dans lesquelles le droit romain est observe comme loi, par opposition aux *pays coutumiers* qui étaient régis par les coutumes.

PAYS D'OBÉDIENCE, DE NANTISSEMENT. V. ces mots

PÉAGE, PAYAGE (*pedagium*), toute espèce de redevance, et plus particulièrement droit de passage. Ce droit reçoit différents noms, comme *barrage*, à cause de la barre de bois qui traverse la route; *billette*, quand il y a un petit billot de bois pendu à un arbre; *branchière*, à cause de la branche à laquelle le billot est pendu; *travers*, parce que cet impôt est un droit de passage ou de *traverse* dans la terre du seigneur.

PEAGEAU, PEAGIER, CHEMIN (*pedagariæ viæ*), chemin où l'on paye le droit de passage. — Grande route. *Péager*, fermier ou receveur du peage.

PEAU, COMMIS, GREFFIERS A LA, ceux qui expédient les arrêts en grosse sur parchemin.

PEÇOY (*pecium*), droit de bris et naufrage.

PÉCULAT, détournement des deniers de l'État par un officier public.

PÉCULE (*peculium*), les biens dont un fils de famille a la libre disposition. On dit aussi dans le même sens le *pécule des religieux*.

PÉCUNE (*pecunia*), argent, biens.

PEINE (*pœna*), chatiment, amende.

PEL, VERGE ET COUVERTURE, ou PELLE, TORCHE ET COUVERTURE, désignent les réparations d'entretien dont la douairière est tenue.

PELIÇON (*pellicium*), robe, jupon. « Monsieur sainct Loys, jadis roy « de France..., ordonna que les ribaudes communes fussent boutées hors des bonnes villes par « les justiciers des lieux, et si « depuis les prohibitions à elles

« faites, elles estoient si hardies « de retourner, qu'elles fussent « prinses par lesdits justiciers et « dépouillees jusqu'à la cote ou « pliçon. » (*Grand. Cout.*)

Pellage. V. Pallage.

Pénal, qui inflige une peine, qui punit. *Loi pénale. Clause pénale*, est celle qui emporte une peine pécuniaire, c'est-à-dire des dommages-intérêts.

Pener, **penoier** (*inpœnare*), punir, faire souffrir un châtiment.

Selone lor fellonie fesoit chascun pener. (*R. de Rou.*)

— **Se**, se donner de la peine, avoir regret.

Penre, prendre. *Penre le contens en sa main*, garder la connaissance d'une affaire.

Pension (*pensio*), rente, revenu. *Pension viagère.*

— (*Pensio*, 2), payement, loyer, salaire.

Per, pareil. *Non per*, non pareil, different.

— Pair. *Les douze pers de France ont leurs causes commises en parlement.*

Perdreaux, perdriaux, ou **témoins de bornes**, sont des cailloux ou tuileaux brisés, placés à côté des bornes lorsqu'on les plante après l'arpentage terminé, et dont on rapproche les fragments lorsqu'ensuite on les visite. On les nomme aussi *garants.*

Perdurablement, éternellement.

Père de famille, Administrer en bon, c'est gérer avec l'ordre et l'économie d'un bon chef de maison.

Péremption, anéantissement d'un droit ou d'un procès pour n'avoir point été exercé ou poursuivi pendant le temps défini par les lois.

Péremptoire, Exception (*Peremptoriæ exceptiones*), exception décisive et qui emporte la péremption, ou anéantissement de l'instance.

Pergie, pargée (*pergia*), amende due pour dégats de bestiaux.

Périer (*petrarius*), tailleur de pierres. — Poirier.

Péril en la demeure. On dit qu'il y a *péril en la demeure*, lorsqu'il y a urgence de faire des actes conservatoires ou d'exécution. V. Demeure.

Périls et fortunes, risque, hasard.

Permaner, demeurer. *Permanablement*, perpétuellement.

Permutation, échange.

Perots (du mot : *pere*), arbres qui ont passé deux coupes. V. Taions.

Perpetrer, commettre, faire.

Perprendre, purprendre, prendre : **perprise**, l'usurpation de terres communes et franches. V. Pourpresture.

Perquisition, recherche, visite domiciliaire.

Pers, couleur intermédiaire entre vert et bleu (*cœruleus*).

Personnage (*personatus*), cure, bénéfice ecclésiastique. *Personne* (*persona*, angl. *parson*), curé, bénéficier.

Personnier (*personarii*). V. Parceniers.

Perte, privation d'une chose ou d'un droit, dommage.

Pertinent, qui a un trait direct à la chose, qui lui appartient, qui en dépend. *Répondre pertinemment et à propos.*

Pertuis (*pertusus*), trou, ouverture.

Pertuisage (*pertusagium*), droit payé au seigneur pour avoir le droit de mettre le vin en perce.

Pesselage. V. Maronage.

Pesson (*pessona*). V. Paisson.

Petit, un peu. *Petit à petit. En petit d'heures.*

Pétition (*petitio*), demande. *Pétition d'hérédité*, action accordée à l'héritier véritable contre celui qui détient la succession en qualité d'héritier ou de possesseur.

Pétitoire (*petitorium*), demande qui a pour but d'obtenir la propriété d'une chose, à la différence de *l'action possessoire*, qui a pour objet de se faire maintenir ou réintégrer dans la possession.

Peuture, pâture, nourriture. *Peu*, repu.

Physicien (*physicus*, en ang. *physician*), médecin.

Physique (*physica*), médecine.

Picher, pechier (*picarium*, ital. *bicchiere*), vase, verre.

Pieça, grand piéce a, depuis longtemps.

Pièces, actes, papiers, titres produits à l'appui d'une demande. *Pièces inventoriées, paraphées et cotées.* V. COTE, PARAPHE.

PIED FOURCHÉ, bétail.

PIEDS CORMIERS ou CORNIERS, arbres qu'on laisse aux coins des ventes pour enseigne, afin de connaître l'étendue et les limites de la partie du bois qu'on doit abattre. Quand ces arbres se trouvent sur des angles rentrants, on les appelle *pieds tournants.*

PIED SENTE ou PIED SANTE, chemin de piéton, sentier.

PIEUR, pire.

PIGNORATIF, CONTRAT, contrat par lequel un débiteur vend, sous faculté de rachat, un héritage à son créancier, qui le lui laisse en location.

PIGNORER, saisir, gager par autorité de justice.

PILER, PILIER, PILORI (*pilorium*), tréteau tournant sur lequel on exposait les condamnés. *Pilorier, piloriser*, attacher au pilori.

PILLAGE, dans la coutume de Bretagne, est un droit de préférence sur certains immeubles de la succession, attribué à l'aîné.

PIS, PECT (*pectus*), gorge, poitrine.
« Si ont reconnu et juré lesdits
« frères, cest assavoir ledis tré-
« sorier se main au pix comme
« prestre. et lidis Evrard par se
« foy, que sur ledis heritage
« vendu et werpi, ne ont fait
« about, ne emprunt, ne assene-
« ment. »
(Anc. contr. de vente de l'an 1403.)

PITE, PICTE, POITEVINE, petite monnaie frappée à Poitiers, qui valait le quart d'un denier.

PLAÇAGE OU PLASSAGE (*plassagium*), droit payé par ceux qui vendent sur la voie publique.

PLACARD, est une feuille de papier étendue, une affiche. Dans les coutumes de Belgique ce mot signifie lois, édits, ordonnances. C'est ainsi qu'on dit : *les placards de Charles-Quint.*

PLACET (*placeti litteræ*), supplique adressée au magistrat à l'effet d'obtenir audience.

— Droit de visa sur les bulles venues de Rome.

PLACITÉS DU PARLEMENT DE NORMANDIE, arrêtés du parlement de Rouen sur quelques points de jurisprudence.

PLAGE. V. PLÈGE.

PLAGIAIRE, celui qui vole et s'attribue les œuvres d'autrui.

PLAID, PLAIZ, PLEZ (*placita*), justice, audience. *Le grand plet*, le jugement dernier.

Tous les jours le premier au plaid, et le dernier.

— *Servir les plaids de son seigneur* (*servitium placiti*), siéger dans la cour féodale. *Jours de plaids, jours plaidoyables*, jours d'audience. *Tenir les plaids*, présider le tribunal.

— D'ÉPÉE (*placitum spadæ*), haute justice.

— RURAUX, justice vilaine à la différence de la cour féodale.

— (*placitum*). Procès. — Traité, accord. V. PLAIT.

PLAIDER, PLAIDOIER (*placitare*), contester judiciairement, soutenir une cause devant le tribunal. *Plaider par procureur. Plaideur* (*placitator*), celui qui plaide. *Plaidoyer, plaiderie*, le discours prononcé à l'audience.

— Tenir les plaids.

PLAINTE (*querela*), demande. Déclaration en justice d'un crime ou d'un délit. *Plaignant, plaintif*, demandeur. V. COMPLAINTE.

PLAISIR (*placitum*), volonté.

PLAISSAY, PLAISSE. V. PLESSIS.

PLAIT, PLECT ou PLAISIR (*placitum*), relief ou rachat en Dauphiné. *Plait à mercy, plect conventionnel, plait seigneurial, plait de morte main.*

PLANTÉ (*plenitudo*), abondance. *grand planté de paroles. Plantureux*, fertile.

PLÉDÉOR, avocat. « Le plédéor doist
« estre loyau et féable, que il doit
« bien et loyaument conseiller
« tous ceaus et toutes celles a qui
« conseil il est donés, et pleidéer
« pour caus loyaument. » (Ass.)

PLEDIER. V. PLAIDER.

PLEECT. V. PLAIT.

PLÈGE, PLEDGE ou PLEIGE (*plegius*, angl. *pledge*), caution, garant, fidéjusseur. « Pledge, » dit Rastall, « sont sureties ou real ou « formal, que le plaintif trove à « (pour) prosecuter son suit (ac-

« tion). » *Plègement est guerre garant,* dit l'anc. cout. de Bret. *Plège de droit ou de fournir droit*, caution *d'ester à droit*, c'est-à-dire de comparaître au jour donné. *Plège dette*, caution obligée solidairement dans les Ass.

— PLEGEMENT, gage. *Former plègement*, établir un gage.

PLÉGER, PLEIGER (*plegiare*), bailler gages ou caution. *Pléger l'amende.*

PLÉGERIE, PLEIGAIGE, caution.

PLEIN, entier. *Plein âge*, majorité. *Plein fief*, fief non démembré. *Plein possessoire*, *pleine maintenue*, adjudication définitive de la possession pendant le procès, à la différence de la récréance qui n'est que provisoire. *De plein droit*, par la seule force de la loi.

PLENTÉ. V. PLANTÉ. *Pleinteif, pleintieu*, abondant, fertile.

PLESSIS (*pleisseicium*), bois entouré de haies pliées ou *plessées*.

PLET, procès. V. PLAID.

PLEVIE, MAIN (*manus plegiata, manus plicata*), c'est un gain de survie qui appartient au dernier mourant quand il n'y a point d'enfants du mariage.

PLÉVINE, PLÉVISAILLE (*plevina*), cautionnement, plège.

PLÉVIR (*plevire*), cautionner, promettre, garantir. *Plévir sa marchandise bonne et loyale.*

— fiancer. *Fille plévie*, fiancée.

PLOIER L'AMENDE, la payer. GAGE PLOIÉ (*plejus*), gage fourni.

PLOIGE. V. PLÈGE.

PLOMÉE, bâton plombé.

— règle, niveau.

PLUME, ET RELIEF DE PLUME, redevances ou relief de volaille.

PLUMETIS, PLUMITIF, minute du greffier, des experts. *Greffiers plumitifs*, ceux qui tiennent la plume à l'audience. *Plumeter la substance du plaidoyer.* (Gr. Cout.)

PLUS PÉTITION, demande trop forte et qui excède ce qu'on a droit d'obtenir en justice.

PLUS VALUE, ce que vaut une chose au delà de sa valeur primitive, ou de ce qu'elle a été estimée.

PLUVISSAGE, cautionnement. V. PLÉVINE.

POESLE, PAISLE, PAILE (*pallium*), drap qui se met sur la tête des mariés pendant la messe du mariage. *Mettre les enfants sous le poêle*, est la manière de légitimer les enfants nés avant le mariage.

> Li dus qui les enfans aima,
> Gunnor adoncques épousa,
> Et li fi ki ja furent grant
> Furent entre eux deux en estant,
> Par dessous le mantel la mère
> Furent fait loial li trois frères.
>
> (Phil. Mouskes.)

POÈTE, POESTÉ, PÔTÉ, POEIR, POTE (*potestas*), puissance, juridiction, territoire. *Homme de poote*, vilain, serf. *Délivre pooste*, libre puissance : *En sa délivre pooste* (*sui juris.*) « Cil qui est en la poesté « son père, n'a pas poer de faire « testament. »

(*Liv. de justice et de plet.*)

POI, PO, peu. *Poifait*, négligence ; *poifaisant*, fainéant.

POIDS LE ROI, sont les droits qui se lèvent pour le roi sur toutes les marchandises qui se pèsent lorsqu'elles entrent dans les ports et dans les villes. — C'est aussi l'étalon des mesures. — *Avoir de poids*, marchandises qui se vendent au poids.

POIER, payer.

POIGNEIS, PUGNEIS (*pugna*), combat, bataille. *Poigner, poindre* (*pungere*), frapper, maltraiter.

POINE, peine, chagrin, amende. *Poine forfaite.* (*Pœna commissa.*)

POIZAGE (*pondus*), pesage. *Poiser*, peser, et dans le sens figuré, fatiguer, chagriner, opprimer.

POLICE, de *polliceri*, promesse, contrat. *Police d'assurance.*

POLICE (πολιτεία), gouvernement, administration. *Police judiciaire*, cette partie de l'administration intérieure de la cité qui consiste dans la recherche et la poursuite des crimes et des délits.

POLLICITATION, promesse, donation par simple promesse.

POLYPTYQUE, livre terrier, contenant le détail des possessions, rentes et redevances appartenant à un monastère. *Le polyptyque d'Irminon.*

PONTAGE, PONTENAGE (*pontaticum*), péage, droit de passage sur un pont.

POOIR, POOIS (*potestas*), *tenir à*

plein poois, avoir la pleine et absolue propriété de son fief.

PORLOIGNER, prolonger, éloigner, proroger.

PORPORT DU FIEF (*porportus*), état du fief; la manière dont il se comporte; — déclaration de ses revenus.

PORSIER, POSSUIRE, PORSEOIR, posséder. *Porseur de biens* (*Bonorum possessor.*) *Porsise*, possédée.

PORTABLE, cens ou rente qui doit être portée par le débiteur, à la différence du cens *quérable* ou *requérable*, que le seigneur censier envoie chercher.

PORTAGE, PORTEMENT (*portagium*), droit d'entrée; — droit que prend celui qui lève et apporte les droits au seigneur; — droit sur le transport à dos de certaines marchandises.

PORT D'ARMES (*portatio armorum*), réunion illicite de plusieurs personnes en armes. *Le crime de port d'armes est cas royal.*

PORTER, comporter. *Se porter héritier*, se présenter pour hériter.

PORTION CONGRUE (*portio congrua*), c'est une part suffisante du revenu du bénéfice attribué à celui qui le dessert réellement.

PORTION DISPONIBLE, part de biens dont il est permis de disposer à titre gratuit au préjudice de l'héritier légitime.

PORTIONNAIRE, partageant. Voyez PARCENIERS.

PORTIONS VIRILES, sont des portions qui sont égales.

PORTURE, PORTÉE, grossesse, — l'enfant dans le sein de sa mère.

POSSÉDER, détenir une chose et en jouir. *Posséder à titre de propriété, d'usufruit. Posséder en fief, en roture.*

POSSESSEUR, celui qui détient une chose sans en être le propriétaire. *Possesseur de bonne foi*, celui qui a acquis à titre translatif de propriété, et se croit légitime propriétaire.

POSSESSION, détention, jouissance d'une chose. *Possession de fait*, simple détention de la chose. *Possession civile*, celle du possesseur de bonne foi. V. SAISINE.

POSSESSION D'ÉTAT, série de faits établissant que telle personne a été considérée et traitée comme enfant légitime.

POSSESSOIRE (*possessorium*), le procès sur la possession. *Action possessoire*, poursuite qui ne concerne que la possession d'un héritage ou d'un droit.

POSTE (*posta*, 4), pouvoir. Voyez POÉTE. — Volonté, caprice. *Faire à sa poste.*

POSTEIS (*potestativus*), puissant. V. POÉTE.

POSTHUME, enfant né après la mort de son père.

POSTULER (*postulare*), plaider, ou advocasser. *Postulation*, procédures et actes judiciaires faits pour une partie. *Délit de postulation*, usurpation des fonctions de procureur. *Avocat postulant*, avocat qui plaide devant les justices inférieures.

POT-DE-VIN, est, en fait de bail, ce qu'est *le vin de marché* en fait de vente; c'est un présent fait par le preneur en dehors du prix du bail.

POTE. V. POÉTE. *Main pote*, main gauche.

POTÉES, héritages roturiers occupés par des gens de pote. *Potées de Reims*, terres dépendant de l'église de Reims.

POUAIR, POUEIR, pouvoir.

POUILLÉ (*polyptychum, pulegium*), livre terrier d'un évêché, d'une abbaye, etc. Registre des possessions et des revenus. V. POLYPTYQUE.

POUILLES (*ampullæ*), injures. *Chanter pouilles*, injurier.

POULTRAIN, POULTRE (*poledrus*), poulain, pouliche.

POURCAS, POURCHAS, PURCHASE (*porchaicia*), acquêt, poursuite, entreprise. *Ne par moi, ne par mon pourchas.* — *Conçu de pourchas* (*vulgo conceptus*).

POURPARLIER (all. *fursprecher*), avocat.

POURPARTIE (*per pars*), portion héréditaire, part.

POURPENSÉ, prémédité. *Aguet pourpensé* (*pensatæ insidiæ*).

POURPRENDRE (*porprendere*), envahir, s'approprier.

POURPRESTURE (*perprisio*), enclos. *Purprendre*, dans les coutumes anglo-normandes, c'est enclore frauduleusement ou violemment la propriété d'autrui.

Pourpris, pourprisure (*purprisia, atriamentum*). l'enclos du manoir. *Pourpris et Préclosture.*

Pourquerre, pourchasser, poursuir, poursuivir. poursuivre, rechercher.

Poursuite, action, procédure. *Poursuite civile, poursuite criminelle. Poursuivant*, celui qui fait les procédures pour parvenir à une vente judiciaire, une licitation, un ordre et distribution de deniers.

— ou **suite**, droit qu'avait le seigneur de poursuivre en tout lieu les serfs de son domaine pour les réunir à la terre dont ils faisaient partie.

Pourtraire (*protractus*), amener en justice. — Dessiner, faire le portrait.

Pourveance, pourvoyance (*providentia*), providence, prévoyance, précaution. — Provisions.

Pourvoir, aviser, prévoir. *Pourveu*, prudent, sage, avisé. — Fourni de.

Poype (*poypia*), hauteur. — Château, maison batie sur la hauteur. (Cont. de Bresse.)

Practicien (*practicus*), jurisconsulte. *Les praticiens du lieu.* — Solliciteur de procès, agent d'affaires.

Prael, praill (*prada*), pré, herbe.

Pratique (*practica*), usage, coutume, façon d'agir sur un point de fait, de procédure ou de droit. — Procédure, style des actes.

— *Pratique d'un notaire, d'un procureur*, ses affaires, sa clientèle.

Pré en composition signifie devant, paravant, au-dessus, par préférence. *Précellence, prééminence, précompter, préemption.*

Préage et faultrage (*preagium*), droit sur les prés.

Préalable, ce qui doit être fait en premier. *Il est préalable de juger le possessoire avant le petitoire.*

Préau, pré, cour d'une prison.

Prébende, provende, prouvende (*præbenda*), bénéfice ecclésiastique.

— Distribution quotidienne des vivres dans un monastère. V. **Provende.**

Précaire (masc. *precarium*), prêt révocable à la volonté de celui qui l'a fait. *Posseder a titre précaire.*

Précaire (fem. *precaria*), emphytéose de biens appartenant à l'Église.

Préciput (*præcipuitas*), ce qu'on obtient en sus de sa part. Cet avantage est appelé *préciput*, *quod præcipitur seu ante capitur. Préciput de l'ainé.*

Préclotures (*præcipuitas*), enclos qui, en succession de fief, sont donnés par préciput à l'aine, avec le principal manoir. V. **Pourpris.**

Précompter, déduire, prélever.

Préconiser, citer en justice, ajourner à cri public.

Prédial, foncier, qui concerne le sol. *Rentes prédiales, servitudes prédiales.*

Préfix, arrêté, fixe, déterminé. *A produire dedans trois jours, pour toutes préfixions et delais. Préfiger un certain temps et delai.* (Prat. de Lizet.)

Preir (*preagium*), mettre en pré.

Préjudiciaux, Frais qu'il faut rembourser avant d'être reçu à se pourvoir contre le jugement.

Préjudicielle, Question. V. **Question.**

Préjugé, jugement préparatoire qui sert de règle et d'autorité pour juger le fond de la contestation.

Prélation (*prælatio*), droit de préférence en vertu duquel le seigneur peut racheter le fief vendu par le vassal.

Prélegs, legs fait à l'un des héritiers pour être par lui prélevé hors part et sans confusion avec sa portion héréditaire.

— Legs dont on ordonne la délivrance avant le partage de la succession.

Prélever, prendre hors part, prendre avant les autres partageants.

Preme, preume, pram, presme, proisme (*proximus*), proche, prochain, le parent le plus près du défunt, celui qui a le droit de retrait lignager.

Premesse, proismesche (*proximi-*

tus), c'est le retrait lignager V. PROESME.

PREMIER, d'abord, premièrement, avant que.

PREMORT (*præmortuus*), le premier mort.

PRENEUR A BAIL, A FERME, locataire, fermier.

PRESCRIPTION, moyen d'acquérir ou de se libérer par un certain laps de temps, et sous les conditions déterminées par la loi.

PRÉSÉANCE, rang, place d'honneur qu'on a droit d'occuper dans quelque assemblée.

PRESENT MEFFAIT, flagrant délit.

PRESENTATION, déclaration que fait au greffe le procureur pour annoncer qu'il occupe pour sa partie.

PRÉSIDIAUX, tribunaux institués par Henri II en 1551, dans chaque siége des grands bailliages du royaume, et qui jugeaient en dernier ressort jusqu'à 250 livres en principal. *Juger présidialement*, juger en dernier ressort.

PRESOMPTIF, présumé, supposé. *Héritier presomptif.*

PRÉSOMPTIONS, conjectures, conséquences probables qu'on tire d'un fait connu à un fait inconnu.

PRESTATION, fourniture, redevance, exécution d'un engagement. *Prestations personnelles, prestation de foi et hommage.*

PRÉTÉRITION, omission dans un testament d'un héritier à réserve. *Enfant prétérit.*

PRÉTOIRE, auditoire.

PREU, PROU (*preu*), profit.

> Car certes c'est fol vasselage
> Faire son preu d'autrui dommage

PREUX, PRUX (*probus*), vaillant, loyal. V. PRUDHOMMES.

PREVENTION (*prærentio*), préférence, anticipation. *Nommer par prévention à un bénéfice. Les baillis ont droit de prévention sur les prévôts royaux en matière de complainte.*

— accusation. *Prévenu*, accusé.

PREVÔT (*præpositus*), juge inférieur, lieutenant du bailli. *Prévot de Paris*, premier bailli de France, juge de la prévôté de Paris. *Prevôts des mareschaux* (*præpositus guerræ*), juges d'épée établis dans les provinces pour maintenir la paix publique, juger les vagabonds et les gens de guerre. *Prévôt de l'isle*, prévôt de la maréchaussée dans l'île de France. *Prévôt des Marchands*, maire.

PRÉVÔTÉ, juridiction, ressort. *Prévosté de la marine.*

PRIÈRES, PROIERES, (*preces*, 1), aides, corvées, impôt.

PRIME. V. PREMIER.

PRIMOGÉNITURE (*primogenitura*), aînesse. — droit d'aînesse.

PRINCIPAL, le capital, le fonds de la dette.

— le sujet du procès. *Gagner le principal sans despens.*

PRINSE ou PRISE (*prisa*), tout ce que les seigneurs avaient droit de prendre à leurs sujets, à charge de les rembourser.

— Saisie de la personne ou des biens. *Un décret de prise de corps.*

PRISE A PARTIE, procès fait au juge par le plaideur qui se prétend lésé par la prévarication ou la faute lourde du magistrat.

PRISE, PRISÉE, estimation, évaluation. *Priser*, estimer, mettre à prix.

PRISME. V. PREME.

PRIVÉS (*privatus*), amis, familiers. *Les baillis ne donneront rien à leurs femes, enfans, ou privés.* Grand. Cout.

PRIVILÉGE (*privilegia*), grâce, faveur spéciale des lois. *Privilége de cléricature.* V. CLERGIE.

— Preference. *Privilége du propriétaire*, c'est le droit d'être payé sur les meubles du locataire, de préférence aux autres créances.

PRIVILÉGIÉS, personnes au profit desquelles la loi établit certaines exceptions au droit commun, telles que les mineurs, les femmes, les substitués, etc.

— CAS ROYAUX ET, crimes réservés à la connaissance des juges royaux à cause de leur atrocité.

PROCEDER, faire des actes, des poursuites, une instruction judiciaire. *Procéder juridiquement*, instruire régulièrement un procès. *Fins de non procéder*, exceptions déclinatoires.

— Passer devant.

PROCÉDURES, règles à observer, actes à faire pour parvenir au jugement.

Procès, procédure. *Procès civil*, *procès criminel*.
— (*processus*, 2), action, instance, poursuite judiciaire.

Procès-verbal, acte dressé et certifié par des officiers de justice, constatant ce qui s'est dit ou fait en leur présence. *Procès-verbal d'apposition de scellés*, *de réception de caution*, *d'enquête*, etc.

Prochaineté (*proximus*), proximité, — parenté. *Prochain ami*, le parent le plus proche.

Procours (*procursus*). V. **Parcours**.

Procuration, **procure** (*procura*), pouvoir donné à un mandataire pour nous représenter ou agir en notre nom. — Acte contenant ce pouvoir. *Procuration générale*, — *particulière*, — *en blanc*, dans laquelle le nom du mandataire n'est pas rempli. *Procuration ad resignandum*, pouvoir donné par le titulaire d'un office à une personne dont le nom est en blanc, de résigner et remettre l'office entre les mains du roi. V. **Procurer**.

Procurer (*procurari*, 1), fournir le nécessaire, donner la nourriture et le logement. *Procuration* (*procuratio*), droit de gîte.

Procureur (*procurator*, en angl. *proctor*), représentant, mandataire; — (aujourd'hui *avoué*), officier qui postule, et qui défend en justice les intérêts de ses clients.
— *Procureur général*, *procureur du roi*, chefs du ministère public, représentants de l'État, le premier devant les cours souveraines, le second devant les juridictions royales. *Procureur fiscal*, officier qui remplissait dans les justices seigneuriales les mêmes fonctions que remplissaient les procureurs du roi dans les justices royales.

Prodes homs. V. **Prudhommes**.

Production, présentation de pièces dans un procès réglé par écrit, ou dans un ordre. *Production principale*, *production nouvelle*. — Ensemble des pièces produites. — *Acte de produit* ou *jour du mis*, acte qui constate le jour où la présentation et le dépôt des pièces ont été faits au greffe.

Produire des pièces (*producere*), les mettre en la main du juge. *Produire des témoins*, les faire comparaître en justice. *Produire des lois*, *des témoignages*, les citer, les alléguer.

Proesme ou **proisme**, **presme**, **prisme** (*proximus*), c'est le parent, le proche. V. **Prême**. *Promesche*, proximité, parenté.

Profit, gain de cause. *Défaut emportant profit*.

Profits féodaux, sont les avantages pécuniaires qui adviennent au seigneur d'un fief dominant, à raison de sa directe seigneurie, comme sont les droits de relief, de quint et de requint, etc.

Promesse, **promission**, **promise**, engagement de donner ou de faire quelque chose. *Promesse verbale*, — *sous seing privé*.

Promoteur (*promotor*), ministère public dans les tribunaux ecclésiastiques.

Prononcé, **prononciation** (*pronuncia*), jugement, sentence.

Proposer, alléguer, mettre en avant, prétendre. *Proposer fins de non recevoir*.

Propres, sont les immeubles qui nous sont échus par succession ou par donation en ligne directe; les héritages anciens et patrimoniaux, à la différence des acquêts et biens adventifs. *Propre ancien*, qui est dans la famille depuis plusieurs générations. *Propre naissant*, immeuble qui était acquêt pour la personne dont nous héritons. *L'acquêt du père est propre à l'enfant*. *Propres de communauté*, par opposition aux biens communs, sont tous les biens qui restent propres à chacun des conjoints et n'entrent pas dans la communauté.

Propriétaire (adj.), qui concerne la propriété. *Jugement propriétaire*. (Grand. Cout.)

Prorata (*prorata portione*), à proportion.

Prorogation (*prorogatio*), remise, extension, continuation de délai. *Prorogation de juridiction*, c'est l'attribution ou la reconnaissance volontaire de juridiction consentie par les parties en faveur d'un juge dont elles ne sont pas naturellement justiciables.

PROSME. V. PROESME.

PROTEST (*protestum*), sommation constatant le refus de paiement.

PROTESTATION, défense, réserves. V. OPPOSITION.

PROTOCOLE (*protocollum*), registre des minutes des notaires.

— formulaire d'actes publics.

PROUVE, PROUVANCE, PRUEVE (*proca*), preuve. *Prouveur*, celui qui fait la preuve.

PROVENDE (*præbenda*), prébende : — provisions de bouche, portion, pitance.

PROVISION (*provisiones*), somme de deniers adjugée *provisoirement*, en attendant le jugement définitif.

— possession durant l'instance qui s'adjuge à celui qui a la possession la plus apparente.

— exécution préalable ordonnée avant tout examen du fond. *La provision est toujours due au titre.*

PROVISOIRE, se dit des choses qui requièrent célérité et qui doivent être faites ou payées par provision. *Les aliments et les réparations sont des matières provisoires.*

PROVOIRES, PROUVAIRES (*præbendarius*), clercs, prêtres, curés.

PRUDES GENS, sages. *Prudefemme*, honnête femme.

PRUDHOMMES, PRODHOMMES (*probi homines*), experts, arbitres, jurés. *Dict de prudhommes*, dire d'experts.

PUBERTÉ, âge auquel on est réputé capable de contracter mariage. *Pubère*, celui qui a atteint cet âge.

PUBLICATION, lecture solennelle, publique. *Publication des bans*, notification qui se faisait au prône des noms, surnoms et qualités des personnes qui se doivent marier ensemble, afin que ceux qui auraient connaissance de quelque empêchement eussent à le déclarer. *Publication des lois, des coutumes*, notification faite en parlement, solennité différente de l'enregistrement qui est la description de la loi ou de la coutume sur les registres publics.

PUBLIER, interroger les témoins, — faire preuve.

PUCELLE (*virgo*), jeune fille.

PUCH, puits.

PUGNEIS. V. POIGNEIS.

PUISAGE, droit de prendre de l'eau chez autrui.

PUISNÉS ou MAINSNÉS (*postnatus*), enfants venus après l'aîné.

PUISQUE (*postquam*), après que.

PUISSANCE, autorité, pouvoir. *Puissance paternelle, maritale*, autorité du père, du mari sur la personne et les biens des enfants et de la femme.

— DE FIEF, seigneurie, privilége du seigneur.

PULVÉRAGE (*pulveraticum*), droit sur le passage des moutons en Dauphiné.

PUNAISIE, puanteur. *Punais*, infect.

PUPILLE, qui est en tutelle.

PUR, ce qui n'est chargé d'aucune clause ni condition. *Bail pur et simple. Quittance, donation pure et simple. Pure perte*, perte absolue, sans ressource. *Terre tenue à pur*, terre tenue du seigneur directement, sans moyen.

PURGE, formalités suivies pour affranchir un immeuble des priviléges et hypothèques qui le chargent.

PURGER, ôter, éteindre. *Purger un héritage*, remplir les formalités nécessaires pour le décharger des hypothèques qui le grèvent.

PURGER LES ARRÉRAGES, LES DETTES, LA CAUTION, c'est payer.

— LE DÉFAUT, LA CONTUMACE, c'est l'éteindre en se présentant en justice.

— PAR SERMENT, SE (*purgatio*), se justifier.

— Éteindre l'accusation. *Purger la mémoire d'un défunt*, la réhabiliter.

PURPART. V. POURPARTIE.

PUTATIF (*putativus*), présumé, réputé tel. *Héritier putatif, père putatif.*

Q

Qualité, état des personnes, capacité, droit d'agir. *Agir en qualité de tuteur.*

Qualités de jugement. On nomme ainsi l'énonciation qui précède le dispositif, et qui contient les noms des parties, le titre en vertu duquel elles ont agi, les conclusions, les points de fait et de droit.

Quanques, tout ce que. *Quanqu'il a*, tout ce qu'il possède.

Quarantaine du roy, la (*quarantena*, 4), trève des XL jours ordonnée par Philippe Auguste et saint Louis, pendant laquelle ceux qui avaient le droit de se faire la guerre devaient s'abstenir de toutes vengeances et de toutes agressions contre les parents et amis de leur adversaire. Beaum. c. 60. *Jeter la quarantaine*, déclarer, dénoncer la trève.

Quarrel, quarriaux (*quadrum*), traits, flèches.

Quarte falcidie, retranchement d'un quart que l'héritier a droit de faire subir aux legs dans les pays de droit écrit. *Quarte Trébellianique*, le quart que peut retenir à son profit l héritier grevé de fidéicommis.

Quartelage (*quartagium*). droit du quart prétendu par certains seigneurs sur les récoltes de leurs vassaux.

Quarteniers (*quaternio*, 2), officiers municipaux commandant un quartier ou portion de la ville.

Quartier, terme de loyer. — Partie de maison à louer.

— (*quadrellus*), morceau. *Quartier de vignes.*

Quasi contrat, fait qui produit les effets d'un contrat. *Quasi délit, quausi crisme*, fait non criminel, mais qui oblige à indemniser la partie lésée, comme un délit.

Quatorzaines, criées ou publications de saisies qui se faisaient de deux dimanches à deux dimanches, ou de quatorze jours en quatorze jours.

Quatre quints, quatre cinquièmes. *Les quatre quints des propres.*

Quemandement, commandement, ordre.

Quemuns, communs. **Quemune**, commune.

Quenouille. V. **Cologne.**

Quens ou **cuens**, comte.

Querable. V. **Portable.**

Querelle (*querela*), plainte, demande, procès. *Querelle criminelle de dict*, c'est-à-dire d'injures. *Querelle criminelle de faict. Querelles fieffaux. Querelleur*, processif, chicanier. *Quereler*, se plaindre, accuser.

Querir, querre (*quærere*), chercher, demander. *Querre journée*, ajourner, donner jour pour un duel.

— Acquérir.

Querquier, desquerquier, charger, décharger.

Questables, questaux, questans (*questales*), hommes taillables.

Queste (*quæsta*), taille, impôt. *Queste courant, terre de queste, queste abonnée. Quester*, exiger l'impôt.

— (*Quæstæ générales*), loyaux aides, taille aux quatre cas.

— acquêt dans Beaumanoir.

— **Cens a**, cens quérable.

— quête. *Lettres de queste.*

— enquête.

Question (*quæstio*, 2), toute espèce de contestation. *Question de droit, question de fait.* La *question d'état* est celle qui concerne l'état ou condition civile d'une personne. *Questions préjudicielles*, celles qui doivent être décidées les premières, parce qu'elles en préjugent d'autres; telles sont les questions d'état.

— torture. *Question préparatoire*, est celle qui se donnait à l'accusé pour lui faire avouer son crime. *Question définitive*, se faisait souffrir au condamné pour lui faire déclarer ses complices.

Questionnaire (*quæstionarius*), celui qui donne la question, le bourreau.

Queux (*coquus*), cuisinier.

Quevage (*cavagium*), chef cens en Picardie. V. **Chevage.**

Quevaise, **quevese**, **quenèse**, tenure usitée en Bretagne, qui passe au plus jeune de préférence aux autres enfants.

Quièche, gouttière.

Quief. V. **Chief**.

Quiemez. V. **Chemier**.

Quiex, **quiez**, qui, lesquels.

Qui fuit, défunt, feu.

Quignets, coins, bornes.

Quignon de pain, un morceau de pain.

Quinquannion, **quinquenelle**, répit et surséance de cinq années. *Bénéfice et octroy d'annion et quinquannion.*

> Qui ne leur faisait nul respit
> Delay, grâce, ne quinquernelle.
> (Coquillart.)

Quinquiennium, certificat de cinq années d'études théologiques.

Quint (*quintum*, 3), cinquième. *Quint denier*, droit qui se paye au seigneur féodal pour toute aliénation du fief faite à prix d'argent. Le *requint* est le cinquième du *quint*.

Quintage, disposition du cinquième du fief. Part des puînés. *Quinter les fiefs, quinter son bien*, c'est disposer de la cinquième partie de son bien.

Quintaines (*quintana*, 2), joute contre un poteau ou mannequin, espèce de course de bagues.

Quinteres (*quinteriæ*), terres payant le cinquième de leur produit. *Quintero* en espagnol est le nom de certains colons partiaires.

Quintes (*quinta*, 1), banlieue, juridiction. *Les quintes d'Angers.*

Quintoyer, disposer du cinquième de son bien. V. **Quintage**.

— payer le droit de cinquième ou quint.

Quis, enquis, requis, recherché. *Témoins quis et administrez.* (Grand. Cout.)

Quist, il cherche. **Quistrent**, ils cherchèrent. V. **Querir**.

Quittance (*quitantia*), acte par lequel un créancier libère son débiteur.

Quitte (*quietus*), libéré, affranchi.

Quittement, don, abandon.

— (Adv.), entièrement, librement, sans retour, gratuitement.

Quitter (*quietare*), laisser, abandonner, céder, remettre.

Quitus, quittance pour solde d'un compte en matière de finance, décharge définitive.

Quoisier, cesser, se tenir coi.

Quote ou **quote-part** (*quota*), part, portion, portion proportionnelle à toucher ou à payer. V. **Cote**.

Quotité, portion, quantité. *Quotité disponible. Quotité du cens se peut prescrire.*

R

Raambrer, **raembrer**, **raiembrer**, **reymbrer** (*redimere*), retirer, retraire. — Amender.

— Rançonner. — Racheter.

Rabais, **rabatement**, diminution de prix ou de quantité.

Rabatement de décret, annulation de la vente faite par décret.

Rabattre un defaut ou **congé**, faire rapporter ou rétracter le jugement par défaut.

Rabrouer, parler d'un ton dur et impératif. *Rabrouer un avocat* en interrompant durement sa plaidoirie.

Racat ou **rachat** (*rachatum*), recouvrement de la chose qu'on a vendue en remboursant le prix de vente. *Le domaine du roi est rachetable à perpétuité.* — Remboursement du sort ou principal d'une rente constituée.

— retrait lignager.

— ou **relief**, droit d'entrée payé au seigneur par le vassal auquel le fief est échu par succession. *Rachat abonné, rachat rencontré.*

— rançon.

Racines, Fruits pendants par les, fruits qui n'ont point encore été détachés du sol.

Racointement, procès-verbal des arpenteurs ou des experts.

Racquit de rente, rachat.

Radeur, roideur, rigueur.

— **Mesureur et radeur de sel**, celui qui mesure le sel à raz. V. **Raz.**

Radiation (*radiare*), rature, anéantissement d'un acte ordonné par justice. *Radiation d'une hypothèque, d'un écrou.*

Radveu, **radvouer**, aveu, avouer.

Raemberes, rédempteur. V. **Raambrer.**

Raie, sillon. V. **Roie.**

Raiembre, **rajembre** (*redemptio*), amende, rachat, rançon. *Raiens*, racheté.

Raigner (*ratiocinari*), plaider, défendre en justice. V. **Desraigner.**

Rain (*rama*), rameau, marque et symbole de l'investiture ou mise en possession. *Ramade*, feuillée. *Ramé*, branchu.

Rais, **raiz** (*radius*), rayon.

— (Adj.), tondu, rasé; de *raire*, raser. *Un barbier rait l'autre.*

Raison (*ratio*), droit *Raison escrite*, droit écrit. *L'action c'est la resons du demandeur.* (De Font.) On dit en ce sens *raison d'état*, *raison de famille*, pour droit ou intérêt d'état ou de famille.

— Droits, titres. *Actions, noms, raisons. Quitter toutes ses raisons*, renoncer à ses droits. *Perdre sa raison par droit* (C. des B.)

— (*ratiocinium*), compte. *Livres de raison.*

— mesure. *Raison de meunier.* V. **Raz.**

Raler, retourner.

Ramage (*ramagium*), droit des usagers de couper des branches dans les bois. — Redevance payée pour ce droit. *Ramageur*, le garde qui perçoit le droit.

Ramages, **rameaux**, branches d'une même famille sortant d'une souche ou tronc commun.

Ramentevoir (*rementus*), faire ressouvenir, recorder, répéter.

Ramon, balai, d'où *ramoner.*

Rampogne, **ramposne**, raillerie, blame, chicane.

Rancheoir, retomber. *Rancheute*. récidive.

Rancoeur (*rancor*), rancune, désir de la vengeance.

Rançon (*redemptio*), rachat.

Rande, rente.

Randeres, **randeur**, caution, répondant.

Randon, roideur, rapidité, force.

RaplegER, cautionner.

Rapostir, **rapoestir**, remettre en *poste* ou puissance.

Rappel de succession, disposition par laquelle le testateur rappelle à sa succession l'héritier exclu par la coutume, tel que la fille dotée, ou celui qui ne peut succéder par défaut de représentation, etc.

— **de ban et de galères**, ordre de revenir de l'exil ou du bagne, grâce.

Rappeler par bourse, retraire.

Rapport (*rapportum*), récit, exposition de l'affaire faite par un des juges. *Conseiller rapporteur. Rapporteurs de chancellerie. Rapporter* (*rapportare*), faire le rapport. *Son affaire se rapportera ce matin.*

— se dit des sommes ou des héritages que l'héritier est obligé de remettre dans la succession avant de la partager. *Choses rapportables.*

— **et dénombrement**, aveu.

— **et hypotheque d'heritage**, nantissement.

— **solennel**, c'est la dessaisine faite en main de juges. *Rapporter son fief dans la main de son seigneur.*

— (*portus*), revenu. *Rapporter*, produire.

Rapproprier a sa table, unir à son fief. V. **Table.**

Rapproximer (*reapproximare*), retraire, racheter.

Rapteur, ravisseur.

Rastelage (*rastellagium*), corvée qui consiste à étendre et faner les foins seigneuriaux. — Glanage.

Rasteler esteule d'autruy, glaner.

Rastouble, **rastoul**, chaume, paille.

Rat (*raptus*), rapt, enlèvement par force ou par séduction. *Rat si est fame efforciée.* (Établ.)

Rate (*rata*, 3), portion. V. **Prorata.**

Ratification, **ratihabition** (*ratificatio*), confirmation, approbation d'un acte.

— LETTRES DE, sont des lettres du grand sceau que l'acquéreur d'une rente sur le roi obtient à l'effet de purger les hypothèques que son auteur aurait pu constituer sur ladite rente.

RAVAL, rabais, diminution.

RAVESTISSEMENT D'HERITAGE (*reinvestire*), rensaisinement fait devant le magistrat. *Ravestissement entre deux conjoints*, c'est le don mutuel. *Ravestissement ou entravestissement de sang*, est un droit en vertu duquel le survivant des conjoints jouit en usufruit de la moitié des heritages cottiers des enfants. V. REVESTISSEMENT.

RAVOIER, remettre dans la voie, redresser.

RAVOIR, RAVOIRER, recouvrer, obtenir. *Ravoir sa cour*, obtenir le renvoi devant sa cour.

RAZ, RASIERE, REZEAUX (*rasa*), mesure de grains ou de sel. Mesure raze, sur laquelle on a passé la pellette, à la différence de la mesure comble, ou altaitée.

RE en composition signifie une seconde fois, derechef. *Reavoir*, *reacat*, *rebail*.

RÉAGGRAVE (*reaggravatio*), seconde excommunication qui aggrave les peines de la première. *Fulminer une réaggrave*. *Réaggraver*.

RÉAJOURNEMENT, nouvelle assignation. *On l'a reajourné sur le défaut*.

REAL, réel. *Réalment*, réellement. — Royal.

RÉALISER, rendre réel, effectif. *Réaliser un contrat*, c'est reconnaître le contrat par-devant le seigneur, afin d'acquérir droit réel et hypothèque, et d'être nanti. *Rente réalisée et nantie*. *La clause de réalisation* est celle par laquelle on stipule que des meubles resteront propres à l'un des futurs époux, et n'entreront point dans la communauté.

REALME, REAUME, royaume. *Réalment*, royalment.

RÉAPROPRIER, retirer par retrait féodal ou lignager.

REASSIGNATION, nouvelle assignation, — nouvel assignat.

RÉATU, ÊTRE IN (*reatus*), être en état d'accusation.

REBLANDIR, *est blandè dominum adoriri*, c'est retourner vers le seigneur féodal pour connaître la cause de la saisie qu'il a pratiquée, ou pour savoir s'il blame l'aveu et le dénombrement. Duc. V° REBLANDIMENTUM.

REBRICHES (*rubrica*). Voyez RUBRICHE.

REBUTER, REBOUTER, refuser, rejeter. *Rebuter garants*, reprocher les temoins.

RECELER (*recelare*), cacher un objet volé.

RECÉPISSE (*recepisse*), reçu constatant la remise de pièces, de titres, d'argent.

RECEPT (*receptum*), droit de gite. V. RECET.

RÉCEPTION, admission, acceptation. *Réception en foi et hommage*. *Réception au parlement*.

RECET, RECHET (*receptaculum*), retraite, habitation.

RECETER, RECAITER, recéler. *Recheteur*, receleur.

RECETTE (*recepta*, 2), argent reçu. chose reçue, — bureau où l'on reçoit. — Action de recevoir.

RECES DE L'EMPIRE (*recessus*, allem. *abschied*), décisions de la diète germanique.

RECEVOIR, admettre, donner entrée. *Preuves recevables*, preuves admissibles. *Fins de non recevoir*, exceptions déclinatoires.

RECHACIER, RACHASSIER (*rechaciare*), affiner, separer l'or ou l'argent des métaux moins précieux qui y sont melés.

RECHARGE, surcharge, surcroit.

RECHEF, DE, de nouveau, une seconde fois. *Promettre derechef*.

RECHEOIR. V. RANCHEOIR.

RECHERCHE (*recercatio*), enquête, *faire la recherche des faux nobles*. Examen, perquisition. *Rechercheur de mesures*.

RECHERCHER (*recercare*), demander compte, poursuivre.

RÉCIDIVE (*recidiva*), rechute dans une même faute.

RECIPE, ordonnance de médecin.

RÉCIPIENDAIRE, celui qui doit être reçu dans quelque charge, ou subir un examen pour obtenir quelque grade.

RÉCISION. V. RESCISION.

RECLAIM, RECLAME, RÉCLAMATION,

demande, plainte. V. **Clain**, **complainte**.

Réclamer (*reclamare*), redemander, poursuivre, revendiquer. *Réclamer l'espave, réclamer son homme ou femme de corps. Réclameur, réclamation* (*reclamatio*), opposition, revendication. *Réclamation et contrediet.*

Recognitif, Titre, celui par lequel on reconnait une précédente obligation.

Récolement d'inventaire, de saisie, c'est la vérification qui a pour but de constater l'existence des meubles inventoriés ou saisis.

Récoler, faire le récolement (*recolamen*), c'est rappeler les témoins et leur lire leur déposition pour voir s'ils n'y veulent rien ajouter, et s'ils y persistent. *Témoins recolés et confrontés.*

Recommandation, opposition mise à la sortie de prison d'un détenu.

Recommander, Se. V. **Commande.**

Récompense (*recompensa*), indemnité, dédommagement.

— indemnité due à l'un des conjoints par celui des deux qui a profité des deniers de la communauté.

Réconduction (*reconducere*), renouvellement, prolongation d'un bail ou d'une location.

Reconnaissance (*recognitio*), aveu par écrit d'un fait, d'une dette, d'une obligation. *Reconnaissance d'écritures, — d'enfant naturel,* — enquête.

— droits de mutation dans les coutumes du Lyonnais.

Reconnaitre (*recognoscere*), avouer. *Se reconnaitre vassal.*

Reconvenir, demander à celui qui demande. Se constituer demandeur par le moyen de ses défenses.

Reconvention, conclusions par lesquelles le défendeur se constitue demandeur à son tour. *Une reconvention bien fondée emporte de droit la compensation.*

— convention nouvelle. *Le prix de cette ferme a été augmenté par une reconvention.*

Record (*recordum*), souvenir, récit, témoignage, enquête judiciaire. *Recorder,* réciter un fait, en témoigner. *Se recorder,* se rappeler. *Le record de Cour* avait lieu quand la Cour *se recordait*, c'est-à-dire rappelait son arrêt non écrit, donné dans un précédent parlement: *record* est ainsi quelquefois synonyme de jugement.

Record d'hommes, record de loy, c'était l'enquête qui certifiait le jugement rendu ou la coutume existante. *Criées recordées*, c'est-à-dire rapportées ou reconnues aux plaids par le sergent qui les a faites. *Exploit recordé*, qui a été fait par le sergent en présence de témoins ou *records.*

Recordeurs, records (*recors*), témoins, — témoins assistant les sergents dans certains actes de leur ministère.

Recourre. V. **Rescourre.** *Recourre les monnaies* (*recurrere*), c'est en altérer le titre légal.

Recours (*recursus, 4*), action en garantie ou en dommages-intérêts.

Recousse. V. **Rescousse.**

Recouvrement (*recuperatio*), recette, rentrée. *Recouvrement de deniers, de titres.*

Récréance, recrédence ou **rendue** (*recredentia*), c'est la possession provisoire de la chose qui est en procès, laquelle s'adjuge à celui qui a le droit le plus apparent. *Sentence de récréance.* V. **Maintenue.**

— rentrée en possession, restitution, reprise d'un objet saisi. *Récréance de bétail pris en dommage; faire récréance et délivrance; récréance de fruits empêchés; biens recrus et rendus; récréancer.*

Recréant, recru (*recrediti*), las, rendu. *Jamais François ne furent vus recreus de bien faire.* — Celui qui, dans un combat singulier, se déclare vaincu, se rend. — infame, déshonoré. *Recréandise,* action de se rendre, lâcheté.

Récriminer (*recriminatio*), accuser son accusateur.

Recroire, recreanter (*recredere*), rendre, ressaisir. *Recroire les namps à pleges,* rendre les gages aux cautions. *Recroire et eslargir criminels. Chose recrue,* chose rendue.

Recursoire, Action. V. **Recours.**

Récuser, refuser le juge, alléguer

des motifs qui l'obligent à ne point prendre connaissance de l'affaire.

Rédarguer, réprimander, répondre.

Redevance ou **redevoir** (*redebentia*), toute espèce de prestations auxquelles sont tenues le vassal ou le censier. Le *redevancier* est celui qui doit la prestation.

— Reliquat.

Rédhibitoire, qui a pour effet ou pour but la nullité de la vente d'une chose défectueuse. *Vice rédhibitoire : action rédhibitoire.*

Rédimer, Se (*redimere*), se racheter, s'exempter, s'affranchir d'une charge ou d'une rente.

Redisme, **rediesme** (*redecima*), dîme de la dîme, onzième.

Redresser (*redirigere*), réparer, expier son tort, faire droit.

Rée, **réel** (*reus*), défendeur.

Réel, qui concerne un immeuble. *Droits réels, servitude réelle.*

Réelle, Action, celle qui a pour objet la poursuite d'une chose ou d'un droit, sans considération de la personne poursuivie.

Réellement, immobiliairement. *Maison saisie réellement.*

Réemption (*redemptio*), rachat.

Référé, rapport d'un incident qui, à raison de son urgence, doit être décidé par le juge, provisoirement et sans attendre l'audience.

Référendaire (*referendarii*), officier de la chancellerie qui fait le rapport des lettres de justice, comme des lettres de rescision et autres.

Référer (*referre*), faire un rapport, — reporter, — enchérir.

Refonder les dépens (*refundere*), rembourser les dépens qui ont été faits. *Refusion de dépens*, remboursement des dépens.

Regain, seconde herbe des prés.

Régal, royal. *Régalement*, royalement.

Régale (*regalia*), c'est le droit qu'a le roi de percevoir le revenu des évêchés, le siége vacant, et jusqu'à ce que l'évêque ait fait son serment de fidélité au roi : c'est en outre (ce qu'on nomme *régale spirituelle*), le droit de nommer aux bénéfices non cures qui s'ouvrent pendant la vacance du siége. *Régaliste*, celui qui a été pourvu du bénéfice en régale. *Le régaliste doit plaider saisi.*

Régaler (*regulare*), faire entre les contribuables la répartition ou *régalement* d'une taille imposée.

Régales, **droits régaliens** (*regalia*), tous les droits qui appartiennent au roi en vertu de sa souveraineté.

Regard, Retenir son (*regardum*), se réserver le droit d'assister à l'instance pour voir et regarder ce qui s'y passe.

Régence, administration du royaume pendant la minorité du roi. *Régent*, celui qui gouverne pendant la minorité du roi.

Régentant, administrateur, tuteur.

Régie, administration. *Faire la régie d'une élection ou d'une généralité.*

Régime, ordre, règles qui gouvernent certaines personnes ou certains biens. *Régime dotal*, *régime de la communauté.*

Registre (*regestum*), livre sur lequel on inscrit ou enregistre les actes publics ou particuliers. *Extrait des registres de la Cour.*

Règle (*regula*), loi, ordonnance, maxime, principe.

Règlement, ordonnance, loi, ordre établi.

— **Arrêts de**, décisions que rendaient les Cours souveraines pour être observées comme loi dans toute l'étendue du ressort.

— **De juges**, décision sur un conflit de juridiction entre deux Cours ou tribunaux.

Regnable, **regnaule**, raisonnable.

Regnicoles (*regnicola*), sont ceux qui jouissent en France des droits civils. — Ceux qui habitent le pays.

Regort. V. **Gors**.

Regrattiers (*regratarii*), marchands en détail, revendeurs. *Vendre à regrat*, vendre au détail, vendre d'occasion. *Les regrats sont défendus sur les ports de Paris.* (Ord. de la Ville.)

Regres (*regressus*), rentrée en possession. Droit de celui qui résigne un bénéfice de rentrer en possession si le résignataire ne remplit point ses engagements.

Régulier (*regulares*), qui a fait profession dans un ordre religieux.

Réhabilitation (*rehabilitatio*), rétablissement dans les droits civils ou politiques dont on est déchu.

Reilhage, reil, soc de charrue, — droit de labourage.

Réintégrande (*reintegratio*), remise en possession en cas de violence et de spoliation.

Réintégrer (*reintegrare*), remettre les choses dans leur premier état, rétablir dans la possession, dans l'office. *Réintégrer un prisonnier*, le remettre dans la prison.

Rejet, rebut, renvoi, report d'un article de compte à un autre endroit du compte; — renvoi d'un impôt d'un exercice sur l'autre.

Relais ou **laisses**, terres que la mer a laissées au rivage.

— (angl. *lease*), remise, abandon.

Relater (*relatare*), rapporter. *Relation* (*relatio*), rapport, témoignage. *Sur la relation des notaires.*

Relaxer (*relaxare*), relâcher, délivrer. *Relaxation de peine*, adoucissement, diminution de la peine.

Rélégation, exil.

Relevage, relèvement. Voyez **Relief.**

Relevé, dépouillement, extrait.

Relevée (*relevatio*), l'après-midi, le temps qui suit la méridienne.

Relever, restituer, remettre en l'état où l'on était avant l'acte ou le jugement attaqué. *Mineur relevé. Relief de mineur* (*restitutio in integrum*).

— intimer devant un juge supérieur la partie qui a eu gain de cause. *Lettres de relief*, lettres royaux en vertu desquelles on *relève* l'appel.

— ressortir. *Les appellations comme d'abus relèvent au parlement.*

— dépendre. *Fief qui relève d'un autre.*

— payer le relief (*relevare feudum*). *Relever et droiturer son fief; relever le fief de mains et bouche. Relèvement de cens.*

— **un contrat**, en lever une seconde grosse.

Relevoison, relief. *Ventes et relevoisons; relevoison à plaisir* (*relevium ad misericordiam*).

Relicte ou **guerpie** (*relicta*), veuve.

Relief (*relevium*), indemnité payée au seigneur à toute mutation faite autrement qu'à prix d'argent. *Relief de bouche, de cheval et armes, de plume, de rente. Relief à merci*, dont le taux dépend de la volonté du seigneur (*relevium rationabile*).

— **d'appel** (*relevatio appellationum*). — **de mineur.** V. **Relever.**

— **de noblesse**, réhabilitation.

Religier (*relegere*), retirer, retraire.

Religion (*religio*), ordre religieux. *Entrer en religion.*

Reliquat (*reliquum*), ou **restat**, reste.

Reliquataire (*reliquator*), celui qui est débiteur d'un reliquat de compte.

Relouer (*relocare*), louer une seconde fois, sous-louer.

Remaindre, remaigner, rester, demeurer. *Remain*, demeure. — Restant.

Remanant, remenent, remeignant (*remanentum*), restant, résidu.

Rembre, racheter. V. **Raambrer.**

Remède de poids, remède de loi, la tolérance accordée aux fabricants de monnaies.

Remembrance (*remembrantium*), mémoire, souvenir.

Réméré, rachat. — (Part.), racheté.

Remettre (*remittere*), se relâcher de ses droits et prétentions.

— Rétablir quelqu'un en son premier état. — Renvoyer.

— **S'en**, s'en rapporter au jugement de quelqu'un.

Remis (*remissus*), retardataire, négligent. — Retardé.

Remise (*remissio*), abandon d'un droit. *On lui a fait remise des intérêts pour être payé du principal.*

— Délai, ajournement.

— Argent remis par des négociants à leurs correspondants.

Rémission, grâce. *Rémissible*, qui mérite pardon. *Rémissionnaire*, gracié.

Remplacement ou **Remontrances**, discours faits par les présidents ou membres du parquet à la rentrée du palais.

Remploi de propres aliénés, c'est l'obligation de remplacer par une acquisition d'immeubles les biens propres de l'un des époux qui ont été aliénés, pour empêcher que le prix de ces propres n'entre dans la communauté.

REMUEMENT DE FIEF (*remuagium*), droit de mutation. V. MUAIGE.

— DE SIGNORAGE, changement de seigneurie.

REMUER, changer. *Les honors les meurs remuent.* — *Remué de germain*, issu de germain.

RENCHOIR, RENOUVELER (*recidicare*), retomber dans les mêmes fautes.

RENDABLES ET JURABLES, FIEFS, (*reddere feudum*), étaient ceux que les vassaux étaient tenus de prêter à leurs seigneurs pendant la guerre.

RENDAGE, RENDERIE, rente, cens, redevance.

RENDANT, RENDEUR, comptable, gérant qui présente son compte.

RENFORT DE CAUTION, caution qui s'oblige solidairement avec la première caution pour garantir la solvabilité du débiteur.

RENGRÉGER, augmenter le mal, aggraver. *La plaie se rengrége.*

RENOIÉ (*renegatus*), renégat.

RENONCER (*renuntiare*), délaisser, abandonner. *Renoncer à la succession de son père.* — *Renoncer un immeuble.*

RENTAGE (*rentagium*), obligation du tenancier de payer la rente au seigneur. — Terrage, champart.

RENTAULE, TERRE, terre qui doit rente.

RENTE (*reditus*), profit que *rend* tous les ans quelque fonds de terre ou quelque somme d'argent.

— FONCIÈRE créée par l'aliénation d'un fonds. — *constituée*, *volage* ou *volante*, établie à prix d'argent.

— HÉRITABLE, PERPÉTUELLE, à la différence de la *viagère*.

— ROTURIÈRE, à la différence de celle qui est inféodée.

— SÈCHE, qui ne doit aucun service au seigneur.

— ENSAISINÉE, assignée sur des fonds en roture. *Inféodée*, assignée sur des fiefs, et emportant foi au seigneur féodal.

RENTER (*redituare*), doter d'une rente. *Renteur*, qui porte rente, *terre renteuse*.

RENTIER (*renderius*), celui qui reçoit la rente, — celui qui la paie.

RENTIERCER (*intertiare*), séquestrer. V. ENTIERCER.

RENVOI, ordonnance par laquelle on reporte l'affaire devant une autre juridiction que celle saisie par le demandeur. *La Cour a renvoyé les parties devant leurs juges naturels.*

— Addition écrite en dehors du texte, et qui doit en faire partie ; — trait qui indique où doit se placer cette addition.

REPAIRER, REPÉRER (*reparare*), demeurer ; être domicilié ; *repaire*, domicile.

— retourner, revenir. *Repaire*, *repairier*, retour. *Trusque au repaire*, jusqu'au retour.

RÉPARATION CIVILE, dédommagement accordé par justice à la personne qui a souffert d'un crime ou d'un délit.

RÉPARTIR, partager entre plusieurs personnes une somme à payer. *Egale répartition.*

— Répliquer, répondre.

RÉPERTOIRE (*repertorium*), journal sur lequel certains officiers publics sont tenus d'inscrire sommairement les actes de leur ministère. — Inventaire.

RÉPÉTER, reprendre quelque chose sur quelqu'un.

RÉPÉTITION, action en restitution.

— DE TÉMOINS. V. RÉCOLEMENT.

— DE QUESTION, réitération de la torture.

RÉPIT ou RESPIT (*respectus*), délai. *Répit et souffrance* ou *surséance*. *Lettres de répit* ou *d'Etat*, sont des lettres du roi qui accordent au débiteur un délai pour payer ses créanciers. *Mettre le jugement en répit*, le différer. *Respiter*, délaier, différer. *Saufrespit*, souffrance féodale.

RÉPLIQUE (*replica*), réponse. *Fournir des répliques*, fournir des réponses par écrit à ce que notre adverse partie a dit contre nous dans ses écritures. *Répliques*, *dupliques*, *tripliques*, *quadrupliques*.

RÉPONDRE (*respondere*), se porter fort, garantir, cautionner. *Répons*, *répondant* (*responsalis*), caution.

Répondre une requête, c'est mettre au bas : *Soit fait ainsi qu'il est requis*, en ordonner l'exécution.

Répons en Cour, Avoir, c'est avoir le droit d'agir en justice comme partie, ou d'y figurer comme juge ou témoin.

Réponses a griefs, sont les écritures fournies par l'intimé pour soutenir le bien jugé de la sentence.

Reportage (*reportagium*), moitié de la dîme.

Repost, reponaille, repoistaille, repust, En (*repositus*), en secret. *Clam.*

Reprendre un fief, le relever par la foi et l'hommage.

Représailles, revanche prise sur celui qui nous a causé un dommage. *Lettres de représailles*, lettres de marque.

Représentation, exhibition. *Représentation de meubles, d'un accusé*, etc.

— bénéfice de la loi au moyen duquel un parent qui est dans un degré éloigné succède du chef de son auteur en concurrence avec un parent plus proche en degré. *Les termes de représentation* sont les degrés de parenté dans lesquels la loi admet la représentation.

Reprise de fief, c'est la prise d'investiture. On nomme aussi *fiefs de reprise*, les aleux remis par le vassal entre les mains du seigneur, pour les reprendre de lui à titre de fiefs. V. Commande.

Reprise en fait de compte; le chapitre de reprise contient les articles de ce qu'on représente, qu'on donne à reprendre, ou qu'il faut déduire.

— **d'instance**, acte par lequel on reprend la poursuite d'un procès contre les héritiers ou représentants de la partie qui est décédée.

Reprises, tout ce qu'un des époux a droit de reprendre avant partage lors de la dissolution de la communauté.

Reproche, blâme, refus, rejet, réfutation. *Reprocher l'arcu, le compte*, le débattre et le contredire.

Reprocher les témoins (*reprovare*), contester le mérite de leurs dépositions, les récuser.

Reprouve, reproche, blâme.

Reprouvier, proverbe :

Quar l'on sielt dire en reprovier :
Qui le pendu despendera
Desor son col le faix charra.

Répudier une succession, une hoirie (*repudium*), c'est y renoncer, ne point l'accepter.

Requart, quart denier du quart, comme le *requint* est le cinquième du quint.

Requenoissant, reconnaissant.

Requerre, requérir (*requirere*), demander, supplier. *Requereor*, celui qui revendique. (De Font.)

Requête (*requesta*), *est une demande faite en suppliant*, dit Nicod. — supplique, demande adressée au juge. *Requête à fin d'opposition.*

— défenses ou mémoires fournis par les procureurs.

— **civile**, recours contre un arrêt définitif qui s'obtient par lettres royaux, sur ce motif que les juges ont été égarés par faux, dol ou surprise.

Requêtes de l'hôtel, l'une des juridictions du parlement de Paris, en laquelle étaient juges les maîtres des requêtes; elle connaissait des affaires dans lesquelles étaient parties les officiers de la maison du roi ou ceux qui avaient le privilége de *committimus*.

Requeurre. V. Rescourre.

Requint. V. Quint et Requart.

Réquisition (*requesta*, 2), exaction, redevance. V. Queste.

Réquisition, réquisitoire, demandes et conclusions du ministère public.

Rère fief, rière fiez (*retrofeodum*), **rere vassal** (*retrovasallus*), arrière-fief, arrière-vassal.

Resaisine (*resaisitio*), remise en possession. *Resaisir*, restituer, rétablir.

Rescindre, rescinder, casser, annuler un contrat ou un autre acte. *Rescindant*, moyen servant à faire prononcer l'annulation ou rescision. *Rescisoire*, ce qu'on obtient en vertu du rescindant.

Rescision, annulation, anéantissement d'un acte, d'un contrat.

Rescision, Lettres de, lettres qu'on obtient du prince pour faire casser un acte entaché de nullité.

Resconser. V. **Absconser.**

Rescourre, rescoudre (*rescodere, rescuere*), retirer, ravoir, récupérer. *Rente recousse*, rente rachetable. *Prisonnier rescous*, prisonnier retiré des mains de ceux qui le détiennent.

Rescousse ou **escousse** (*rescussa*), reprise, recouvrement. — *Rescousse d'héritage*, retrait lignager. *En escange n'a point de rescousse. Bastars ne puet rescourre.* — *Rescouerres*, le retrayant.

— rébellion.

Rescription (*rescriptio*), mandat, ordre de paiement tiré sur un de nos debiteurs. — Mandat tiré par une caisse publique sur une autre.

Rescrit (*rescriptum*), lettre de chancellerie que le roi adresse aux juges pour faire exécuter ses ordres.

— sorte de bulle ou de monitoire délivré par le pape.

Rese (*reisa*, allem. *Reise*), voyage, expédition.

Réservations, restrictions, ce qu'on excepte de la vente.

Réserve (*reservum*), légitime, part donnée par la loi aux héritiers.

— Exception.

— (*reservatio*), **interdit** ou **prohibition**, droit du pape de nommer à certains bénéfices de préférence au collateur.

Reservé, Cas, c'est le péché dont il n'y a que l'évêque ou le pape qui puisse absoudre.

Réserver, excepter. V. **Réserve.**

Résidence (*residentia*), demeure, domicile.

— Demeure d'un ecclésiastique au lieu de son bénéfice, pour être toujours prêt à le desservir. *Être obligé à la résidence. Les évêques et les curés sont obligés de résider.*

Résidu (*residuum*), reste. *Résidu d'un compte.*

— **de procédure**, sont les pièces que le procureur garde devers lui, et qu'il ne produit point comme étant inutiles.

Résignation (*resignare*), démission d'un office ou d'un bénéfice *Résignant*, le démissionnaire. *Résignataire*, celui au profit duquel se fait la résignation.

Résiliment, résiliation, acte par lequel les contractants se départent réciproquement du contrat, et consentent à ce qu'il ne soit point exécuté. *Résilier un bail.*

Résipiscence, retour à une meilleure conduite, à de meilleurs sentiments. *Si l'excommunié vient à résipiscence, on l'absout en forme canonique.*

Resixième, sixième du sixième.

Resnable, resnaule, regnable (*rationabile*), raisonnable.

Résolution, annulation d'un acte, faute par l'une des parties d'exécuter ses engagements. *Clause résolutoire*, convention par laquelle on convient qu'un contrat sera cassé si l'une des parties ne remplit point ses engagements.

Résomption de procès, reprise d'instance.

Résoudre, annuler, casser. *Se résoudre*, aboutir à, finir par.

Respectif (*respectivus*), mutuel, réciproque. *Obligation respective. Les parties ont respectivement appelé.*

Respit, Respondre. V. **Répit, répondre.** *Ils respongnent*, ils répondent.

Responsif, responsive, qui contient une réponse. *Ecritures responsives.*

Resséance, reséantise, résidence. — Obligation du vassal ou estagier de rester sur le domaine du seigneur. — Rétribution payée par les bourgeois au seigneur qui protége la ville.

Resséant, resséanz, résians, domicilié, résident. *Caution resséante.* — *Exoine de mal resséant*, excuse de maladie qui force à garder la maison.

Ressort (*ressortum*), juridiction, territoire. *Juger en dernier ressort*, juger sans appel. *Ressortir* (*ressortire*), être justiciable de.

Restement, assignation. *Rester*, assigner, appeler en justice. *Retez*, accusé, défendeur.

Restituer, rendre, rétablir. *Restituer une partie en tous ses droits.*

Restitution, remise en état. *Etre*

obligé à restitution, c'est être obligé à rendre ce qu'on a pris.

Restitution en entier, rétablissement d'une partie en tous les droits qu'elle avait avant l'acte ou le jugement qui lui porte préjudice.

Restor (*restaurum*), retour, dédommagement, récompense.

Restreindre, limiter, modifier. *Restrictions*, limitations.

Rétablir (*restabilire*), remettre en état; réinstaller quelqu'un dans la possession des biens ou des honneurs dont il est déchu, restituer.

Rétablissement (*restabilimentum*), restitution. *Rétablissement de communauté*, acte par lequel des époux judiciairement séparés se remettent en communauté.

Retenail, **retenue** (*retentio*, 3), protestation, réserve. *Se mettre en esgard ou connoissance de Cour, sauf son retenail.*

-- retrait seigneurial.

Rétention, **retenue**, réserve. *Rétention d'usufruit vaut autant que délivrance de la chose.*

— **Droit de**, droit de conserver la chose jusqu'à ce qu'on soit remboursé des avances faites à son sujet.

Retentum *in mente Curiæ*, c'était une décision prise par le parlement qui ne se mettait pas en écrit. A Rome, on dit *in petto* pour les choix arrêtés, mais non encore divulgués.

Reter (*retare*, *rectare*), accuser.

De quanque Ysangrin l'a reté
Itel amende li fera
(*Roman du Renard.*)

Retez, accusé; en latin, *reus*. V. **Restement**.

Retirer ou retraire (*retrahere*), exercer l'action de retrait, reprendre un héritage dans les mains de l'acquéreur.

Rétorsion, représailles.

Retour, réversion, droit de reprendre en certains cas la chose qu'on a donnée. *Le droit de retour*, est le droit qui appartient aux ascendants de reprendre dans la succession de leurs enfants, morts sans postérité, les biens qu'ils leur ont donnés. — Le seigneur féodal reprenait également par *droit de retour*, le fief de son vassal mort sans héritiers de la ligne par laquelle le fief était entré dans la famille.

Retour (*restaurum*), indemnité, dédommagement. *Gaiges et restors.*

— **de compte**, arrêté de compte.

Retraire, retirer. V. **Retrait**.

— recorder, rappeler.

Retrait, **retraction**, **prémesse**, **rachat** (*retractus*), action par laquelle on retire à soi un héritage aliéné; — droit de préférence dans l'acquisition d'un héritage. *Retrait lignager*, droit qui appartient au parent le plus proche du vendeur, de retirer des mains du tiers acquéreur un ancien propre de la famille. *Retrait féodal* ou *censuel*, droit du seigneur de retirer des mains du tiers acquéreur l'héritage féodal ou censuel, vendu par le vassal. *Retrait ecclésiastique*, droit accordé aux ecclésiastiques de rentrer dans la possession des biens d'Eglise aliénés.

— refuge, asile, retraite.

Retraites, retrait. — Demande en justice dans les coutumes picardes.

— relais de la mer.

Rétrocéder, rendre à un cédant ce qu'il a cédé et lui en faire une nouvelle cession. *Rétrocession de bail. La rétrocession remet le cédant en tous ses droits.*

Retrus, pour détenu. Guy-Coquille, t. II. p. 36.

Retulit, expédition qu'un notaire délivre d'un acte passé par son prédécesseur.

Reuber (all. *Rauben*), dérober. *Reubères*, voleur. V. **Robe**.

Reule. V. **Rieule**.

Reuser, **ruser** (*rusare*), se réfugier, reculer, retourner sur ses pas.

Reuver. V. **Rover**.

Rève (*reva*), impôt sur les marchandises importées en France. *Droit de rève et de haut passage.*

Revendiquer, réclamer, poursuivre la restitution de chose qui nous appartient. *Revendication.*

Revente, **revendage**, vente réitérée, seconde vente. *Revente à la folle enchère.*

— **reventons**, **venterolles**, **retiers**, **resixième**, droit payé au seigneur par l'acquéreur qui a pris le paiement des lods à sa charge.

Reversalles, lettres de reconnaissance, — aveu et dénombrement.

Réversion (*reversio*), retour. *Réversible*, sujet à retour. *Tous les fiefs aliénés de la couronne sont réversibles*. V. Retour.

Revestir. V. Investir et Vestir.

Revestissement ou **ravestissement**, don mutuel entre mari et femme dans les coutumes du Nord.

— **revêtement**, **revêture**, droits d'entrée en possession dus au seigneur.

— **de ligne**, c'est l'attribution au plus prochain héritier de chaque ligne des biens qui proviennent de cette ligne, sans considération de la proximité de degré entre les différents héritiers et le *de cujus*.

Revesture, **revestiture**, droit dû au seigneur pour l'investiture.

Revisit, **révision**, nouvel examen d'un compte, d'un procès, etc.

Révocation, rétractation d'un acte, d'une disposition. *Révocation de legs*.

Revouage, second droit d'aveu, — aide payé au seigneur en certains cas.

Revue. V. Vue, Montrée.

Reward, égard. *Rewarder*, regarder.

Reward, **reuvart** (all. *Ward*, gardien), administrateur, — officier municipal dans les coutumes du Nord. *Rewardage*, son office.

— garde, administration. *Reswardeur*, gardien, surveillant.

« Ils (les prévosts, jurés, eschevins) « doivent avoir le reward, warde, « administration et gouvernement « de la loi, franchise, usage et li- « berté de la dite ville. »
(Privilége de Valenciennes.)

Reymbre (*redimere*). V. Raambrer.

Rez, **raiz**, ras, rasé, tondu. *Rez comme un moine*.

Rez-de-chaussée, à rase terre.

Ribaut, porte-faix, — soldat, — homme de mauvaise vie, scélérat.

Ribler, faire la débauche, voler.

Ribleur, aventurier, libertin.

Riens (*res*), chose. *Sur toutes riens*.

Rière, arrière. *Rière fief*, *rière ban*, *rière caution*. Guy-Coquille, t. II, p. 88.

Rieule, **riulle**, **rigle** (*regula*), règle, principe. *Rieuler*, gouverner.

Riffler (*rifflare*), enlever par force, faire *razzia*. *Riffle*, rapine.

Riote (*riota*, angl. *riot*), querelle. *Riotte sans profit ne vaut riens*. *Riotter*, quereller, faire du bruit. *Riottous*, tapageur. Le *riot-act*, bill contre les émeutes.

Riscontre, paiement fictif.

Rissir (ital. *riuscire*), sortir de nouveau.

> **Maint mauvais sont des bons issus**
> **Et des mauvais rissent les bons.**
> (*Roman de Rou.*)

Ristourne, résolution d'un contrat d'assurances pour défaut de risque ou fausse déclaration.

Rivage (*ripaticum*), droit sur les marchandises qui viennent par eau.

Roage, **rodage**, **rouage** (*rotaticum*), impôt sur les charrois.

Roaige, **Terre en**, celle dont la culture est divisée par roies ou sole.

Robe, **reube** (*roba*), linge, habillement, garde-robe.

— Vêtement des avocats et des magistrats. *Porter la robe*, *être de robe*. *Quitter la robe*, abandonner le palais.

— butin, vol.

Rober, **roboer** (*robare*), dérober.

Roberie (*robaria*, en angl. *robbery*), larcin. *Roberres*, *robeur*, voleur.

Roe, **roeue**, **reue** (*rota*), roue.

Rogatoire. V. Commission.

Roiaux, **Droits** (*regalia*), droits qui n'appartiennent qu'au roi seul, priviléges de la souveraineté.

Roie ou **raie**, **riez** (*riga*), sillon, raie.

— sole. « L'année que la greigneur « roie porte bled. » (Beaum.)

Rôle (*rotulus*), feuille de papier, feuillet d'écritures; — registre, état. *Rôle des causes*, *rôle des contributions*. *Rôle d'équipage*, état des personnes qui sont sur le navire.

Rôles et teriers, papiers terriers, registres où sont inscrites les reconnaissances des tenanciers.

Romieuz (esp. *romero*), pèlerin qui va à Rome. *Romuage*, pèlerinage.

Rompeiz, **rompteiz**, **ronteive**, **rotiz**, terres nouvellement défrichées, novales. *Rompre*, défricher.

ROMPTURE, déconfiture.

RONCIN ou ROUCIN (*roncinus*). V. DESTRIER. *Roncinage*, service de roncin.

ROTE, ROTTE, ROUTE (*routa*), troupe, compagnie de gens de guerre ou de malfaiteurs.

ROTURE, HÉRITAGE TENU EN, OU VILLENAGE, héritage tenu à cens, rente, ou service vilain, à la différence du fief qui est tenu par service noble.

ROTURIER (*ruptuarius*), homme libre qui n'est pas noble. *Les roturiers*, le tiers état.

— (adj.), qui concerne les biens ou personnes des roturiers. *Mariage roturier; douaire, naissant roturier.*

ROU, ROUPT, rompu.

ROUAGE. V. ROAGE.

ROUE, ROULE (*rotulus*), rôle, registre, état. *Roullé*, roulé, mis en rouleau.

ROULEMENT, passage annuel des conseillers ou juges d'une chambre dans une autre.

ROUTE. V. ROTE.

ROUTIER (*ruptarii*), soldat, vétéran. *Un vieux routier de guerre ou de pratique.*

ROVER, ROUVER (*rogare*), prier. *Il ruere*, il prie. *Il ruist*, il demanda.

RU, ruisseau.

RUAGE, confrérie composée des habitants d'une même rue.

RUAUL, royal.

RUBRICHE, RUBRIQUE (*rubrica*), titre d'un livre, intitulé d'un chapitre, d'un compte, etc.

RUBRICHER, discuter, débattre.

RUER (*irruere*), jeter, tomber. *Ruer jus*, jeter à terre.

RUILLER, régler. *Ruile*, règle. *Ruile qui ne faut, ne ne ment.*

— Rouler. *Jeu de la rule*, jeu de boule.

RUN, rang, tour.

RUPTURE. V. ROMPTURE.

RURAUS, BIENS OU HÉRITAGES, biens roturiers.

RUVER. V. ROUVER.

S

SACAGE, SACQUAGE, droit sur chaque sac de grains.

SACER, SACHER, SACQUER (esp. *sacar*), tirer, dégainer.

Dieu sache le povre del femier.

— *Sacheur de dents*, arracheur de dents.

SAËTE, SAGETTE (*sagitta*), flèche, dard.

SAGE, SAIGE (*sapiens*), expérimenté, savant. *Sages homs*, jurés, jurisconsultes. *Respons de sages homs* (*responsa prudentum*). — *Faire sage*, instruire.

SAIAU, SAIEL, scel.

SAICHANCE, science, connaissance. *Saicher gré*, savoir gré.

SAILLIR, sauter, sortir. *Saillir sus*, se lever.

SAINTEURS, SAINTIERS, SAINTS, hommes qui se déclaraient serfs de quelques saints (Brussel, p. 945). — Serfs d'Eglise.

SAINTRE, CHEINTRE, droit du seigneur de faire pâturer son bétail dans les lieux non cultivés, et ce par préférence à tous autres.

SAINTS (*sancta*), reliques, évangile. *Jurer sur les saints.*

SAINTUAIRE, sanctuaire. — Reliques.

SAISIE, SAISISSEMENT, mise de biens sous la main de justice.

— ARRÊT OU OPPOSITION, saisie faite par un créancier sur son débiteur, entre les mains du débiteur de ce dernier, ou *tiers saisi*.

— BRANDON, saisie des fruits pendants par racine. V. BRANDON.

— GAGERIE, arrestation faite par le propriétaire des meubles et effets qui sont affectés par privilége au paiement des fermages et loyers.

— IMMOBILIÈRE OU RÉELLE, saisie des immeubles du débiteur pour en faire faire la vente par autorité de justice.

— REVENDICATION, saisie entre les mains d'un tiers d'un objet sur lequel on prétend avoir un droit de gage ou de propriété.

SAISINE (*seisina*, possession, mise en possession, investiture.

Donc courut un home au terrein
Ser un bordel tendit sa main,
Plaing poing prist de la covreture,
Au duc tourna a grant aleure
Sire, dist-il, avant venez,
Ceste saisine recevez,
De ceste terre vous saisis,
Vostre est sans doute le pais.
(*Roman de Rou.*)

« La saisine est la possesion actuelle d'un héritage en laquelle le vendeur met l'acheteur. Elle fait le même effet à l'égard des immeubles, que la tradition en matière de meubles. » (Dict. de Richelet.)

— ET NOUVELLETÉ, CAS DE, a lieu lorsqu'on a troublé quelqu'un en sa possession et jouissance.

— DESSAISINE, DROIT DE, ou DROIT D'ENTRÉE ET D'ISSUE, droit payé au seigneur par le nouvel acquéreur quand il est mis en possession de l'héritage censuel.

SAISINEUR, gardien judiciaire.

SAISIR (*saisire*), arrêter les biens d'une personne et les mettre en main de justice. *Saisir les meubles; saisir réellement.*

— mettre en possession, investir. *Le pied saisit le chef; l'hoir saisit le vif. — La cour est saisie de l'affaire.*

SAIVE. V. SAGE.

SALADE, casque.

SALAGE, SALAIGE, droit sur le sel, gabelle.

SALÉ, provision de sel. *Franc salé,* provision de sel accordée gratuitement à certains officiers et magistrats.

SALIQUE, LOI (*Salica lex*), première coutume des Francs saliens. — Loi de la succession au trône de France. — Loisel donne souvent à ce mot le sens d'*anciennes coutumes françaises.*

SALLE (*sala*), hôtel, cour, juridiction. *Coutume de la salle de Lille.*

SALME (angl. *psalm*), psaume. *Salmoier,* psalmodier.

SALVAGE, SALVANCE (*salvatio*), sauvegarde.

SALVATIONS, écritures en réplique pour *sauver* la défense ou *contredits*, des objections de la partie adverse, pour défendre un compte par exemple, ou soutenir la véracité des témoins produits. *Bailler salvation de lettres et de tesmoings.*

SAMET, SAMYT (all. *Sammet*), étoffe de soie, — velours.

SANG (*sanguis*), parenté, *frère de demi-sang,* frère utérin ou consanguin. *Sanguinité,* parenté.

— haute justice.

SANLER, sembler, croire. *Sanlaule,* semblable.

SANS MOIEN, SEIGNEUR, seigneur direct et sans intermédiaire.

SAON, SAONNEMENT, reproche de témoins. *Saonner,* reprocher. *Sans saon*, sans reproche.

SAPIENCE, sagesse, prudence, finesse. *Pays de Sapience*, Normandie.

SARCU, SARQUEU, cercueil.

SARD, SAURE, essart. *Sarter,* défricher.

SAS, SACHETS, FRÈRES (*saccarii*), carmélites.

SAU, sel. *Saunier,* marchand de sel; officier du grenier à sel. *Faux saunage,* contrebande du sel.

SAUF-CONDUIT, SAUF-VENANT, sûreté pour aller et venir.

SAUTIER (*psalterium*), psautier.

SAUVAGINE, SAUVECHINE (*salvagium*), bêtes sauvages, gibier.

SAUVE, SAUVEGARDE (*salvatio*), protection royale ou seigneuriale.

— espèce d'interdit; lettre ou affiche aux armes du roi, par lesquelles il est défendu à toute personne de faire aucun tort au lieu et à la personne que le roi prend sous sa protection.

SAUVEMENT, SAUVEMIEZ, droit de protection payé par le vassal.

SAUVER (*salvare*), réserver, excepter. *Sauver les parties à se porveoir devant juge*, renvoyer les parties devant le juge compétent. *Sauver les témoins.* V. SALVATIONS. *Sauf,* hormis, excepté.

SAUVETÉ, assurance, caution, sûreté.

SAUVOIR, SAUVOUER, réservoir.

SAVART, friches.

SCEL, SEEL (*sigillum*), sceau, cachet. *Le grand sceau* ou *sceau de la chancellerie* portait la figure du roi et servait à expédier toutes les lettres de commandement et de finance, et les décisions du conseil d'État, ou du grand conseil. *Le petit sceau ou sceau de petite chancellerie et de justice*, portait seulement les armes du roi, et servait à expédier les actes de justice. *Contre-scel*, petit cachet qui se met à côté du sceau principal.

Scellés, apposition du scel royal ou de justice sur des effets mobiliers pour en empêcher le détournement.

Schedule, cédule, chirographe, sous seing-privé. *Créanciers scédu-liers*, créanciers chirographaires. — exploit. V. Cédule. *Une cause appelée par scédule hors de rôle.*

Scrutin, vase qui contient les suffrages, — vote secret.

Se, si. — s'il. — son, sa, ses. — à moins que. *Se moi non*, sinon moi.

Séance, droit d'avoir place dans quelque assemblée. — Temps que dure une assemblée.

Secourgeon, escourgeon, orge.

Secrétain, segrétain, sougretain, sacristain.

Secrète royale, trésor, chambre des comptes.

Secs, Deniers, Argent sès, argent comptant.

Séculariser, c'est faire passer de l'état religieux à celui de prêtre séculier; en parlant des biens, c'est tirer un bénéfice de la règle particulière de quelque ordre religieux. — Aujourd'hui ce mot signifie, retirer certains biens du patrimoine de l'Eglise et les remettre dans le commerce, comme toute autre propriété laïque.

Séculier, qui n'est pas religieux ou régulier. *Prêtre séculier.* — qui est du siècle, qui n'est pas de l'Eglise. *Puissance séculière. Bras séculier.*

Sed, sec, siége. — Église cathédrale.

Seel. V. Scel.

Seent, soient.

Séer, soier (*secare*), couper, faucher, scier. *Soier en prés*, faucher. *Je soie mes bleds*, je fais la moisson. *Séerres, séiur*, moissonneur.

Segnor, seigneur. *Segnorage*, seigneurie. *Segnorir*, *seigneurier*, gouverner, commander.

Segrage, segréage, droit du cinquième de la coupe des bois dû par le vassal. (De *segregare*, mettre à part.)

Segrayer, segréer, segrais, segris (*secretarius*), receveur du droit de segréage, forestier, gruier.

Segre, suivre.

Seigner (*seignare*), marquer, signer. V. Seing.

Seigneur (*senior*), celui de qui le fief ou la censive sont tenus. *Seigneur censier, féodal, dominant.* — propriétaire. *Tant vaut le seigneur, tant vaut la terre.* — mari. — de loix, jurisconsulte.

Seigneurie (*dominium*), domaine éminent. — propriété. — puissance.

Seigneurier, commander, gouverner, dominer, être seigneur.

Seignorage, seigneuriage, droit du seigneur, — droit qui revient au roi sur la fonte des monnaies.

Seing, seignau (*signum*), signature. *Seing privé*, signature d'un particulier. — signe, marque. « Et ouï dire « au bon roy, qu'il eust voulu « avoir été seigné d'un fer tout « chaud, et il eust pu tant faire « qu'il eust ousté tous les jure- « mens de son royaume. »

(Joinville, Hist. de st. Loys.)

— cloche, d'où *tocsin*.

Séir (*sedere*), s'asseoir. *Séis*, siége. *Seis réal.*

Sele, selette, petit siége de bois sur lequel on faisait asseoir l'accusé.

Sellé. V. Scellés.

Semblance, semblant, mine, physionomie, ressemblance.

Semestre, espace de six mois. *Parlement semestre*, parlement qui ne siége que six mois.

Semi-preuve ou preuve semi-pleine, commencement de preuve, — présomption.

Semoigner, semondre, semonner (*submonere*), ajourner, mander, assigner. *Semonce*, avertissement, sommation. *Semons*, assigné.

« Quant un borjois par notre se-
« monce vendra à notre court, soit
« pour forfet ou autre cause, nous ne
« le tiendrons mie, se il n'est pris au
« prasent forfet, mais aura licence de

« sen raler. » (Anc. cout. d'Orléans.)

SEMONDEUR, SEMONANT, SEMONÉOR, crieur public, sergent, huissier.

SÉNÉFIANCE (*significatio*), marque, preuve, témoignage.

SENESCHAL (*senescallus*), premier officier ou surintendant de la maison du roi. — C'est aussi le nom que portaient les baillis royaux dans les provinces du midi. *Sénéchaussée*, siége de la juridiction du sénéchal, — ressort. *Les appels des sénéchaussées ressortissent directement au parlement.*

SENESTRE (*sinistra*), gauche. *Main senestre.*

SENNE, assemblée, synode.

SENTENCE, jugement : *De sot juge courte sentence.* — Arrêt criminel.

SENTIR (*sentire*), penser, juger, être d'un sentiment, entendre.

SÉPARATION, division. *Séparation de corps*, autorisation donnée aux époux de ne plus vivre ensemble. — *de biens*, régime exclusif de la communauté dans lequel chacun des époux conserve la libre jouissance et l'administration de ses biens. *Séparation contractuelle*, si elle est stipulée par contrat de mariage; *judiciaire*, si elle est prononcée par justice pendant le mariage.

— DE PATRIMOINES, distinction des biens d'un défunt d'avec les biens de son héritier ; distinction que peuvent demander les créanciers du premier, pour être payés de préférence aux créanciers du second.

SEPTÈNE, la banlieue de la ville de Bourges.

SEPTERÉE, champ pour lequel il faut un septier de semence, un arpent de Paris, environ.

SÉQUESTRER, mettre en main tierce. *Séquestre*, remise en main tierce de la chose litigieuse, — la chose elle-même, — le gardien.

SEREMENTER, faire serment, s'engager par serment.

SEREUR (*soror*), sœur.

SERF, SERS (*servus*), colon attaché à la terre. *Serfs abonnés ou coutumiers*, qui paient des redevances fixes, à la différence des *serfs taillables à merci. Héritages serfs et mortaillables*, héritages serviles.

SERGENT (*serviens*), serviteur, compagnon, ouvrier. « Sires n'entres « en jugement encontre ton ser- « gent. (*Cum servo tuo.*) » (Serm. de st. Bernard.)

— soldat. *Sergent de nuit, sergent de pieds.*

— bas officier de justice chargé de l'exécution, huissier. *Sergent à verge, — à cheval, — à masse d'argent. Sergent champestre, sergent volant*, garde champêtre. *Sergent dangereux*, garde des bois soumis au droit de tiers et danger. *Sergent de la douzaine*, garde de la prévôté de Paris.

SERGENTIE, SERGENTERIE (*servientia*), office de sergent.

— tenure féodale dans la coutume de Normandie et les coutumes anglo-normandes. *Tenir par grand sergentie*, c'est tenir par service de guerre. *La petite sergentie* consiste à fournir des armes ou des chevaux, sans être obligé à servir de sa personne. V. RASTALL. V° SERGENTIE.

SERMENT, VILAIN, blasphème.

SERORGE, SEROUR, SEROURGE (*sororius*), beau-frère, mari de la sœur, — belle-sœur.

SERPAULT, SERPOL, trousseau.

SERVAGE, condition servile; — redevance payée par le serf.

SERVANT, serviteur. *Fonds servant*, fonds chargé d'une servitude.

SERVE, SERVOIR, réserve, réservoir.

SERVICES (*servitium*), obligations que doit remplir le vassal ou le serf. *Service de corps*, obligation qu'il faut remplir en personne. *Service d'ost*, service militaire. *Service de cour*, obligation d'assister à la cour de justice ou aux plaids du seigneur. *Service haineux*, taille, corvée.

— FONCIERS, servitude, charges imposées à un fonds.

SERVIR LE FIEF, faire la foi et hommage. *Servir son jour*, comparaître au jour de l'assignation.

SERVITUDE, charge imposée sur un fonds, pour l'usage et l'utilité d'une personne ou d'un autre fonds. *Servitude apparente*, quand elle s'annonce par des ouvrages extérieurs; *continue*, quand elle subsiste sans le fait de l'homme (ex. un droit d'égout); *discontinue*, quand le fait de l'homme est nécessaire à son exercice (ex. un droit de passage).

Sesine. V. Saisine.

Sesterage (*sextariaticum*), droit sur le setier de blé.

Seu, seue, seve (*suus, sua*), sien, sienne.

Seul, ou *Seuil*, pour *sol*. Guy-Coq., t. II, p. 110.

Seuloir, seuldre, sieuldre, soloir, souloir (*solere*), avoir coutume. *Seult, seut*, il est d'usage.

Seurage, seureté (*securitas*), assurance, caution.

Seve. V. Seu.

Several (en angl. *several*), divers, plusieurs. *Severalement, sevralement*, à part, séparément. *Sérérance*, séparation. V. Sevrer.

Severonde, subgronde (*subgrundae*), gouttière.

Sevrer (*separare*), séparer, diviser. V. Désevrer.

Seyer, scier, faucher.

Si, oui, — son, sa, ses. *Si avant*, autant. *Si n'étoit que*, à moins que. *Si que*, de façon que.

Siècle, siègle, sicle, monde. *Homme du siècle*, laïque.

Siége, auditoire, prétoire, tribunal.
— évêché. *Le roi prend le revenu des archevêchés et évêchés, le siége vacant.*
— Le saint-, le pape et le sacré collége des cardinaux.

Sielt. V. Seuloir.

Sieur, seigneur, *sieur direct*.

Sieurie, signerie, seigneurie.

Sieute, suite. *Sievir*, suivre.

Siffler le droit, se disait des préparateurs d'examens qui enseignaient les récipiendaires.

Signamment, singulièrement, notamment.

Signet (*signum*), cachet.

Signification, notification, dénonciation d'un acte. *Signifier à personne et à domicile.*

Sigre, sivir, suivre. *Siguet*, il suivait.

Simonie (*simonia*), trafic des choses saintes.

Simple, a des sens divers suivant le mot auquel il est joint. *Simple acte*, acte unique, qui ne se fait point en double, tel qu'un *avenir*, une *sommation*. *Simple amende*, ou *coutumière*, est celle qu'établit la coutume, à la différence de celle qui se proportionne à la grandeur de la cause. *Simple bénéfice*, qui n'a point charge d'âmes : *les chevaux les courent*, dit un vieux proverbe, *et les ânes les attrapent*. *Simple cens*, à la différence des *cens accordables*, qui portent lods et ventes. *Simple défaut et prêt*, à la différence du *défaut sauf*. *Simple donation*, par opposition à la donation mutuelle et réciproque. *Simple gagerie*, à la différence de la saisie-exécution qui transporte et dépose les meubles en main tierce. *Simple héritier*, qui accepte purement et sans bénéfice d'inventaire. *Simple hommage*, hommage non lige. *Simple loi*, à la différence de *loi apparaissant*. V. Loi. *Simple plaids* ou *querelle*, procès sommaires, affaires de peu d'importance. *Simple plerine*, caution simple et sans obligation personnelle de la caution. *Simple saisine*, à la différence du cas de nouvelleté. *Simple vendition*, vente sans faculté de rachat.

Simulation, déguisement d'un acte.
— concert des parties à ce sujet.

Sinistres, accidents, cas fortuits.

Sire, souverain, seigneur, maître, mari. *Sire des lois*, docteur en droit, jurisconsulte. *Sirerie*, seigneurie.

Sirurgier, panser, traiter un blessé. *Sireurgien*, chirurgien.

Sivade (*cebada*), avoine, orge.

Socage, soccage (*socagium*), roture ou censive dans les coutumes anglo-normandes. *Socager*, tenant en socage.

Société, association, mise en commun.
— contrat d'association.

Société d'acquets, association que des époux non communs, établissent entre eux, et qui a pour objet de mettre en commun les acquisitions faites durant le mariage.

Socre, sogre, sucre (*socer*), beau-père.
— **sogredame** (*socrus*), belle-mère.

Sodalité, congrégation, association.

SODÉE, SOUDÉE (*solda*), solde, paiement du soldat.

> Ne suis pas venu pour servir,
> Ne pour sodées desservir.
> (Ovide, Mss.)

— terre qui rend un sol de rente. — valeur d'un sou.

SODOIER, soldat. *Fief de sodoier* (*feudum soldatæ*), fief de solde qui consiste en rentes ou deniers.

SOE, son, sa. *La soe gent*, ses gens, les siens.

SOEF, SOUEF (*suavis*), doux, gracieux, agréable.

SOEGRE, SOGRE, V. SOGRE.

SOIER (*secare*), couper les blés, faucher. *Soeture*, ce qu'un homme peut faucher en un jour.

SOIF, envie, désir.

SOIGNANTAGE, concubinage. *Soignante*, concubine.

SOIGNER, SOINGNIER, excuser, exonier. V. EXOINE.

SOILE (*secale*), seigle.

SOISTE, SOISTÉE, société, partage à moitié.

SOIVRER, séparer, sevrer.

SOKEMANRIE, terre tenue sous la condition du service de charrue dans les cout. anglo-normandes.

SOLAS, SOULAZ (*solatium*), soulagement, consolation, aide.
« Li portiers, se mestiers est, ait
« solaz d'un des juenes frères. »
(Règle de saint Benoît.)

— divertissement, récréation.

SOLDE. V. SODE. — *Solde* veut dire aussi paiement intégral, mais en ce sens il est masculin. *Le solde d'un compte.*

SOLDRE (*solvere*), payer, résoudre.

SOLDURIER, SOUDOIER, soldat. V. SODOIER.

SOLE ou SOLIER, SOLIN (*solarium*), rez-de-chaussée.

SOLEMPNEL. ACTE, celui qui, à raison de son importance, est soumis à certaines formalités nécessaires à sa validité.

SOLER, SOLOIR. V. SEULOIR.

SOLIDARITÉ, indivisibilité d'une dette commune. Le *débiteur solidaire* est celui qui est obligé de payer pour le tout (*in solidum*), une dette commune, sauf son recours contre le coobligé. *Le créancier solidaire* est celui qui a le droit d'exiger le paiement total d'une dette, quoiqu'il y ait des cocréanciers.

SOLU, libre, quitte, payé. V. SOLDRE.

SOLUTION (*solutio*), paiement, acquit, libération.

— résolution d'une question, d'une difficulté.

SOLVER, SOULVER (*solvere*), payer. *Solvable*, qui a de quoi payer.

SOMMAGE (*saumagium*), charge d'une bête de somme. — droit payé au seigneur pour cette charge. — obligation de transporter les paquets du seigneur.

SOMMAIRE, AFFAIRE, procès qui s'instruit et se juge en bref, et sans toutes les formalités ordinaires. *Procéder sommairement et de plain, sans figure de procès.*

SOMMATION, interpellation de dire ou de faire, — acte qui constate l'interpellation.

SOMME (*summa*), résultat, total. *Sommer*, additionner, faire le total.

— Résumé, encyclopédie.

— SOMMÉE (*sauma*), charge, poids.

SOMMER, interpeller. Mettre en demeure.

SOMMIER (*summarius equus*), bête de somme, cheval, coursier.

— registre.

SOMONDRE, SOMONER. V. SEMONDRE.

SONGNANTAGE. V. SOIGNANTAGE.

SORCUIDANCE, outrecuidance, présomption.

SORDRE, SOURDIR, SOURDRE (*surgere*), jaillir, sortir, naître. *Sorjon*, source.

SOROURGE. V. SEROURGE.

SORT (*sors*), capital d'une rente.

SORTIR EFFET, être valable. *La sentence sortira son plein et entier effet.*

SOUBSAGIÉ, mineur. « Il vaut mieux « que les droitures as hoirs sous- « aagéez soient conqueillies et « gardées sauvement par la main « du seigneur. » (BEAUM.) *Soubsagement*, minorité. *Soubsanage*, droit de mainsneté.

SOUBS HOSTE, SOUBS MANANT, manant qui ne possède rien en propre, mercenaire, — sous-locataire.

SOUCHAGE, SOUCHE, tronc d'arbre. — le tronc de l'arbre généalogique, l'auteur commun.

Soudée. V. **Sodée.** *Soudoier*, payer.
Soudre. V. **Sordre.**
— (*solvere*), payer.
Soudison, souduiement, séduction, tromperie.
Souffere, A, à volonté. *Precario.*
Soufferte, dépendance, soumission. — Indemnité, droit payé pour obtenir la permission de posséder quelque héritage dont la condition n'est point celle du tenancier.
Souffrance, patience, tolérance. — « Patience et attente d'une chose « qu'on nous doit faire ou payer. » (Nicod.)
Souffrir, se, s'abstenir, se contenter de, se modérer.
Soufraite, soufraige, disette, besoin, pauvreté.
Sougiez, sujets, vassaux, censitaires, tenanciers.
Soulas, souldre. V. **Solas, soldre.**
Souloir (*solere*), avoir coutume. *Soult*, il a coutume. *Soulent*, ils ont coutume. *Souloit*, il avait coutume. *Soulons*, nous avons coutume. *Soulant*, ayant coutume.
Soulte (*soluta*), solde, — ce qu'on donne de retour dans un partage ou un échange pour égaliser les parts.
Soumission, conditions auxquelles un entrepreneur s'offre à exécuter un marché.
— acte qui établit la caution légale ou judiciaire.
Soupeson, souppechon, soupçon. *Soupessoneus*, suspect, accusé.
Souprésure, surprise.
Sourdre. V. **Sordre.**
Sourronde. V. **Severonde.**
Sous en composition exprime un degré inférieur. *Sous-bail, sous-location*, bail fait par le locataire à un second locataire. *Sous-aide*, aide payé par les arrière-vassaux au vassal qui doit lui-même l'aide au suzerain.
Sousaagez. V. **Sourbsagié.**
Souscription (*subscriptio*), signature mise au bas d'un écrit.
— engagement qui résulte de cette signature.
Sous-establi, procureur substitué.
Souspeçon, souspéte, soupçon, suspicion, défiance.
Soustenage, soustenance, soustenement, entretien, subsistance. « Aucunes fois sont venues les « fames à nous pour requerre que « l'en leur délivre de leur biens « quemuns pour leur vivre et pour « leur soustenanche. » (Beaum.) — *Soustenanche as enfans*, légitime, douaire.
Soustenir, souffrir. *Soustenir aucuns dommages.* (Grand. Cout.)
Soustraction, enlèvement frauduleux, détournement.
Soute. V. **Soulte.**
Soutenant, arrière-vassal.
Soutenement, justification des articles d'un compte, pièces produites à l'appui.
Soutieus, soutiex, soutius, sutis (*subtilis*), subtil, avisé, fin, délié. *Soutieusement, soutivement*, subtilement. *Soutive pratique*, secrète menée. *Soutil engin*, bon esprit.
Soutieveté, soutilèche, soutillance, soutilleté, soutieure (*subtilitas*), subtilité, adresse, ruse. « Il est mestiers que nous « traitons comment l'en doit examiner tesmoins, si que par la « soutilleté de le examination « leurs cuers et leur oppinion soit « couneu, et la vérité esclarié de « leur tesmoignage. »
(Beaum.)
Souveraineté, autorité suprême, — juridiction supérieure. *Jugement souverain*, jugement en dernier ressort.
Sportule ou **épices** (*sportula*), présent fait aux juges, — frais de justice. — *Sportule* se prend aussi pour droit de relief.
Stallage (*stallagium*), redevance payée pour établir des *stalles* ou boutiques dans un marché.
Statut (*statutum*), loi, règlement. *Statut réel*, loi qui régit les biens. *Statut personnel*, loi qui régit les personnes. *Statuts d'une société*, règlements sociaux.
Staule, stable. *Stauleteis* (*stabilitas*), fermeté, solidité, constance.
Stellionat, fraude de celui qui vend un immeuble dont il sait n'être pas propriétaire, ou qui hypothèque comme étant libre un bien qui ne l'est plus.

STIPAL, qui tient à la souche. *Biens stipaux*, propres.

STIPULATION, convention. Clauses d'un acte.

STYLE (*stylus*), usage, coutume, formalités. « Façon et manière de « plaider et démener les causes. » (Nicod.) — Formules adoptées par une cour de justice. *Le style du Chastelet de Paris.*

SUBGES, SUBJÉS, sujets.

SUBHASTATION (*subhastatio*), vente aux enchères. *Subhaster*, vendre aux enchères.

SUBIT, subitement.

SUBMISSION, soumission. *Submis*, soumis.

SUBORNER, séduire, corrompre, débaucher.

SUBREPTION, fraude commise pour obtenir par surprise quelque grâce ou concession. V. OBREPTICES.

SUBROGATION, mise d'un tiers au lieu et place d'une autre personne, d'un créancier, par exemple.

SUBROGÉ TUTEUR, celui qui est chargé de remplacer le tuteur auprès du mineur quand le tuteur et le pupille ont des intérêts opposés.

SUBSIDE, impôt.

SUBSIDIAIRE, surabondant, ce qui vient fortifier le principal. *Moyen subsidiaire.*

SUBSTANTIELLES, FORMALITÉS, celles dont l'omission entraîne la nullité de l'acte.

SUBSTITUT, officier du ministère public sous le procureur général ou le procureur du roi.

SUBSTITUTION, institution d'un héritier faite au second degré ou à un degré plus éloigné. — Subrogation.

— DE POUVOIR, acte par lequel on remet à un tiers le mandat dont on est chargé.

SUCCÉDER, entrer en la place, en la charge, en l'héritage d'un autre.

SUCCESSIBLE, celui qui est dans l'ordre des héritiers.

SUCCESSIFS, DROITS, droits qu'on a dans une succession.

SUCCESSION, transmission générale des biens et charges d'un défunt à la personne de son héritier.

— Ces biens et ces charges.

SUCRE. V. SOCRE.

SUE, sienne.

SUEF. V. SOUEF.

SUEFFRE, souffre, tolère.

SUEUR (*sutor*), cordonnier.

SUFFISANCE, capacité, habileté.

SUFFRANCE, tolérance, trêve.

SUGGESTION, captation, surprise de la volonté d'un testateur.

SUIRE, suivre.

SUITE (*secta*), cause, procès, poursuite. *Faire suite*, poursuivre en justice.

— DROIT DE, droit de poursuivre un serf en toutes seigneuries.

— droit de suivre entre les mains d'un tiers les immeubles sur lesquels on a une hypothèque ou un privilége.

SUMMAGE. V. SOMMAGE.

SUMUNDRE, SUMUNSE (*summonitio*). V. SEMONDRE, SEMONCE.

SUPERINTENDANCE, SUPERNUMÉRAIRE, SUPERSCRIPTION, surintendance, surnuméraire, suscription.

SUPPLÉTOIRE, SERMENT, serment que le juge défère d'office, soit pour faire dépendre de sa prestation la décision de la cause, soit seulement pour déterminer le montant de la condamnation.

SUPPLIER, demander, présenter requête. *Le suppliant débouté de sa requeste.*

SUPPLIQUE, prière, requête.

SUPPOSITION DE PART OU D'ENFANT, crime de faux consistant à attribuer un enfant à une personne qui n'en est point le père.

SUPPRESSION D'ÉTAT, crime de celui qui fait disparaître les preuves de l'état civil d'une personne.

— DE TITRES, détournement frauduleux ou destruction violente de titres.

— DE PART, enlèvement d'un enfant et suppression des preuves qui constatent son existence ou condition civile.

SUR, SEUR, en composition indique l'excès. *Surbattre*, *surmener*, *surcuidance*.

SURAN, SUSAN, SURANNÉ, qui a passé l'année. *Veau suranné.* — Ancien. *Susanner*, prescrire.

SURARBITRE, tiers arbitre.

SURCHARGE, mots mis sur un autre. — Surcroît de charge.

SURDIRE, SURJETTER, enchérir. *Surdisant*, enchérisseur. *Surdite*, *surjet*, enchère.

SURGEON, source, fontaine.

SURGEON, rejeton, pousse nouvelle.

SURGIEN, SURURGIEN (angl. *surgeon*), chirurgien.

SURINDICT, SURPRISE, impôt extraordinaire, surcharge.

SURJET. V. SURDIRE.

SURSÉANCE, délai, retard. *Surseoir*, différer, suspendre. *Supplice sursis. Paiement sursis.*

SURSOUTE, retour, soulte.

SURVENANCE, arrivée d'une chose imprévue.

SURVIE, prolongation de la vie d'une personne au delà de la vie d'une autre personne. *Gain de survie.*

SURVIVANCE, grâce du roi en vertu de laquelle le titulaire d'un office dispose de sa charge en cas de mort. *Survivance reçue*, c'est lorsque le résignataire est reçu dans la charge, du vivant du résignant.

SUS (*sursum*), en haut. *La sus*, là haut. *Sus et jus*, haut et bas. *Mettre sus*, accuser.

SUSAN. V. SURAN.

SUSCRIPTION, inscription extérieure qui se met sur l'enveloppe ou au dos d'un acte.

SUSPICION, soupçon. *Suspicion légitime.*

SUZERAIN, seigneur féodal, souverain.

SYNDIC (*syndicus*), celui qui gère les affaires d'une communauté, d'une masse de créanciers.

T

TABELLION (*tabellio*), notaire, greffier. *Tabellionage*, office, charge de notaire, — droit du seigneur d'instituer des tabellions dans ses terres. *Tabellioner*, grossoyer un acte, en délivrer l'expédition.

TABLE (esp. *tablas*), jeu de trictrac ou de dames.

— Biens, domaine. *Réunir un fief à sa table.*

— Tableau. *Mis en table*, exécuté par effigie.

— DE MARBRE, ancienne table qui tenait toute la largeur de la grande salle du Palais à Paris, et devant laquelle tenaient juridiction le connétable, l'amiral et le grand maître des eaux et forêts. De là est venu le nom de *table de marbre* donné à chacune de ces trois juridictions.

TABLIER, pensionnaire, celui qui vit à la table d'autrui.

TABOUR, tambour.

TABUS, querelle, débat, contestation. *Tabuster, tarabuster*, chagriner, quereller.

TACAIN, TACAN (esp. *tacagno*), séditieux, mauvais sujet.

TACHE, TÊCHE, TESCHE, marque, signe, qualité.

> Nus bone teche ne sai dire
> Quelle ne fust en vos, biau sire
> (*Roman d'Atys.*)

TAIE. V. TAION.

TAILLABLE, TAILLIF, TAILLAULE, sujet à la taille. *Taillable de haut en bas*, c'est-à-dire à merci.

TAILLAGE, TAILLE, TAILLÉE (*talia*, *tallagium*, impôt, contribution. *Taille franche*, celle qui est due par des personnes libres à la différence de la *taille serve*. *Taille haut et bas*, taille dont le seigneur fixe le chiffre suivant son caprice.

TAILLE, TAILLON (*talia*), sont deux morceaux de bois d'égale grandeur sur lesquels on indique les fournitures faites, au moyen d'une commune échancrure. Le morceau gardé par le fournisseur se nomme *souche*, celui du client se nomme *échantillon*.

TAILLER, imposer une taille, répartir l'impôt.

TAILLERE, percepteur, collecteur.

TAILLEUR DE MONNAIES, graveur, monnoyeur.

TAILLON, seconde taille qui montait au tiers environ de la taille principale.

TAION, aïeul, grand-père. TAIE, aïeule.

— Arbres qui ont deux fois l'âge du taillis qui est en coupe; ceux de la coupe antérieure sont nommés *pérots* (*pères*).

TAISIBLE, tacite, non exprimé.

TALAMUS, le Thalmud, livre des juifs.
— Le coutumier de la ville de Montpellier.

TALANT, TALENT, TALLENT, amour, plaisir, desir, envie, résolution. *Talenter*, désirer, aimer.

TALEMELIER, boulanger, pâtissier, celui qui *talle* ou pétrit la pâte. « Li talemelier puent cuire les « lundis ains jour. »
(Mestiers de Paris.)

TALION, peine exactement pareille au crime commis, *œil pour œil*, *dent pour dent*.

TALLER, presser, fouler. *Talle*, *tallure*, contusion, tumeur.

TANCE, TANÇON, TENÇON, querelles, disputes.

> .... Por biaus diz est obliée
> Maintes fois ire et cuisançon,
> Et abaisiés grans tançon,
> Car quant aucuns dit les risées
> Les fors tançons sont obliées.
> (Fablian du Pauvre Mercier.)

TANS, TENS (*tempus*), temps, saison. *Tans novel*, le printemps.

TANSER (*tensare*), quereller, disputer. V. TANÇON.

TANT, A, lors, pour lors.

TANTES (*tantus*), tant, autant, si grand. *Tant moins*, en déduction. *Tant nequant*, nullement. *Tantôt*, aussitôt. *Tant que*, jusqu'à ce que.

TAPINAGE, TAPINOIS (esp. *taparse*), secret, lieu caché. *En tapin*, *en tapinage*, secrètement. *Se tapir*, se cacher, se voiler. « Li langue « monstre chou qui tapist el cuer: « de chou qui abonde el cuer, « parole li bouche. »
(Miroir du Chrestien.)

TARE, défectuosité, déchet.

TARGE, bouclier, écu. *Targer*, se couvrir d'un bouclier.

TARGER, TARGIER, tarder. *Targient*, ils tardent.

TARIF, règlement des droits à payer à l'État. *Tarif des douanes*, *tarif des frais de justice*. — Tableau sur lequel ce règlement est porté.

TAUCER, TAUSSER (*taxare*), estimer, taxer. *Taussation*, *tausse* (*taxa*), taxe. « Quiconques va contre l'éta- « blissement, il chiet en l'amende « qui est establie par le roi ou son « conseil, quar quant il fet les « establissemens, il tausse l'a- « mende de chaus qui contre l'es- « tablissement iront, et chacun « baron et autres qui ont justice « en leurs terres, ont les amendes « de leur sougès qui enfraingnent « les establissemens selonc la « taussation que li rois list. »
(Beaum.)

TAULE (*tabula*), table. *La taule Dé*, la table de la communion.

TAUROIT, enlèverait. TAURRA, enlèvera. TAUT, il enlève, de *tollere*. « Et tiex choses sont otroiée à « penre as baillis pour ce que trop « seroit deloial chil qui pour tiex « dons tamoit le droit d'autrui. »
(Beaum.)

TAUSSER. V. TAUCER.

TAUTE, TOLTE, TOTE, TOUTE (*tolta*), impôt, exaction. « Maintien les « bones coustumes de ton royau- « me et les mauvaises abesse; ne « convoite pas sur ton peuple, ne « le charge pas de toute ne de « taille. »
(Joinville, *Hist. de saint Loys.*)

TAXATION, remise faite aux gens de finance sur l'argent qu'ils reçoivent pour compte de l'État. *Les taxations des finances peuvent être saisies*.

TAXE, prix réglé. *Taxe du bois*, *du charbon*. — *Taxer*, mettre le taux sur les denrées. — Imposer
— DES DÉPENS, règlement des frais dus par la partie condamnée aux dépens.

TAY, boue, argile, fumier.
— V. TAION.

TECHE. V. TACHE.

TÉMOIN, témoignage. *En témoin de quoi j'ai signé la présente*.
— INSTRUMENTAIRE, celui qui assiste un notaire dans ses actes.

TEMPÉRANCE, TEMPRANCE, modération, ordre, arrangement, disposition.

TEMPORALITÉ (*temporalia*), biens temporels par opposition aux biens ou intérêts spirituels.

TEMPOREL, revenu d'un bénéfice ou d'une église.

TEMPTEIRES, le tentateur, le diable.

TENANCE, fief, possession. *Mettre en tenance*, mettre en possession. *Tenancier*, *tenant*, *tenementier*, celui qui tient un héritage concédé à fief ou à cens. — Détenteur.

TENANT, TENANCIER (*tenens*), possesseur.

TENANT (adv.), proche, auprès. *Tenants et aboutissants*, héritages voisins.

TENCE, TENÇON. V. TANCE. TENSER. TENCHIER. V. TANSER.

TENDRE ET THESURER, tendre des piéges.

— (*intendere*), conclure. *Tendre, afin qu'il soit condempné.* (Grand Cout.)

TENEMENT, TENEURE, TENURE (*tenementum, tenura*), ce qu'on tient de la concession d'un seigneur ou propriétaire, fief, censive, etc., et par extension domaine, propriété.

— possession, jouissance.

Parties tiens de toy de mon grand héritage
Et d'aluef en tiens-je lo trés-plus grande partie,
De tout mon tenement et de ma seigneurie.
(Rom. de Gérard de Roussillon.)

TENEUR (*tenor*), ce que contient un écrit, un acte. *Il faut voir la teneur du contrat.*

TENIR (*tenere*), posséder, détenir; *tenir noblement un heritage*, c'est le tenir en fief.

— Contenir, — Engager. *Tenu et obligé.*

— Exécuter. *Tenir sa promesse.*

— Estimer, penser.

— SE, se retenir.

TENRE, tenir, posséder, garder.

— (adj.), tendre.

TENUE, TENURE, possession, jouissance. V. TENEMENT.

TERCIER. V. TIERCER.

TERME, TERMINE (*terminus*), borne, limite, délai. *Termer*, assigner passé certain délai, donner jour.

— Audience, délibération. *Mettre en terme*, mettre en discussion.

— Intérêts *Termoyeur*, usurier.

Quanque l'en fait por Diex est chose trop séure,
Mais ce c'on laist aus hoirs est tout en aventure,
Car tout se pert souvent par dés, ou par luxure,
Ou il se monteplie par terme ou par usure.
(Testament de Jehan de Meung.)

TERMINANCE, borne, limite, fin. *Terminé*, certain, assuré, décidé, sorti de, affranchi.

TERRAGE ou CHAMPART (*terragium*), redevance annuelle sur les fruits de la terre. *Terrager*, lever le droit de terrage. *Seigneur terrageau*, seigneur auquel appartient le champart.

TERRIEN, terrestre. *Seigneur terrien*, seigneur du fonds, de la terre. *Habitants et terriens*, habitants et propriétaires.

TERRIER, qui concerne le sol, le territoire. *Seigneur terrier.*

— (*terrarium*), PAPIERS TERRIERS, cadastre, polyptique. *Catalogus terrarum.*

TERROUER, TERRITOIRE, étendue d'un royaume, d'une commune, d'une juridiction.

TESIR, taire.

TESSIER. V. TISSIER.

TEST, en Angleterre (du mot *test*, coupelle, epreuve), serment exigé comme preuve qu'on n'est pas catholique.

—, TIEST, la tête, le crâne.

TESTAMENT (*testamentum*), disposition de dernière volonté.

TESTAMENTER, faire son testament. *Testamenteur*, exécuteur testamentaire.

TESTATEUR, TESTATRICE, celui ou celle qui a fait son testament.

TESTER, faire son testament.

TESTIMOINE, TESTIMOINE, TESTMOIGNANCE, témoin, témoignage, preuve.

TESTIMONIALE, PREUVE, preuve par témoin.

TESTON, petite monnaie d'argent.

TÊTE, personne, individu. *Succéder par tête*, succéder individuellement.

THESURER (*tensurare*). V. TENDRE.

THIOIS (*Deutsch* en all.), Teutons, Allemands. *Thiois, langue thioise* ou *tiesche*, langue allemande.

TIÉFAINE, TIÉFANE, TIPHAIGNE, L'Épiphanie.

TIEILLE all. *Urtheil? Theil? Lat. Tela?*), dépouilles, bien du condamné.

TIÉRAGE, TIERCE, TIERCHENNERIE, TIERÇON (*tertia*), droit du tiers des fruits, terrage, champart. —

— Dîme.

TIERCE, TIERCE SONNÉE, neuf heures du matin.

— OPPOSITION, voie extraordinaire ouverte au tiers intéressé contre un jugement en matière civile auquel il n'a pas été appelé.

TIERCER, TIERÇOIER (*tertiare*), mettre l'enchère. *Tiercement*, enchère qui augmente d'un tiers le prix de la vente, et fait le quart du total.

TIERCER, payer le tiers du cens en sus de ce qui est dû.

TIERS, celui qui n'a point été partie dans un acte, dans un jugement. *Tiers acquéreur*, sous-acquéreur par rapport au vendeur originaire. *Tiers détenteur*, possesseur d'immeubles hypothéqués par un précédent propriétaire. *Tiers porteur*, celui à qui on a passé un effet de commerce.

— ARBITRE, celui qui est nommé pour départager deux arbitres.

— COUTUMIER, douaire.

— ET DANGIERS, droit du tiers perçu par le roi sur la vente de certains bois. V. DANGER.

TIERSAIGE, la troisième partie des biens d'un défunt que les curés exigeaient en certains lieux pour donner la sépulture.

TIERSAUBLE, TERRE, terre sur laquelle le seigneur a le droit de *tierce*. V. TIÉRAGE.

TIEULS, TIEUX, TIEX (*tales*), tels. *Tieulement*, tellement.

TIEUXTE, TIEUXTRE, TIEXTE (*textus*), texte.

TILTRE. V. TITRE.

TIMBRE, cloche. *Timbrer*, faire du bruit.

— marque. *Papier timbré*. *Timbrer à la marge*, c'est marquer, coter un écrit.

TINE, TINEL (*tinellum*), tonneau, baquet, — levier pour porter les baquets.

TINEL, hôtel, cour. *Le roi assembla ses princes en son tinel.*

— office. *Tinel le roy*, l'office où dînent les serviteurs du roi.

TIRETAINE, étoffe de laine.

TIREUR, celui qui fournit et signe une lettre de change. *Tiré*, celui sur lequel la lettre de change est fournie.

TIRIACLE, thériaque, remède. *Thériacleur*, marchand d'orviétan, charlatan.

TISSIER, TIXIER, tisserand. *Tissir*, *tistre*, tisser.

TITRE (*titulus*), toute pièce et tout écrit qui sert à faire foi et à prouver quelque chose. « In-« struments, enseignements, let-« tres. » (Nicod.) *Titre authentique*, *titre privé*. *Titre coloré*, celui qui, sans être frauduleux, n'est cependant pas valable sans le secours de la prescription. *Titre exécutoire*, celui qui réunit les conditions nécessaires pour qu'on puisse agir immédiatement contre le débiteur. *Titre nouvel*, nouvelle reconnaissance faite par le débiteur de la rente.

TITRE, le droit lui-même. *Posséder à différents titres ; fondé en titre.*

— dignité, fonction. *Titulaire*, celui qui est revêtu de la dignité.

TOAILLE, TOUAILLON, TOUELLE (*toalia*), essuie-main, serviette, toile, drap de lit.

TOCQUER, frapper, heurter.

TOLDRE, TOLLER, TOLLIR (*tollere*), enlever, arracher. *Tolleres*, ravisseur. *Toult*, *tolt*, il enlève. *Tolist*, *toulsist*, il ôta, il prit. *Toulrent*, ils enlevèrent. *Tolu*, *toloist*, enlevé, pris. « Et si li mors « n'a point de lignage, et il ait fet « heirs aucun, et li ait enjoint que « il face aucune chose, et il ne la « fet dedans le tans establi, ce est « dedans un an, la chose li soit « toloiste qui li a esté donée, et « viengne à la borse le roy, et s'il « a lignage, il y soit apelez li plus « près. » (Livre de justice et de plet.)

TOLÉRANCE, ACTE DE SIMPLE, celui qui, étant purement précaire, ne peut donner la possession ni servir à la prescription.

TOLINIER, TONLOIER, TONNELIÈRES, receveur du tonlieu.

TOLTE. V. TAUTE.

TONLIEU, TONLIU, TOMNEU, TONNIEU (*teloneum*, en angl. *toll*), impôts, douanes, droit de passage. *Tonloier*, celui qui perçoit le *tonlieu*.

TONSURE, PRIVILÉGE DE. V. CLERGIE.

TOR (*turris*), tour, prison. *Torage* (*turragium*), droit payé au *tourrier* ou geôlier.

— tour. *Chascun à son tor.*

— taureau.

TORAILLE, lieu où l'on met sécher les grains. — Droit du seigneur sur les grains séchés dans ce lieu. Ce droit se nomme aussi TORELLAGE.

TORBE. V. TOURBE.

TORBEIR (*turbare*), troubler. *Torbement*, trouble, agitation.

TORCION, exaction. *Torchonnièrement*, à tort, violemment. *Torçonnaire*, *torçonnier*, injuste, concussionnaire.

TORFAIZ, TORSFAIT, TORFET, injustice, dommage, outrage, forfait.
« Len raconte d'un roy Philippe,
« mon aïeul, que une fois li dit
« un de ses conseillers, que moult
« de torfaiz li fesoient ceulz de
« sainte Eglise, en ce que il li tolloient ses droictures, et apetis-
« soient ses justices. »
(Joinville, *Hist. de saint Loys.*)

TORNADOT, retour de la dot aux parents de la femme.

TORNAS, lods et ventes.

TORNÉEMENT, TORNOIEMENT, tournoi, joute. *Tornoier*, jouter, combattre.

TORNER, retourner, revenir, ramener, repousser. V. TOURNER.

TORNES DE LA BATAILLE, gages de bataille, duel judiciaire.

TORS, TORZ (*tortus*), dommage, concussion, tort.

Les bons vavassors vois-je morts,
Les grans outraiges et les torz
Lor fait-on et les grans domages.

TORSONNIER. V. TORCION.

— (adj.) tortu.

TORTURE, « gehenne, geine, question. » (Nicod.)

TOSDIS (*totis diebus*), toujours.

TOSEZ, enlevez. TOSIST, qu'il enlevât. V. TOLDRE.

TOSTE, TOSTÉE, rôtie, pain grillé.

TOUCHE, bosquet, petit bois.

TOUCHER, TOUQUIER, toucher, appartenir. *Les cas qui touquent au roi.*

TOUDRE. V. TOLDRE.

TOULTE. V. TAUTE.

TOUR, TOURNE, TOURNÉE, retour. *Au tour de l'an.*

— retour, rapport, soulte, dommages intérêts.

— DU CHAT, espace à laisser entre le mur du voisin et certaines constructions, comme four, forge.

— DE L'ÉCHELLE. V. ECHELLE.

TOURBE, TURBE (*turba*), troupe, assemblée. *Faire enqueste par tourbe*, entendre des praticiens sur un point de coutume. *Turbier*, celui qui dépose dans l'enquête.

TOURIER, TOURNIER, le concierge de la tour ou prison. *Tourière*, la concierge du couvent.

TOURNELLE, chambre criminelle du parlement, dans laquelle les conseillers siégeaient par semestre et chacun à leur tour.

TOURNER, donner du retour. V. TOUR. *Tourner cédule*, tirer une lettre de change sur un fonds destiné à un autre emploi. *Tourner sûretés*, donner des garanties suffisantes.

TOURNOIS. V. PARISIS.

TOUT, A TOUT, avec tout. *Tout quant que*, tout ce que.

TRADITION, livraison, mise en possession d'une chose vendue.

TRADUIRE, amener en justice. *Traduire sa partie de juridiction en juridiction.*

TRAIRE, TREIRE, TRÉRE (*trahere*), tirer, attirer. *Traire à tesmoing*, prendre à témoin. *Traire avant tesmoins*, les produire. *Traict*, tiré. *L'espée traicte.*

TRAIS, FAIRE, répartir une taille, une imposition.

TRAIT, territoire. V. DESTROIT.

— point. *Au trait de la mort*, à l'article de la mort.

— retrait.

TRAITÉ, contrat, conventions. *Renoncer à son traité de mariage.*

TRAITE, lettre de change *tirée* sur un correspondant.

— DES NOIRS, capture et vente d'esclaves.

— FORAINE ou DOMANIALE, droit qui se levait sur toutes les marchandises qui entraient ou sortaient de France.

TRAITEMENT, appointements attachés à une charge.

TRAMETTRE (*transmittere*), envoyer, transmettre.

TRAMOIS. V. TRÉMOIS.

TRANSACTE, TRANSACTION, TRANSIGE, contrat par lequel les parties terminent ou préviennent une contestation.

TRANSCRIPTION, copie textuelle d'un acte translatif de propriété sur les registres du bureau des hypothèques dans l'arrondissement duquel l'immeuble est situé.

TRANSFERT, transport de rentes ou d'actions.

TRANSGRESSION. V. TRÉPAS.

TRANSIT, passage de marchandises au travers d'un territoire.

TRANSLATER, traduire. — transporter.

TRANSMUER, TRESCHANGER (*transmutare*), changer.

TRANSPORT, tradition d'un immeuble devant la justice du lieu où il est situé.

— cession d'une créance. *Transport de droits successifs.*

TRAOIR. V. TRAIRE.

TRAPELLE, TRAPAN, TRAPE, TRAQUENARD, piège.

TRAVAIL, tourment, peine, affliction.

— accouchement.

TRAVAILLER, prendre de la peine, se tourmenter, se fatiguer.

TRAVERS (*traversum*), transit, passage. *Droit de travers.*

TRÉBUCHER, tomber. *Trebuchiez*, ruine, chute.

TRÉBUCHET, balance à peser l'or et l'argent. *Écu d'or trébuchant*, c'est-à-dire ayant le poids légal.

TREF, TRÉS (*trabs*), poutre, solive.
« Et tu qui en l'ueil ton prime,
« voiz si cler le festu, ne voiz
« pas lou tref ou tuen. »
(Règle de saint Benoit.)

— pavillon, tente, voile de vaisseau.

TREFFONS, le fonds, la propriété, la seigneurie. *Seigneur tréfoncier*, seigneur foncier. *Tresfondre*, acquérir la propriété d'un bien.

TREHUS, TREUS, TRU. V. TREU.

TREIS (*tres*), trois. *Treiz vint*, soixante.

TRÉMAIL. V. TRÉMOIS.

TREMER, trembler, craindre. *Tremeur*, crainte.

TREMOIS, TRÉMIS, TREMÈS (*tremisium, tremesium*), menus grains, comme orge, avoine, qu'on sème en mars, et qui ne sont que trois mois en terre, — saison où on les sème.

TREMPANCE, modération, délai. V. TEMPÉRANCE.

TRÉPAS, TRESPAS (*transgressio*), transgression, excès, désobéissance.

— passage, droit de passage. *Trespasser*, traverser. *Trespassants*, passagers.

— mort.

TREPEIL, inquiétude, embarras. *Trepeiller, trépeller, treper*, s'agiter, tressaillir.

TRERE. V. TRAIRE.

TRÈS (*trans*), outre, au delà. *Tresanné*, suranné.

— (*trabs*). V. TREF.

TRESCENS, cens, loyer. *Trescensier*, fermier.

TRESFONDS. V. TREFFONS.

TRESQUE, TRESCIQUE, TRUSQUES jusqu'à. *Tresci qu'à demain.*

TRESTANT, TRETANT, tout autant.

TRESTORNER (*trestornare*), détourner.

TRESTOUR, détour, échappatoire, adresse.

TRESTOUT, TRESTOUS, TRESTUIT, tout, tous sans exception. *Trestoz les jours de la semainne.*

TRET, tire. V. TRAIRE.

Bon marchié tret argent de bourse.

TRETIÉ (*tractatus*), traité, récit, conte, histoire.

TREU, TRÉHUS, TRUAGE, péage, impôt.

TREUVER, trouver, *treuve*, trouvaille.

TRÈVE, TRIVE (*treuga*), suspension d'hostilités. *Trève de Dieu.*

TRICHER, tromper. *Trigaud*, trompeur. *Barre de tricherie* (*exceptio doli* dans De Font.)

TRIER, éprouver, choisir, juger. (*To try*, en anglais, d'où *trial* jugement.) *Triage*, choix.

TROUAILLE, TROUVAILLE, TREUF, TREUVE, chose trouvée, épave. *Truir*, trouver.

TRONC (*stirps*), c'est la tige généalogique.

C'est d'un tronc fort illustre une branche pourrie. (Boileau.)

TROUBLER, inquiéter quelqu'un dans sa possession. — TROUBLE, spoliation.

TROUSSEAU ou SERPOIL, linge, vaisselle et autres menus meubles apportés en mariage par l'un des époux.

TRU. V. TREU.

TRUANT, CENS, qui ne fait que doubler, et ne porte lods ni ventes en cas de mutation.

TRUEVER, trouver. *Truist*, il trouva.

TRYE, volière. V. FUYE.

TUERRES, tuteur. *Tuerriz*, tutrice.

TUICION, garde, défense, protection.

TUIT, tous.

TURBE (*turba*). V. TOURBE.

TUTERIE, tutelle. *Tuterre* ou *tueour*, tuteur.

U

U, au, ou, avec.

Uisme, **utisme**, huitième.

Union, **Contrat d'**, contrat par lequel des créanciers s'unissent pour faire, d'un commun accord, la liquidation des biens de leur débiteur.

Universalité de meubles, c'est la totalité des meubles, ou une quotité considérée en ce cas comme une totalité.

Université (*universitas*), corps composé de plusieurs compagnies, c'est pourquoi l'on appelle de ce nom les corps savants qui sont composés de plusieurs facultés.

Us, **usance**, **usages**, coutumes. *Les us et coustumes de la mer.*

— **usage**, droit de jouir du bien d'autrui, mais seulement dans les limites de nos besoins personnels.

Usage des bois, droit d'y faire paître ses bestiaux et d'y prendre le bois dont on a besoin pour sa consommation. *Usager*, celui qui a le droit d'usage.

Usages communaux, les biens dont les habitants ont le droit de jouir et user en commun.

Usagié, **usé**, accoutumé, ordinaire, usité.

Usaire, usage, usufruit. *Bois usaires*, bois soumis au droit d'usage.

Usance, pratique de la banque. — Echéance, mois. *Lettre payable à deux usances.*

Usans de leurs droits, majeurs, maîtres de leurs droits. *Fille usante.*

Usément, ordinairement.

User de mainmise, saisir.

Userres, usager, usufruitier.

Ustensiles d'hôtel, meubles meublants.

Uscapion, acquisition de la propriété par le moyen de la possession longtemps continuée.

Usufruit, droit de jouir de la chose d'autrui, sans en altérer la substance.

Usure (*usura*), intérêt de l'argent. — intérêt excessif.

Usurpateur, injuste possesseur du bien d'autrui. *Usurpation*, possession injuste et frauduleuse.

Utérin, **Frère**, frère de mère et non de père. V. **Frères**.

V

Vacance ou **vacation**, c'est tout le temps qu'un office ou un bénéfice n'est pas occupé. *Bénéfice vacant par résignation.*

Vacations, vacances des tribunaux. — tout ce qui se paie aux officiers de justice pour leur assistance. *Vacations de juges, de notaires, de procureurs*, etc.

Vaide. V. **Waide**.

Vaillance (*valentia*), valeur. *Lou vaillant*, ce qu'on possède, la fortune.

Vaine pature, pâture sur des terres non cultivées ou dépouillées de leurs fruits, à la différence de la vive pâture qui se fait dans les bois de haute futaie. *Vain pâturer.*

Vaines et vagues, **Terres**, friches, terres non exploitées.

Vair (*varius*), de couleur changeante. *Menu vair*, hermine ou petit-gris.

Valable, fait dans les formes, bon et régulier. *Excuse valable*, excuse recevable.

Valet de justice, sergent.

Validation, droit de faire valoir un compte, de le faire valider.

Valide, ce qui est fait dans les formes et doit sortir effet en justice.

Valider, rendre quelque chose ou quelque acte valide ou bon.

Validité, bonté essentielle de quelque chose faite dans les formes.

Vallet, **varlet**, jeune homme. *Valeton*, enfant.

— écuyer.

Value, valeur, prix. *La plus value* est ce que vaut une chose au delà de ce qu'elle a été achetée ou estimée.

VARECH, WERCQ, VARESQUE, c'est une herbe que la mer pousse sur la côte, et par extension, tout ce que la mer jette au rivage.
VARENNE, garenne.
VASSAL (*vasallus*), tenancier féodal, celui qui a le domaine utile du fief, et qui doit la foi et hommage.
— sujet.
— courageux, brave.

« Qui moult estoit prous et vassaus. »

VASSELAGE, condition de vassal.
— service dû par le vassal, et au figuré, courage, exploits. *Les douze vasselages d'Hercules.*
VASSEUR, vassal.
VAUDOIS, hérétique, sorcier.
VAURROIT, voudrait. — vaudrait. — *Vausist*, voulut. — valut.
VAVASSEUR, arrière-vassal, vassal. — Seigneur moyen, bas-justicier.
VAVASSOURIE OU VAVASSORIE, tenure de vavasseur, fief, vasselage.
VAYER, VEHIER (*vicarius*), voyer.
VEDUE, VEFVE (*vidua*), veuve.
VEER (*vetare*), défendre, prohiber. *Chose vée est plus désirée. Véable*, défendable. « Quant aucuns fet « son jardin ou son prael en lieu « prive, et là où il n'a nule veue « de voisins, et aucuns des voisins « veut maisonner joignant. len ne « lui puet pas véer le maisonner, « mès l'en li puet deveer que il ne « face huis et fenestre, par quoi « les privetés dou prael ne dou « jardin soit empirées. »
(Beaum.)
VEEURS, temoins qui assistent à la vue d'un héritage litigieux.
VENDES. V. VENTES. *Vendage, vendition*, vente.
VENDIQUER, revendiquer, réclamer par droit de propriété. *Vendication*, revendication.
VENERIE, chasse. *Grand veneur*, premier capitaine des chasses du royaume.
VENGER UN UN FIEF. SE, c'est assigner sur un héritage déterminé une rente ou une hypothèque qui pèse de façon indéterminée sur plusieurs héritages.
VENIAT, ordonnance d'un juge supérieur qui mande un juge inférieur pour venir rendre raison de sa conduite. *Un veniat est plus doux qu'un ajournement personnel.*
VENIR, avoir part à une succession. *Venir en ordre utile*, être au rang des créanciers qui touchent ou des héritiers qui succèdent. *Venir à un*, s'accorder. *Venir avant en plaid*, se présenter en justice pour plaider.
VENOINGE, vendange. *Venoingier*, vendanger.
VENTES, VENTEROLLES, DROITS DE VENTES, VENTES ET GANTS, VENTES ET HONNEURS, VENTES ET ISSUES, LODS ET VENTES (*laudimia*), droits payés au seigneur du fief ou de la censive quand le vassal aliène la tenure.
VENTILATION, estimation proportionnelle. — Examen. *Ventiler une cause*, l'examiner. la discuter pour la juger.
VENTRÉES. SUCCÉDER PAR, c'est succéder par lits quand il y a enfants de différents mariages.
VENTRIÈRE, sage-femme, matrone.
VENUE, revenus, profits.
VERBAL, fait de vive voix, à la différence de ce qui est fait réellement ou par écrit. *Offres verbales.*
VERCHÈRE, VALCHÈRE, dot d'une fille assignée sur un fonds de terre, dans la coutume d'Auvergne.
VERDERIE, VERDIÈRE (*viridaria*), office et juridiction d'un verdier.
VERDIER OU GARDE-MARTEAU, GRUYER, SEGRAYER, lieutenant des grands maitres des eaux et forêts, officier qui commande aux gardes forestiers. « Verderor, dit Rastall, « sont ainsi appelés, parce qu'une « grande part de leur office est « touchant le verd, c'est à savoir « le bois et herbe croissant en la « forest. »
VERGE (*virga*), baguette portée par les sergents et huissiers, et dont ils touchaient ceux auxquels ils signifiaient quelque exploit, en signe d'autorité et de contrainte.
— SE DESSAISIR PAR. V. ENFESTUQUER.
VERGOBRET. On désignait par ce titre le principal magistrat municipal de la cite d'Autun, capitale des Eduens.
VERGONDER, VERGOGNER, VERGUNTER, faire honte, outrager. *On ne*

doit nullui laidanger ne vergunter. (Mir. de Souabe.)

VÉRIFICATEUR, expert. *Vérification d'écritures*, expertise par comparaison d'écritures. *Vérifier*, examiner, comparer. — Prouver la vérité d'un fait.

VÉRIFICATION, enregistrement qui se fait dans les cours souveraines des édits et déclarations du roi.

VÉ ROI, vrai roi, Dieu.

VERRE DORMANT, c'est un verre mort et non ouvrant; une vitre attachée et scellée en plâtre, et qui ne peut s'ouvrir.

VERRIÈRES, vitraux, fenêtres. — Verre dormant.

VESCHES, VESKES (ital. *Vescovo*), évêque.

VESPRES (*vesperæ*), soir. *Vesprée*, soirée, assemblée du soir.

VEST ET DEVEST, c'est la remise et la reprise de la possession entre les mains du seigneur. *Vestir et ensaisiner; vesture et ensaisinement; advestir.*

VESTIR (*vestire*), donner l'investiture, mettre en saisine et possession.

VESTUE, COUR, C'est la cour au complet, garnie de tous ses juges.

—, VESTURE, investiture, mise en possession. — Entrée en possession.

VEUE. V. VUE.

VEUVE, DROIT DE, meubles qui appartiennent à la femme dans la succession de son mari, outre son douaire.

VEXATION, dommage causé par suite de chicanes.

VIAGE, usufruit. — Tenure à vie. *Viager* (adj.), ce qui ne dure que la vie d'un homme. *Rente viagère, réparations viagères.* — (subs.), usufruitier. *Viageresse*, usufruitière.

VIAIRE, visage.

VICAIRE, substitut, lieutenant.

— En matière féodale, est l'homme vivant et mourant que l'Église et autres gens de mainmorte sont tenus de bailler au seigneur pour faire la foi et hommage, et à la mutation duquel est dû profit de fief ou de cens. *Bailler vicariat.* — *Vicariat* se prend aussi pour procuration.

VICOMTIÈRE, JUSTICE, moyenne justice. *Seigneur vicomtier*, moyen justicier.

VICTUAILLE (*victus*), vivres, aliments, provisions.

VIDAMES (*vicedominus*) ou *avoués* étaient les juges et défenseurs temporels des Églises; depuis la vidamie a été une dignité féodale tenue en fief de l'Église. *Le vidame de Chartres.*

VIDIMUS, copie collationnée et certifiée. *Vidimer*, collationner une copie avec le titre original, et certifier authentiquement qu'elle y est conforme.

VIDUITÉ, veuvage.

VIE CIVILE, droit de jouir de tous les priviléges accordés au titre de citoyen.

VIF, vivant. *Le mort saisit le vif.*

— GAGE. V. GAGE.

VIGNIER, garde des vignes.

VIGUIER (*vicarius*), lieutenant, substitut, *vicem gerens*, — prévôt, bas-justicier.

VILAIN (*villanus*), serf, et quelquefois roturier. *Terre vilaine. Vilains services*, corvées.

— SERMENT, blasphème.

— CAS ou MAUVAIS CAS, crime, délit.

VILENER, injurier, insulter. V. VILONIE.

VILLE (*villa*), village.

Les paysans des villes ès cités s'enfuyoient.

— BAPTICE ou BATEICHE, ville qui n'a point de commune, à la différence de la VILLE DE LOY.

— DE PAIX, en laquelle il n'était permis au sujet d'user de guerres privées ni de se venger.

— D'ARREST, villes dans lesquelles les bourgeois avaient le privilége de faire saisir les effets et biens de leurs débiteurs forains trouvés en icelles, encore qu'ils ne fussent fondés sur aucune obligation ou cédule.

VILLENAGE, héritage tenu à cens ou redevances serviles. *Tenir en villenage.* « Nous appelons vilenage, « hiretage qui est tenu de sei« gneur à cens ou à rente, ou à « champart, car de chel qui est « tenus en fief, l'on ne doit rendre « nule telle redevanche. » (Beaum.)

VILONIE, VILENIE, LAIDE VILOUNIE,

injure, — action vile. *Vilains est qui fait vilonie.*

VIMAIRE (*vis major*), force majeure.

VIN DE MARCHÉ, pot-de-vin. *Vin du clerc*, gratification donnée aux expéditionnaires du greffe. — *Vin de congié*, coup de l'étrier. — *Vin d'ost*, impôt sur le vin pour frais de guerre.

VINADE, VINAGE, VINTRAGE, droit sur le vin; — redevance en vin; — redevance payée pour les terres plantées en vignes.

VINDICTE, vengeance. *La vindicte publique*, c'est la poursuite publique des crimes qui troublent la société.

VINGTAIN, VINTISME, vingtième. — Droit seigneurial, en vertu duquel le seigneur prend le vingtième des fruits de ses vassaux à la charge de les défendre et de les protéger.

VIRER LES PARTIES, c'est payer au moyen de compensations.

VIRILITÉ, âge viril, qui commence à vingt-cinq ans et finit à cinquante.

VIS (*visus*), visage. *Vis-à-vis*, face à face.

— (*vivus*), vif, vivant. *Le vis a peu d'amis, li mors nen a nus.*

— avis. *Il m'est vis*, m'est avis.

— escalier tournant.

— (*vetus*), vieux.

VISA, est un acte qui confirme ou vérifie les pièces sur lesquelles il intervient.

VISER, mettre son *visa*. — Examiner, visiter.

VISITE, expertise.

VISITER, examiner. *Procès donné à visiter au conseiller rapporteur.* (Gr. Cout.) *L'appelant est condamné aux dépens de la visitation du procès.*

VIVELOTTE OU VIVENOTE (*vitalitium*), douaire roturier.

VOCÉ VOÉ. V. VOUCHER.

VOIÉ ou VÉE, DROIT, refus de faire justice, défaut de droit.

VOIES DE FAIT, VOIES DE DROIT, moyens de fait ou violences, moyens de droit.

VOIR, vrai. *Mettre en voir*, prouver. *Voire*, certainement, certes.

VOIRIE ou VOERIE (*advocatio*), basse justice. *Basse voirie*, *simple voirie*; *la grande voirie* est la moyenne justice.

— OU VOYERIE, inspection des voies publiques.

VOIRRE, verre.

VOISDIE. V. BOISDIE.

VOISER, aller. *Qu'il voist*, qu'il aille. *En quelque lieu qu'ils voisent.* (G. Cout.)

VOIX, vote. *Voix et respons.* Voyez RÉPONS.

VOL DU CHAPON, certaine quantité de terre que le fils aîné prend avec le principal manoir par préciput et pour son droit d'aînesse.

VOLANCE, VOLOIR, vouloir, volonté.

VOLET, petit colombier bourgeois et domestique, permis à ceux qui n'ont pas le privilége d'avoir colombier à pied.

VOLT, il veut, VOLOIT, il voulait. *Volz*, *vous*, voulu. *Volsit*, qu'il voulût. *Vorroie*, je voudrais.

VOUCHER (*advocare*, 3), appeler. *Voucher un record*; *vouchement de garants.*

VOUÉ. V. AVOUÉ.

VOUERIE, VOULRIE (*advocatio*), puissance paternelle, garde, protection. V. VOIRIE.

VOULSIST, QU'IL, qu'il voulût.

VOYER, SEIGNEUR (*vicarius*), bas justicier, vicomte; — officier qui a soin de la voie publique.

VRAICH. V. VARECH.

VU, énumération des pièces produites dans un procès par écrit, et qui ont servi à la décision. *Le vu de l'arrêt ou de la sentence.* V. *Visa.*

VUAGE (*wadium*), gage.

VUARANTIR, garantir.

VUARDE, garde.

VUD, VUYT, vide, vain, inutile.

VUE, enquête, descente sur les lieux.

— ET MONSTRÉE. V. MONSTRÉE.

— MORTE, verre dormant.

VUIDER SES MAINS, se dessaisir. *Vuider la maison*, déloger. *Vuider la cause*, l'expédier.

W

W. Dans certains dialectes du Nord le W remplace presque toujours le G.

WAIDE, guède ou pastel. WAIDIERS ou VAIDIERS, ceux qui préparent ou vendent la guède.

WAIGE, gage. WAITE, guet. WANS, gants.

WARENTIR, WARDE, WAIGNER, garantir, garde, gaigner.

WARISONS, récoltes sur pied qui *garnissent* le sol.

WASONS LEVÉS, gazons levés, c'est l'herbe ou le blé non coupés.

WAST, gast, dégât, dommage.

WERP ou WERS, comme le mot *saisine* se prend aussi pour le droit payé aux échevins présents à la saisine et dessaisine.

WERPIR, guerpir, déguerpir, quitter, laisser, exponcer. *Werps et saisines, héritages vendus et werpis.* « On fait le bans que nus soit « si hardis, home ne feme en tote « ceste ville, ki werpisse hiretage « qui soit dedans le pooir de ceste « vile, se il ne le werpist en pleine « halle devant les eschievins, et « ki onkes werpiroit hiretage en « autre manière, il carroit en for- « fait de 50 livres, et seroit banis « de la ville. » (Bans et édits de la ville de Douay, 8 février 1246.)

WÉVÉE, viduité.

WIVRE, Esp. *Vibora*, vipère, guivre.

Y

YAU, eau.

YRAIGNE, araignée, — panneau de fil d'archal en forme de toile d'araignée.

YRETAGE, héritage.

YVERNAIGES OU HIVERNAGES, sont les blés qui sont en terre tout l'hiver, à la différence des *marsesches* ou *trémois*.

FIN DU GLOSSAIRE.

JURISPRUDENCE ANCIENNE[1].

On n'a point *fixé de prix à ces ouvrages, parce qu'étant de hasard* leur *prix* dépend du *choix de l'édition* et de la *condition de la reliure.*

ACCURSIUS. Corpus Juris civilis cum glossis; 6 vol. in-fol.
AGUESSEAU (D'). OEuvres complètes, contenant ses discours, mercuriales, plaidoyers, etc.; 13 vol. in-4.
ARGENTRÉ (D') Commentarii in patrias Britonum leges; in-fol.
ARGOU. Institutions au Droit français; 2 vol. in-12.
AVERANUS. Interpretationum Juris libri v; 2 vol. in-4.
AYRAULT. Ordre, formalité et instruction judiciaire dont les anciens Grecs et Romains ont usé ès accusations publiques, conférés au style et usage de France, etc.; in-4.

BACQUET. Ses OEuvres, augmentées par Ferrière frères; 2 vol. in-fol.
BALUZIUS. Capitularia regum francorum; 2 vol. in-fol.
BARBEYRAC. Le Droit de la guerre et de la paix, traduit du latin de H. Grotius; 2 vol. in-4.
— Le droit de la nature et des gens, traduit du latin de Samuel de Puffendorf; 2 vol. in-4.
BASILICORUM LIBRI LX. Post Annibalis Fabroti curas ope codd. MSS. a G. E. Heimbachio aliisque collatorum integriores cum scholiis edidit, editos denuo recensuit, deperditos restituit, translationem latinam et adnotationem criticam adjecit Heimbachius, 1833. Cet ouvrage formera environ 6 vol. in-4; les 5 premiers ont paru.
BASNAGE. Coutumes du pays et du duché de Normandie; 2 vol. in-fol.
BEAUMANOIR. Coutumes de Beauvoisis; dans le même volume, Assises et bons usages du royaume de Jérusalem, tirés d'un manuscrit de la bibliothèque Vaticane, avec les notes et observations de Thaumas de la Thaumassière; 1 vol. in-fol.
BÉRAULT, GODEFROY et **D'AVIRON.** Coutumes de Normandie; 2 vol. in-fol.
BERROYER et **DE LAURIÈRE.** Bibliothèque des coutumes; in-4.
BLONDEAU. Journal du palais ou Recueil des décisions des parlements et cours souveraines de France; 2 vol. in-fol
BODIN. Les six livres de la République; in-fol. ou in-4.
BOEHMERI. Introductio in jus Digestorum; 2 vol. in-8.
BONIFACE et **BEZIEUX.** Recueil des arrêts notables de la cour du parlement de Provence; 6 vol. in-fol.
BOSQUET. Dictionnaire des droits domaniaux; 3 ou 4 vol. in-4.
BOUCHAUD. Commentaire sur la loi des XII tables; 2 vol. in-4.

(1) Les ouvrages compris dans cette Notice se trouvent chez les éditeurs de ce Glossaire.

BOUCHEL. Bibliothèque ou Trésor du Droit français; 3 vol. in-fol.

BOUCHEUL. Corps et compilation de tous les commentateurs sur la coutume du Poitou; 2 vol. in-fol.

— Traité des conventions de succéder ou Successions contractuelles; in-4.

BOUGEANT. Histoire des guerres et négociations qui précédèrent le traité de Westphalie; 3 vol. in-4 et 6 vol. in-12.

BOUHIER (le présid.). Coutumes de Bourgogne; 2 vol. in-fol.

BOULLENOIS. Questions sur les démissions de biens; in-8.

— Traité de la personnalité et de la réalité des lois, coutumes ou statuts par forme d'observations; 2 vol. in-4.

— Questions qui naissent de la contrariété des lois et des coutumes; in-4.

BOURJON. Le droit commun de la France et la coutume de Paris, réduits en principes et mis dans l'ordre d'un commentaire complet et méthodique sur cette coutume; 2 vol. in-fol.

BOUTEILLER. Somme rurale ou le Grand coutumier général de pratique civile et canonique; in-fol. ou in-4.

BRÉQUIGNY. Table chronologique des diplômes, chartes, titres et actes imprimés, concernant l'histoire de France; 3 vol. in-fol.

— et **LA PORTE DU THEIL.** Diplomata, chartæ, epistolæ, etc., ad res francicas spectantia; 3 vol. in-fol.

Cette collection est continuée par M. Pardessus, qui en a publié un volume en 1843.

BRISSON (Barn.). Code du roi Henri III; in-fol.

— De verborum quæ ad jus pertinent significatione; in-fol.

— De formulis et solemnibus populi romani; in-fol.

— Dictionarium juridicum; 2 vol. in-fol.

— Opera varia; 1 vol. in-fol.

BRISSOT DE WARVILLE. Théorie des lois criminelles; 2 vol. in-8.

— Bibliothèque philosophique du législateur, du politique et du jurisconsulte; 10 vol. in-8.

BRUNET. Abrégé chronologique des grands fiefs de la couronne de France; 1 vol in-8.

BRUNNEMANN. Commentarius ad Pandectas; in-fol.

BRUSSEL. Nouvel examen de l'usage général des fiefs en France, pendant les XIe, XIIe, XIIIe et XIVe siècles; 2 vol. in-4.

BYNKERSHŒCK. Opera omnia; 2 tomes en 1 vol. in-fol. ou 6 vol. in-4.

CALVINUS (J.). Lexicon juridicum; 2 vol. in-fol,

CANCIANI. Leges Barbarorum antiquæ; 5 vol. in-fol.

CASAREGIS. Discursus legales de commercio; 4 vol. in-fol.

CASENEUVE. Le Franc Alleu de la province du Languedoc; in-fol.

CHABROL. Coutumes d'Auvergne, avec les notes de Dumoulin, Brodeau, Ricard, etc.; 4 vol. in-4.

CHALLINES. Méthode générale pour l'intelligence des coutumes de France, suivant l'autorité des arrêts, et la doctrine de Dumoulin et de plusieurs autres célèbres jurisconsultes; in-8 ou in-4.

CHAMPAGNE. Traité de la légitime; in-12.

CHANTEREAU-LEFEVRE. Traité des fiefs; in-fol.

CHARONDAS LE CARON (L.). Ses OEuvres; 2 vol. in fol.

CHASSANŒUS. Consuetudines Burgundiæ; in-fol.

CHOPPIN (RÉNÉ). Ses OEuvres; 5 vol. in-fol.

CŒPOLLA. Tractatus de Servitutibus; in-4.

CONDORCET, PEYSSONNEL et **LECHAPELIER.** Bibliothèque de l'homme public ou analyse raisonnée des principaux ouvrages de la politique en général, la législation, etc.; 28 vol. in-8, qui se relient souvent en 14.

COQUILLE (GUY-). Ses OEuvres; 2 vol. in-fol.

CORPS DE DROIT des lois romaines traduit en Français par Hulot, Tissot, Berthelot, Béranger, Daubenton, Fieffé-Lacroix, etc.; 17 vol. in-4.

CETTE COLLECTION EST AINSI COMPOSÉE :

* Les L livres du Digeste.......	7 vol.	* Les Institutes..............	1 vol.
Les XII livres du Code.......	4	Le trésor de l'ancienne jurispr.	1
Les Novelles...............	2	La clef des lois romaines.....	2

Les articles marqués d'un astérisque se vendent séparément.

CORPUS JURIS CIVILIS cum notis D. Gothofredi; Parisiis, 1626; 2 vol. in-fol.

— Cum notis D. Gothofredi, ed. Sim. van Leuwen; Elzév., 1663; 2 vol. in-fol.

— Cum notis D. Gothofredi, ed. Sim. van Leuwen; Elzév. sans notes, 1663; 2 vol. in-8.

— Cum notis D. Gothofredi; Paris, *Vitray*; 1628; 2 vol. in-fol.

— Cum notis D. Gothofredi, Cologne, 1781; 2 vol. in fol.

— *Academicum*, ed. Ch. H. Freiesleben, 1789; 2 tomes en 1 vol. in-4.

— *Freiesleben* a également annoté le *Corpus Juris canonici* de Lancelot; 2 vol. in-4.

— Editio stereotypa, ex officina C. Tauchnitii, cura D. J. Beck, reg. scab. lips. censoris juris. P. P. E., 1829-37; 2 vol. in-4.

— *Academicum Parisiense*, ed. Galisset; in-4.

— Edidit Gebauer et Spangenberg, 1776-97; 2 vol in-4.

— Editio fratrum Kriegelii, Lipsiæ, 1844; 3 vol. in-4.

CORVINUS. Opera omnia; 5 vol. petit in-12.

COSTA. Commentarius ad institutiones juris civilis; in-4.

COVARRUVIAS. Opera omnia, cum additionibus de Faria; 5 vol. in-fol.

CUJACII (JAC.). Opera omnia in decem tomos distributa opera et cura Caroli Annibalis Fabroti jurisconsulti. 1658; 10 vol. in-fol.

— Cura Liborii Rancii, Neapoli, 1722-27; 11 vol. in-fol.

CUJACII. Cum indice generali et novis additionibus, Venet. et Mutinæ, 1758-85; 11 vol. in-fol.

— Promptuarium Operum Jacobi Cujacii, auctore Dom. Albanensi; 2 vol. in fol.

Cette table, faite suivant l'ordre des Institutes, du Digeste, du Code et des Decretales, procure le moyen de trouver de suite tout ce que Cujas a dit SUR UNE LOI OU SUR UN PARAGRAPHE. Elle peut servir à toutes les éditions de Cujas; mais mieux à l'édition de Naples, sur laquelle la table a été dressée.

DANTOINE. Les régles du droit civil et canon; 2 vol. in-4.

DANTY. Traité de la preuve par témoins; in-4.

DAVOT. Traité sur diverses matières du droit français à l'usage du duché de Bourgogne; 4 vol. in-4 ou 6 vol in-12.

DENISART. Actes de notoriété donnés au Châtelet de Paris, avec des notes; 1 vol. in-4.

DESPEISSES (ANT.). Ses OEuvres, où toutes les matières les plus importantes du droit romain sont méthodiquement expliquées et accommodées au droit français; 3 vol. in-fol. ou in-4.

DOMAT. Les lois civiles dans leur ordre naturel, etc.; in-fol.

DONNELLI (HUG.) Opera omnia, Romæ, 1828-36; 12 vol. in fol.

DUCANGE (CH. DUFRESNE). Glossarium ad scriptores mediæ et infimæ latinitatis, editio locupletior opera et studio monachorum ordinis sancti Benedicti : Parisiis, 1733; 6 vol. in-fol. — Glossarium novum, seu supplementum ad auctiorem Glossarii Cangiani editionem, collegit et digessit D. P. Carpentier; Parisiis, 1776; 4 vol. in-fol.

DUCHESNE. Analyse historique du Droit français; in-12.

DUFRICHE DE VALAZÉ. Des lois pénales; in-8.

DUMONT (JEAN). Corps universel diplomatique du droit des gens ou Recueil des traités de paix, d'alliance, de trêve, faits en Europe depuis Charlemagne jusqu'à présent; Amsterdam et La Haye, 1726 et années suivantes; 8 vol. in-fol., qui se relient ordinairement en 16. — Supplément au Corps universel, etc., par J. Dumont et Rousset; Amsterdam, 1739; 3 vol. in-fol. — Histoire des négociations au XVIIe siècle, depuis la paix de Vervins jusqu'à celle de Nimègue, par Jean Yves de Saint-Priest; Amsterdam, 1725; 2 vol. in-fol., qui se joignent ordinairement aux 19 vol. ci-dessus.

DUMOULIN (CH.). Traité des fiefs, revu par Henrion de Pansey; in-4.

— Ses OEuvres complètes; 5 vol. in-fol.

— Autre édition en 4 vol. in-fol.

DUNOD DE CHARNAGE. Traité des Prescriptions; in-4.

DURAND DE MAILLANE. Dictionnaire du Droit canonique; 4 ou 5 vol. in-4.

DUTILLET. Recueil des rois de France, de leur couronne, etc.; in-4.

ECCARDUS. Leges Francorum salicæ et Ripuariorum; in-fol.

Voyez : Pardessus.

FABROTUS (CAR.-ANT.). Τῶν Βασιλικῶν libri LX, in septem tomos divisi; Parisiis, 1647; 7 vol. in-fol. — *Supplementum* continens libros quatuor Basilicorum 49, 50, 51, 52; gr. et lat., cum notis Reitz. Accedunt Thalelæi, Stephani et aliorum jurisconsultorum græcorum commentarii in titulos Digesti et Codicis; græce latine vertit castigavitque Ruhnkenius, 1765; in-fol.

FACHINŒUS. Controversiarum juris libri XIII; in-fol. ou in-4.

FABRE ou **FABER** (ANT.). Opera omnia; 10 vol. in fol, *scilicet.*

FÉLICE. Code de l'humanité; 13 vol. in-4.

FERRIÈRE (CLAUDE). Commentaire sur la coutume de Paris; 2 vol. in-12.

— Corps et compilation de tous les commentateurs sur la coutume de Paris; 4 vol. in-fol.

— Dictionnaire de droit et de pratique, contenant l'explication des termes de droit, d'ordonnance, etc.; 2 vol in-4.

— Jurisprudence du Digeste, du Code et des Novelles; 6 vol. in-4. *Voyez Taisand* et *Bacquet.*

FEVRET. Traité de l'abus; 2 vol. in-fol.

FLAUST. Explication de la coutume de Normandie; 2 vol. in-fol.

FLEURY. Institution au droit ecclésiastique; 2 vol. in-12.

FONTANON. Les Edits et ordonnances des rois de France, depuis Louis le Gros (1108) jusqu'au roi Henri IV; 3 vol. in-fol. *Voyez Masuer.*

FRÉMINVILLE (LA POIX DE). Traité général du gouvernement des biens et affaires des communautés d'habitants, des villes, des bourgs, villages et paroisses; in-4.

— La pratique universelle pour la rénovation des terriers et des droits seigneuriaux; 5 vol. in-4.

— Dictionnaire de police; 1 vol. in-4 ou in 8.

FROLAND. Mémoire concernant la nature et la qualité des statuts; 2 vol. in-4.

GALLAND. Traité du Franc Alleu; in-4.

GARDE. Traité historique des droits des souverains en France; 2 vol. in-4.

GENTILLIS. Opera omnia; 8 vol. in-4.

GIRARD. Trois livres des offices de France, des parlements, des chanceliers, des baillis, sénéchaux, etc., etc; 2 vol. in-fol.

GŒTZMAN. Traité des fiefs d'Allemagne; 2 vol. in-12.

GOTHOFREDI (D.). Immo: *hoc est* Conciliatio legum in speciem pugnantium quas in notis ad Pandectas juris civilis D. Gothofredus indicaverat, in concordiam adduxit D. C. A. Struvius; un petit vol. in-4.

— Nova edit. cura Dan. Ritter; Lipsiæ, 6 vol in-fol.

GRAVINA. Origines juris civilis, seu De ortu et progressu juris civilis; in-4.

GROSLEY. Recherches pour servir à l'histoire du droit français; in-12.

GROTIUS. De jure belli ac pacis (diverses éditions in-4, in-8 et in-12).

GUÉNOIS. Conférence des ordonnances royales; 3 vol. in-fol.

— Conférence des coutumes en France ; in-fol.

Voyez Imbert et *Masuer*.

GUÉRARD. Polyptyque de l'abbé Irminon ou Dénombrement des manses, des serfs et des revenus de l'abbaye de Saint-Germain-des-Prés, sous le règne de Charlemagne, publié d'après le manuscrit de la bibliothèque du roi, avec des prolégomènes pour servir à l'histoire de la condition des personnes et des terres depuis les invasions des Barbares jusqu'à l'institution des communes. Impr. roy. 3 vol. in-4. 45 fr.

GUY DU ROUSSEAU DE LACOMBE. Commentaire sur les nouvelles ordonnances ; in-4.

— Recueil de jurisprudence civile, canonique et bénéficiale ; in-4.

— Traité des matières criminelles; in-4.

— Jurisprudence canonique et bénéficiale; in-fol.

GUYOT (Ant.). Traité des matières féodales; 7 vol. in-4.

— Institutions féodales ou Manuel des fiefs et censives ; in-12.

— (P. J.). Répertoire universel et raisonné de jurisprudence ; 17 vol. in-4.

HEINECCII (J. Gottl.). Antiquitatum romanarum jurisprudentiam illustrantium Syntagma ; 2 vol. in-8.

— Opera omnia ; 8 ou 9 vol in-4.

HÉLYOT. Histoire des ordres monastiques ; 8 vol. in-4.

HENRION DE PANSEY. Dissertations féodales ; 2 vol. in-4.

HENRYS. Ses Œuvres, contenant son recueil d'arrêts, ses plaidoyers, etc. ; 4 vol. in-fol.

HERVÉ. Théorie des matières féodales et censuelles; 8 vol. in-12.

HOPITAL (Michel de l'). Œuvres complètes, ornées de portraits et de vues dessinées, et précédées d'un essai sur sa vie et ses ouvrages, par Dufey ; 1824, 5 vol. in-8.

HOUARD. Anciennes lois des Français conservées dans les coutumes anglaises, recueillies par Littleton, avec des observations historiques et critiques ; 2 vol. in-4.

HUBNER. Essai sur l'histoire du droit naturel; 2 vol. in-8.

— De la saisie des bâtiments neutres ; 2 vol. in-12.

IMBERT. La Pratique judiciaire illustrée et enrichie par Guénois, autre édition par Automne.

INSTITUTES DE L'EMPEREUR JUSTINIEN. Traduites en français, avec le texte en regard ; suivies d'un choix de textes juridiques relatifs à l'histoire externe du Droit romain et du droit privé anté-justinien ; édition publiée par M. Blondeau, professeur à la faculté de droit de Paris ; 2 vol. in-8.

L'on y a joint en outre plusieurs fragments importants, dont nous ne citons que les principaux : Legis Papiriæ Fragmentum. — Legis Galliæ Cisalpinæ Fragmentum, — Edicti Prætoris sententiæ quæ supersunt, — Sexti Pomponii Fragmentum, — Fragmenta Vaticana : — Lex Dei, *seu* Legum mosaicarum et romanarum collatio, — Julii Pauli Fragmentum Boethianum, etc., etc.

La traduction est suivie de cinq appendices, ainsi divisés : 1° Novelles CXVII et CXXVII conférées avec l'ancien Droit romain et le Code civil ; 2° tableau chronologique des faits les plus intéressants pour l'histoire du Droit romain ; 3° une table alphabétique des lois proprement dites, plebiscites et senatus-consultes ; 4° des jurisconsultes romains : chapitre Ier, notices biographiques ; chapitre IIe, divisions des écoles sabinienne et proculéienne ; 5° de la décadence du Droit romain et de ses destinées, tant en Orient qu'en Occident : chapitre Ier, coup d'œil, retrospectif sur les principales causes des progrès du Droit romain ; chapitre IIe décadence du Droit romain après le règne d'Alexandre Sévère ; chapitre IIIe, destinées du Droit romain en Orient depuis Justinien jusqu'à la prise de Constantinople par les Turcs ; chapitre IVe, destinées du Droit romain en Occident depuis l'invasion des races germaniques jusqu'à nos jours.

LAMOIGNON (Arrêtés du premier président DE), ou Lois projetées dans les conférences du président Lamoignon pour le pays coutumier et pour les provinces qui s'y régissent par le droit écrit ; 2 vol. in-4.

LAURIÈRE (EUSÈBE DE). Texte des coutumes de Paris, avec les anciennes institutions du Châtelet ; 3 vol. in-12.

— Traité des institutions et substitutions contractuelles ; 2 vol. in-4.

— De l'origine du droit d'amortissement ; 1 vol. in-12.

— Dissertation sur le tènement de cinq ans ; 1 vol in-12.

— *Voyez Berroyer, Loisel, Ragueau.*

LEBRET (G.). Ses Œuvres. De la souveraineté du roi, etc. ; in-fol.

LEBRUN (D.) Traité de la communauté entre mari et femme, avec un Traité de la communauté tacite ; in-fol.

— Traité des successions ; in-fol.

LECLERCQ (M. O.). Le droit romain dans ses rapports avec le Droit français ; 8 vol. in-8.

LEFEBVRE DE LA BELLANDE. Traité général des droits d'aide ; in-4.

LEFEBVRE DE LA PLANCHE. Traité du domaine ; 3 vol. in-4.

LEGRAND. Les coutumes et lois des villes et châtellenies de Flandre, traduites en français, avec le texte flamand ; 3 vol. in-fol.

LEGRAND. Les coutumes de Troyes, avec notes et commentaires ; 1 vol. in-fol.

LEIBNITZ. Codex juris gentium diplomaticus ; 1 vol. in-fol.

LEYSERUS. Meditationes ad Pandectas ; 13 vol. in-4.

LÉZARDIÈRE (MADEMOISELLE DE LA). Théorie des lois politiques ; 8 vol. in-8.

— *Nouvelle édition.* Revue par le comte de La Lézardière, 1844 ; 4 vol. in-8. 30 fr.

LHOMMEAU. Maximes du droit français ; in-4.

LINDEMBROGIUS. Codex legum antiquarum ; in-fol.

LIPENIUS. Bibliotheca realis juridica ; 3 vol. in-fol.

LOISEL. Institutes coutumières, avec notes de Laurière ; 2 vol. in-12. — Nouvelle édition revue et considérablement augmentée par M. Dupin, procureur général à la Cour de cass., et M. Laboulaye, membre de l'Institut, 1846; 2 jolis vol. in-12. 12 fr.

LOYSEAU. Ses OEuvres; 1 vol. in-fol.

MARANI. Opera omnia quæ exstant; in-fol.

MARTENS. Causes célèbres du droit des gens; 2 vol. in-8.

— Recueil de traités de paix, d'alliance, de trêve, de neutralité, de commerce, des limites d'échange, etc., etc., de 1761 à 1842; 34 vol. in-8.

MASCARDUS. De probationibus conclusiones; 3 et 4 vol. in-fol.

MASUER. Practica forensis; in-8.

— Traduction française de Fontanon, augmentée par Guénois; in-4.

MEERMAN. Novus Thesaurus juris civilis et canonici; 7 vol. in-fol.

— L. B. Supplementum novi thesauri G. Meermanni; 1 vol. in-fol.

MENAGIUS. Amœnitates juris civilis; in-8.

MEY. Maximes du droit public français, tirées des Capitulaires, des ordonnances du royaume et des autres monuments de l'histoire de France; 2 vol. in-4 ou 6 vol. in-12.

MORNAC. Observationes in 24 libros Pandectarum et 4 libros Codicis; in-fol.

— Opera omnia; 4 vol. in-fol.

MULLER. Promptuarium juris novum, cum præfatione J. A. Reichart; 6 vol. in-8.

NOODT. Opera omnia; in-fol.

ŒLRICHS. Thesaurus dissertationum; 2 vol. in-4.

— Novus Thesaurus dissertationum; 3 vol. in-4.

ORDONNANCES des rois de France de la troisième race, recueillies par ordre chronologique, avec des renvois des uns aux autres; des sommaires, des observations sur le texte et cinq tables; 20 vol. in-fol.

OTTONIUS. In quatuor libros Institutionum Commentarius; in-4.

— Thesaurus juris romani, continens rariora meliorum interpretum opuscula, in quibus jus romanum emendatur; 5 vol. in-fol.

PARDESSUS. Loi salique ou Recueil contenant les anciennes rédactions de cette loi et le texte connu sous le nom de *lex emendata*, avec des notes et des dissertations; 1 vol. in-4.

PASQUIER (Ét.). Recherches sur la France; 2 vol. in-fol.

PASQUIER ou Dialogue des avocats du parlement de Paris, avec une introduction et des notes, des notices biographiques sur Pasquier, Loisel et les frères Pithou, par M. Dupin aîné, 1844; 1 joli vol. in-18. 4 fr.

PASTORET. Des lois pénales; 2 vol. in-8.

— Moïse considéré comme législateur; in-8.

— Quelle a été l'influence des lois maritimes des Rhodiens sur la marine des Grecs et des Romains, et l'influence de la marine sur la puissance de ces deux peuples, 1784 ; in-8.

PERRECIOT. De l'état civil dans les Gaules ; 2 vol. in-4.

PERROT. Dictionnaire de voirie ; in-4.

PFEFFEL. Nouvel abrégé chronologique de l'histoire du droit public de l'Allemagne ; 2 vol. in-4.

POCQUET DE LIVONNIÈRES. Règles du droit français ; in-12.

— Traité des fiefs ; 1 vol. in-4.

POTHIER. Pandectæ Justinianeæ cum legibus Codicis et Novellarum, quæ jus Pandectarum confirmant, explicant aut abrogant ; 3 vol in-fol. Paris, 1748.

— Nova editio, in qua prætermissa et supplenda in suis locis restituuntur ; Lugduni, 1782 ; 3 vol. in-fol.

— Editio tertia, 1818 ; 5 vol. in-4.

— Eædem Pandectæ : editio quarta, ed. Latruffe, 1818 ; 3 vol. in-fol.

— Le même ouvrage traduit en français, avec le texte en regard, par Bréard-Neuville ; 24 vol. in-8, broché. 80 fr.

— OEuvres de Pothier, contenant tous ses traités sur le Droit français ; *nouvelle édition* annotée et mise en corrélation avec le Code civil et les autres dispositions de la législation actuelle, par M. Bugnet, professeur de Code civil à la faculté de droit de Paris ; 10 vol in-8. 80 fr.

Le travail personnel de M. Bugnet est considérable ; il équivaut à un tiers environ du nombre total des volumes.

PRÉVOST. De la manière de poursuivre les crimes et des lois criminelles de la France ; 2 vol. in-4.

PRÉVOST DE LA JANNÈS. Principes de la jurisprudence française ; 2 vol. in-12.

PREUDHOMME. Traité des droits appartenant aux seigneurs sur les biens possédés en roture ; in-4.

RAGUEAU. Glossaire du droit français, contenant l'explication des mots difficiles qui se trouvent dans les ordonnances et dans les coutumes, revu et augmenté par de Laurière ; 2 vol. in-4.

— Coutume générale du Berry ; 1 vol. in-fol.

RÉAL (DE). Science du gouvernement ; 8 vol. in-4.

REITZ. Theophili Institutionum editio ; 2 vol. in-4.

RENAULDON. Dictionnaire des fiefs et des droits seigneuriaux ; 2 vol. in-4.

RENUSSON. Ses OEuvres contenant les traités de la communauté, du douaire, de la garde noble et bourgeoise ; édition revue par Sérieux ; in-fol.

RICARD. Ses OEuvres contenant le traité des donations, la coutume de Senlis, les traités du don mutuel, etc ; 2 vol. in-fol.

RICHEBOURG (BOURDOT DE). Coutumier général ; 8 vol. in-fol. qui sont ordinairement reliés en 4.

ROCHE-FLAVIN (La). Treize livres des Parlements de France; in-fol. et in-4.

RYMER. Fœdera, conventiones, etc.; 20 tomes en 10 vol. in-fol.

SAINT-MARTIN (L'abbé de). Établissements de saint Louis suivant le texte original et rendu dans le langage actuel, avec des notes; in-8.

SAINT-YON. Recueil des édits et ordonnances concernant les eaux et forêts, avec des observations; in-fol.

SALVAING. Traité de l'usage des fiefs; in-fol.

SCACCIA. De commerciis et cambiis; in-fol.

STRACCHA. Tractatus varii de mercatura, cambiis, sponsionibus, etc.; in-fol.

TAISAND. Les Vies des plus célèbres jurisconsultes de toutes les nations, tant anciens que modernes, tirées des meilleurs auteurs qui en ont écrit, etc.; 1 vol. in-4.

TERRASSON. Histoire de la jurisprudence romaine; in-fol.

THAUMASSIÈRE (G. Thaumas de la). Maximes du droit coutumier pour servir à l'exploitation de la coutume du Berri; in-4.

— Coutume du Berri; in-fol.

— Décision sur la coutume du Berri; 1 vol. in-4.

— Questions et réponses sur la coutume du Berri; 1 vol. in-4.

— Les anciennes et nouvelles coutumes locales du Berri; 1 vol. in-fol.

VALIN. Nouveau commentaire sur l'ordonnance de la marine du mois d'août 1681; 2 vol. in-4.

VAN-ESPEN. Opera omnia; 5 vol. in-fol.

VICAT. Traité du droit naturel; 4 vol. in-8.

VINNII. Commentarius in quatuor libros Institutionum; in-4.

— Cum notis Heineccii; 2 vol. in-4.

— Partitiones juris civilis; in-4.

VOET. Compendium juris juxta seriem Pandectarum; in-8.

— Commentarius ad Pandectas; 2 vol. in-fol.

WENCKIUS. Codex juris gentium; 3 vol. in-8.

WESLINGIUS. Jurisprudentia romana et attica; 3 vol. in-fol.

IMPRIMERIE DE CRAPELET, RUE DE VAUGIRARD, 9

www.ingramcontent.com/pod-product-compliance
Ingram Content Group UK Ltd.
Pitfield, Milton Keynes, MK11 3LW, UK
UKHW020608180726
13838UKWH00001B/498